RENAÎTRE

ISBN 2-84024-213-3

Burtin, F-41600 Nouan-le-Fuzelier
ed.beatitudes@wanadoo.fr
www.editions-beatitudes.fr

Yves Boulvin

Avec la collaboration de

Pascale Marson

Renaître

Un cheminement pour se laisser aimer
et découvrir son être profond

Éditions des Béatitudes

OUVRAGE DU MÊME AUTEUR :

Choisis la Vie, Béatitudes, septembre 2001.

AUTRES PUBLICATIONS :

L'auteur publie un article tous les mois dans la revue *Feu et Lumière*
Le Grand Montaigu - 49290 CHALONNE-SUR-LOIRE.

INTRODUCTION

Ce livre, qui approfondit le précédent *Choisis la Vie*[1] est le fruit de près de vingt années d'émissions *Foi et psychologie* sur diverses radios chrétiennes du monde francophone. Il doit aussi son contenu à des milliers d'accompagnements psycho-spirituels et de stages de formations en entreprise.

Son but ? Contribuer à nous délivrer des chaînes et des lourdeurs de notre passé ; nous aider à faire le tri dans ce que nous avons vécu, à libérer et épanouir notre enfant de Lumière et à nous unifier à partir de notre cœur profond.

Comme *Choisis la Vie*, il invite à une réflexion par jour du 1er janvier au 31 décembre. Il part du principe que la transformation intérieure prend du temps et que c'est par un exercice et un approfondissement quotidiens que nous arriverons à changer et à devenir vraiment nous-mêmes (aussi, certains sujets sont-ils repris volontairement plusieurs fois sous un angle différent). C'est donc un itinéraire sur un an qui nous est proposé, jour après jour et pour ceux qui ont lu le premier livre, ce cheminement portera même sur deux ans : deux ans pour se construire et s'édifier, en Dieu, sur des bases nouvelles.

On peut aussi bien sûr ouvrir le livre au hasard, au jour de sa fête ou de son anniversaire ou y chercher une réponse à une interrogation précise. Je voudrais ainsi instaurer un vrai dialogue que j'espère inspiré.

Le plus important est de laisser mûrir, au cours de la journée, les quelques lignes parcourues. Mieux vaut approfondir une ou deux pistes que de se disperser dans de multiples voies. La Parole de Dieu est toujours courte et touche le cœur. Elle se résume souvent en un mot ou une phrase brève.

1. Yves Boulvin, Anne Villemin, Éditions des Béatitudes, 2001.

Tout au long de cet itinéraire, de ce cheminement, nous allons vivre un certain bouleversement intérieur : des souffrances oubliées peuvent réapparaître, des questions se poseront, des prises de conscience vont se faire, de nouvelles lumières jailliront.

Accueillons-les tout simplement, sans avoir peur, sans perdre cette paix intérieure qui nous habite en profondeur. N'hésitons pas non plus à nous faire aider, à partager tout cela avec quelqu'un d'avisé et de compétent chaque fois que c'est nécessaire.

Si chaque jour se suffit à lui-même, *Renaître* se présente également comme une progression partant du psychologique[2] pour aboutir au spirituel. Chaque mois est organisé autour d'un axe à l'intérieur même du thème général du trimestre :

Premier trimestre : Se libérer du passé
- janvier : Comprendre ton passé
- février : Tes blessures fondamentales
- mars : Comment t'es-tu construit ?

Deuxième trimestre : Renaître en enfant de Lumière
- avril : Tu peux naître de nouveau
- mai : Des moyens simples pour découvrir ton enfant de Lumière
- juin : Faire grandir en toi l'enfant de Lumière

Troisième trimestre : Prendre confiance en soi et se ressourcer
- juillet : Penser positivement
- août : Savoir se reposer et apprécier la vie
- septembre : Rebondir : le ressort intérieur

Quatrième trimestre : S'ouvrir à la vie éternelle
- octobre : Se transformer et se laisser transformer
- novembre : La Vie continue après la mort
- décembre : Entrer dans l'éternité

Bonne lecture. À tout de suite, à toujours !

Yves Boulvin

2. Que soient remerciés, en particulier, mes amis animateurs et formateurs pour les éclairages qu'ils m'ont apportés sur l'*Analyse Transactionnelle* d'Eric Berne lorsqu'elle a été introduite en France.

Premier trimestre

Se libérer du passé

Janvier

Comprendre ton passé

1er
Janvier

Bienvenue

J'aimerais que tu te sentes bien dans ce livre, qu'il te parle, qu'il te touche, qu'il t'aide à cheminer. En même temps, je voudrais te dire : « Bienvenue chez toi ! Bienvenue dans ta maison », pas seulement ta maison spirituelle ou l'appartement dans lequel tu demeures, mais encore dans la merveille que représente ce corps que tu habites.

Tu critiques souvent ton physique. Tu le négliges, tu le dévalorises, tu le transformes parce que, trouves-tu, il ne répond pas à ton désir ou aux critères esthétiques à la mode. Et tu n'es plus toi. Alors, dans ces conditions, demande-toi si tu habites vraiment ta demeure ? Qu'en as-tu fait jusque-là ?

Regarde ton corps un instant avec des yeux neufs. Ose voir dans le moindre de tes mouvements, dans la main que tu tends, dans ta tête qui pense, dans la circulation de ton sang et dans ton cœur qui aime, l'extraordinaire création mise à ta disposition. Là, maintenant, découvre ton corps tel qu'il est.

Que tu sois malade ou handicapé, arrête-toi un moment sur ton corps pour le contempler, pour avoir de la reconnaissance à l'égard de tout ce qu'il t'offre et pour le bénir. Tu n'imagines pas les bienfaits de ces messages positifs que tu lui envoies.

Les soignants savent que les pensées aigres, à l'égard des autres, de soi-même, ou de son passé, se gravent dans notre corps. Souvenons-nous d'expressions comme : « Se faire de la bile ou du mauvais sang… ; ça me donne des aigreurs… ».

Sais-tu que ton corps est adapté à ta vocation ? Il est fait pour réaliser la mission qui est la tienne. Nous en avons tous une à accomplir, et toi aussi. Certains ont une mission qui demande une force corporelle ; d'autres ont une mission plus intellectuelle qui nécessite moins d'efforts physiques ; d'autres enfin auront une vie plus intériorisée, plus spirituelle.

Mais corps, âme, et esprit restent toujours étroitement liés, ce qui nous invite aussi à rééquilibrer les niveaux dont nous nous servons le moins.

Apprends donc à apprécier ta maison telle qu'elle est. Même si tu n'as pas un sens de la propriété très développé, ton corps est néanmoins ton bien. Il t'a été donné gratuitement. Il se peut que tu t'en estimes simplement locataire en attendant, dans l'éternité, d'entrer dans ton corps spirituel.

Mais aime-le malgré tout parce que, plus tu l'aimeras et plus tu l'habiteras, mieux il te servira. Si l'amour rayonne en toi, si l'Amour de Dieu irradie ton être, ta santé sera meilleure et ta beauté éclatera.

Ton corps te parle, éveille-toi à son langage.

2 Janvier

Sois béni !

Toi qui entreprends la lecture de ce livre, t'arrive-t-il de penser que Dieu t'aime et te bénit ?

Pourtant rappelle-toi, dans la *Genèse* Dieu donne et Il donne à l'infini : *« Croissez et multipliez »* ; *« Vous pouvez manger de tous les arbres du jardin. »* Par protection paternelle, Il invite seulement à ne pas consommer du fruit de l'arbre de la connaissance car les conséquences seraient préjudiciables à l'homme. Il sait qu'il lui manque l'amour et la sagesse suffisants pour intégrer et utiliser cette connaissance.

Mais l'homme ne comprend pas la sollicitude du Père et il cède à la logique négative et accusatrice du Serpent. Et nous continuons personnellement aujourd'hui à le faire. Nos rapports les uns avec les autres sont plus souvent régis par la querelle, la critique, le jugement, la condamnation plutôt que par la bénédiction, la tolérance, l'ouverture du cœur.

Et toi, tel que tu es maintenant, quoi que tu aies vécu, quoi que tu aies fait, quelle que soit l'image que tu aies de toi, Dieu t'aime et te bénit. Il le fait, non pas parce que tu le mérites, mais parce que tu es toi, parce que tu es son enfant.

Nous avons été aimés, plus ou moins bien, par nos parents, nos aïeux. Chacun d'eux a donné de l'affection selon ses moyens, son identité, sa sensibilité, ses blessures. Mais aucun n'a pu nous donner un amour inconditionnel. Dieu seul nous aime sans attendre rien en échange, et cela quoi que nous fassions. Sans cesse, Il nous donne la Vie, sans cesse Il nous aide à repartir quand nous tombons ou quand nous nous décourageons.

Ce que Dieu fait pour nous, nous allons désormais apprendre à le faire pour les autres. Et chacun de nous pourra enfin dire : « Sois béni mon frère » ; « Seigneur, bénis à l'instant même toutes les personnes que j'ai rencontrées au cours de cette journée, toutes celles qui ont pensé à moi ou à qui j'ai pensé, celles qui m'ont téléphoné ou écrit, celles avec qui j'ai un lien professionnel, affectif, familial. Que ces personnes vivent sur terre, soient en évolution après la mort ou bien soient déjà au Ciel, Tu les bénis Seigneur. Remplis-les de ton onction.

Tu bénis particulièrement les personnes avec lesquelles j'ai eu des conflits, envers qui j'ai manqué de compréhension ou qui n'ont pas eu confiance en moi.

Tu bénis les êtres contre lesquels j'entretiens des rancunes, ceux dont j'ai voulu me venger sans me rendre compte qu'en réalité, c'est à moi et à moi seul que je fais mal quand l'aigreur me consume.

Enfin Seigneur, Tu me bénis moi-même avec mes défauts, mes colères, mes pensées car Tu transformes tout en bien. »

3

Janvier

Nous répétons ce que nous avons vécu

Nous reproduisons ce que nous avons connu. Tu as baigné dans l'atmosphère de ton enfance pendant vingt ans et peut-être plus. Elle a imprégné toutes les fibres de ton être et elle fait maintenant partie de toi au même titre que n'importe quel élément de ton corps. Elle façonne ton esprit, ta pensée, ta sensibilité. Si elle était épanouissante, elle a pu t'enrichir et t'aider à forger ta personnalité. Mais si tu as vécu dans une ambiance lourde, entachée de violence, de jalousie, de tensions, avec un bilan quotidien de quatre-vingt-dix pour cent de sentiments négatifs contre dix pour cent de positifs, tu risques involontairement de reproduire aujourd'hui cet état intérieur qui est devenu, malgré toi, une seconde nature.
Ainsi, vingt ans, trente ans et ou même quarante ans plus tard, quand tout se déroule bien dans ta journée : tu es motivé par ton travail, tu as reçu des félicitations pour tes compétences professionnelles, la journée a été ensoleillée et riche sur le plan sentimental ou amical… et quand tu arrives le soir avec un bilan de quatre-vingt-dix pour cent de sentiments positifs et seulement dix pour cent de négatifs, si tu n'y prends garde, tu risques inconsciemment d'inverser la tendance. Ainsi, par exemple, en rentrant chez toi, tu vas lancer la discussion sur un sujet épineux dont tu sais pertinemment qu'il conduit systématiquement, dans ton couple, à un désaccord, à une dispute : le lieu des vacances, l'éducation des petits ou encore ta belle-mère. Vous vous querellez, cela se termine mal et tu te couches, comme par hasard, dans un climat affectif que tu as toujours connu et qui, paradoxalement te rassure. Tu te retrouves dans ton « moule », même si cela te fait mal : quatre-vingt-dix pour cent de sentiments négatifs qui occultent les dix pour cent de positifs vite oubliés.Te libérer, devenir toi-même, c'est prendre conscience des réalités du passé et t'en dégager pour vivre vraiment ton présent à toi. Si, quand tu reviens dans ta famille, à l'occasion des fêtes de fin d'année par exemple, tu ressens une gêne, un malaise, voire un mal-être, profites-en pour bien observer ce qui se passe en toi et fais le tri.

Jésus a dit qu'il fallait redevenir des petits enfants pour franchir la porte étroite et entrer dans le Royaume des Cieux. Pour te défaire de tes conditionnements, et nous en avons tous, va à la recherche de ton innocence, de ton originalité, celles qui étaient les tiennes avant d'être déformé par une éducation trop rigide, laxiste ou déstabilisante. Il n'est jamais trop tard, pour la plante que tu es, pour grandir vers le soleil.

4

Janvier

T'a-t-on donné goût à la vie ?

Tu envisages parfois ton existence comme un fardeau trop lourd pour toi. Tu épuises tes forces à tirer une charrette trop chargée d'ennuis, de conflits, de rapports de force, de colères ou de ressentiments. Par impuissance, tu voudrais tout abandonner. Tu n'as plus envie de vivre. Tantôt tu te sens victime, tantôt tu persécutes ou te places en *sauveteur*[3].

Mais si tu prends le temps de te ressourcer, tu t'apercevras certainement que ce n'est pas la vie qui te pèse, mais bien plutôt ta vie, celle que tu mènes ou, plus exactement, celle qui te mène.

Quand Jésus dit : « *Qui veut sauver sa vie la perdra* », il évoque la vie psychique compliquée, lourde, encombrée de ses contradictions. « *En Lui était la Vie* » écrit saint Jean. L'Évangile renvoie à la Vie intérieure de l'être, à la Vie éternelle.

Est-ce que tes parents, tes éducateurs, l'Église t'ont appris à reconnaître la vraie Vie ? T'a-t-on donné goût à la Vie, celle qui inonde l'être entier ? T'a-t-on donné goût à ce ruissellement où se désaltèrent ton cœur et ton âme ? Souviens-toi des moments de paix, de joie, d'amour et de plénitude que tu as connus, tu prendras alors conscience de la Source qui jaillit en toi[4] et tu te sentiras bien.

3. *Choisis la Vie,* p 286 à 295.
4. *Talitha Koum !* Patrice Gourrier et Jérôme Desbouchages, DDB , 2001.

5

Janvier

Croyait-on en toi ?

Dire à l'enfant : « Je crois en toi » lui permet de s'enraciner, de devenir solide face aux turbulences de l'existence. Les parents qui s'en rendent compte, tout en veillant aux règles éducatrices par ailleurs, le redisent régulièrement à leurs fils ou à leurs filles afin qu'ils acquièrent force et confiance en eux.

À l'inverse, des remarques accusatrices comme : « Tu es trop… ou pas assez » ou encore celles qui distillent le venin du doute ou celui de l'échec telles que : « À quarante ans tu n'auras rien fait de ta vie » ou bien : « Personne ne voudra de toi… » ou encore : « Tu es impossible… ; jamais tu… » sont autant de façons d'utiliser à l'envers ce don de Dieu qu'est la parole. Les phrases poison, qui blessent profondément, conditionnent en négatif celui à qui elles s'adressent et ce dernier risque de se mettre, sans le vouloir, à ressembler au portrait caricaturé que l'on a brossé de lui. Ainsi, lors d'une consultation, une dame se mit à rire nerveusement et éclata en sanglots quand le thérapeute lui fit remarquer combien ce qu'elle venait de dire était intéressant. Il avait, involontairement, touché un point sensible. Elle expliqua que, pendant son enfance, son père lui répétait souvent : « Ne fais pas l'intéressante ! » À cause de cela, elle ne savait pas qu'elle pouvait plaire et être heureuse.

Si ni tes parents, ni tes éducateurs ne t'ont aidé à découvrir la richesse que tu portes, écoute bien ces mots que Dieu te souffle à l'oreille : « Je crois en toi ».

Au cours de cette journée, peux-tu rassurer ton enfant intérieur, qui en a besoin, en lui disant à ton tour : « Je crois en toi ».

6

Janvier

Que dis-tu de toi ?

Sans doute aspires-tu à t'exprimer avec aisance, à affirmer tes idées, tes pensées, tes projets avec assurance.

Mais qu'est-ce qui t'empêche d'être la personne de tes rêves ? Qu'a-t-on dit de toi quand tu étais enfant ? Qu'as-tu entendu à ton propos ? Repasse dans ta tête les mots que tu utilises aujourd'hui à ton sujet. Est-ce que tu ne déclares pas aux autres trop souvent : « Je n'y arriverai jamais… ; je ne suis rien… ; c'est impossible maintenant… ; c'est trop tard » Et surtout est-ce que tu ne te le répètes pas à toi-même ?

Rends-toi compte que tu prononces là des phrases poison qui pèsent lourd, très lourd dans ta vie. Elles te conditionnent dans une négativité dans laquelle tu t'épuises et tu te perds. Et plus tu recommences, plus tu les ancres au plus profond de ton psychisme et plus tu t'empoisonnes.

Toi qui mets de l'ordre dans ta maison, toi qui soignes ta personne, ne vois-tu pas que tu embarrasses ta cave de rebuts ? Ne réalises-tu pas que tu encombres ton inconscient de fausses idées, de fausses croyances qui fissurent ta personnalité ? Ces paroles négatives, tu le sens bien, te font du mal et risquent de blesser ceux que tu aimes quand tu reproduis, malgré toi, ce que « l'on t'a fait ».

Lorsque tu doutes de toi, de ton intelligence[5], de l'harmonie de tes traits, de ta mémoire, as-tu conscience des conséquences de cette auto-accusation ? Vois-tu à quel point tu te déprécies au lieu de découvrir la beauté qui est la tienne, au lieu d'écouter les vibrations de ta sensibilité, au lieu de laisser libre cours à ta forme d'intelligence et de créativité ?

Alors, retourne tes paroles en les rendant positives pour toi comme tu remettrais un vêtement à l'endroit. Et tu pourras réaliser ton œuvre, celle qui te correspond, celle qui te permettra de t'épanouir et d'accueillir, dans ton cœur grand ouvert, la révélation lumineuse et joyeuse de ce que tu es vraiment.

5. Cf. 23 janvier.

7
Janvier

Connais-tu tes qualités ?

Longtemps on a cru que connaître et se réjouir de ses qualités témoignait d'un orgueil « insupportable ». On sait, aujourd'hui, qu'il est au contraire nécessaire de les découvrir pour grandir, se développer dans son axe ou encore faire de bons choix.

Qu'a-t-on dit de toi quand tu étais enfant ? Quels sont les dons, les talents qui ont été remarqués par tes parents, par l'école et, plus tard, dans ta vie sentimentale ou professionnelle ? Si tu es capable d'en citer une dizaine, réjouis-toi et appuie-toi sur eux pour croître, t'épanouir. En revanche, si tu hésites ou si tu n'y arrives pas, il est urgent que tu reçoives la Parole de Dieu qui va te reconstruire, t'aider à être vraiment toi.

Comment connaître tes qualités si personne, dans le passé, ne t'a permis d'y accéder ; quand personne n'a été attentif à ce que tu es vraiment ; quand tu les as fait taire au fond de toi ?

D'abord observe, de façon objective, ce que tu accomplis quotidiennement avec facilité. Chacun des actes que tu exécutes simplement, tout naturellement et avec joie, est l'expression de l'un de tes dons. Relève ensuite la façon dont te perçoivent les autres, ce qu'ils apprécient en toi. Même si tu as appris à rejeter les compliments, à t'en méfier parce que tu crains que l'on te drague ou que l'on te manipule, écoute-les. Ne te réfugie pas, selon ton habitude ou tes peurs, dans la dévalorisation en disant ou bien en pensant : « Il ne me connaît pas ; s'il me voyait dans la vie courante, il ne dirait pas cela… ».

Tu peux encore connaître tes qualités à travers les défauts que tu te reproches le plus. Si, lorsque tu cèdes à ton penchant au mensonge, tu te sens mal à l'aise, rassure-toi il y a plus d'honnêteté en toi que tu ne le soupçonnes.

Quand tu auras lu ce texte, note au moins trois qualités que tu te reconnais. Elles vont te servir de base. Puis rajoute, jour après jour, les autres qualités que tu te découvres et accueille-les avec reconnaissance.

8

Janvier

Le vilain petit canard

Bien des contes et des légendes donnent, à leur manière, des éclairages sur la psychologie humaine. Connais-tu le conte d'Andersen du « vilain petit canard » ? Son aventure peut être la tienne. Une cane couve précieusement ses œufs lorsqu'elle s'aperçoit que l'un d'eux est plus gros que les autres. Elle prend conseil auprès de ses aînées qui examinent l'intrus et le soupçonnent d'être un œuf de dindon. Pour que la mère, en proie au doute, puisse le vérifier, elle n'aura qu'à jeter le petit dans l'eau à sa naissance. Soit il se noiera et il s'agira bien d'un dindon, soit il remontera à la surface et elle aura affaire à un caneton. Lorsque les œufs viennent à éclore, la cane exécute les recommandations. L'oisillon sait nager, c'est bien un canard, du moins le croit-elle, mais elle le regarde d'un drôle d'air. Sa taille plus grande que celle des autres, son cou plus long gênent le petit. Il se montre très maladroit dans les activités quotidiennes. Rapidement il devient le « vilain petit canard ». Cette image se grave dans sa tête sous l'influence des dévalorisations et des humiliations répétées. N'en pouvant plus, il quitte un jour sa famille et pense à se suicider. Sur le chemin de sa dérive, il rencontre deux oiseaux blancs. Il se trouve si laid à côté d'eux qu'il n'ose pas les aborder. Au printemps suivant, dès qu'il les voit se poser sur l'eau, il tente ce qu'il croit être sa dernière chance : il se précipite vers eux. Il « est » si laid et si peu intéressant : il est sûr qu'ils vont le rejeter. Qu'importe, il leur proposera de faire toutes les corvées pourvu qu'ils acceptent de le prendre avec eux. Pendant sa course effrénée, il entend des enfants du village voisin admirer le retour des oiseaux et s'écrier : « Les cygnes sont revenus et il y en a un troisième encore plus beau que les autres ». Le « vilain petit canard » se demande de qui l'on parle. Il s'arrête et voit son reflet dans l'eau de la mare sans se reconnaître. Lorsque les deux cygnes s'avancent vers lui, il s'effraie, recule. Le « vilain petit canard », qui n'a jamais entendu de paroles douces et valorisantes, pleure d'émotion lorsque les cygnes admirent sa beauté et le reconnaissent comme un des leurs.

Toi aussi, tu es peut-être un « vilain petit canard » parce que tu réprimes tes dons, tes qualités que, parfois, tu utilises à l'envers. En prendre conscience peut te permettre de mieux comprendre tous ceux et celles qui se dévalorisent ou se connaissent mal. Découvre que, dans ta profondeur, tu es un cygne. Que la révélation de ton être te fasse entrer dans la joie, dans la Lumière. Accepte d'être autre que ce tu croyais jusque-là.

9

Janvier

Quel est ton vrai nom ?

Quel est ton vrai nom ? Quel est ton nom profond, celui que tu aimerais porter, celui qui te correspond et dans lequel tu te reconnais ?

Peut-être acceptes-tu mal ton nom de famille parce qu'on s'en est moqué à l'école à cause de consonances ou d'associations qui prêtaient à rire ; peut-être n'aimes-tu pas ton prénom parce qu'il t'a été donné en souvenir d'un oncle, d'une tante, d'un grand-père ou d'une grand-mère décédés… Peut-être d'ailleurs t'a-t-on confié une mission en t'appelant comme un frère ou une sœur parti(e) au Ciel avant ta naissance ? Et tu ne veux pas, tu ne peux pas être le miroir de l'absent qui laisse un grand vide dans le cœur de tes parents. Pour toutes ces raisons, tu trouves que ton prénom te va mal, tu le portes comme un vêtement mal taillé, tu ne l'as pas admis.

Sais-tu que, selon la Bible, tu as un nom intime que Dieu seul connaît et qui désigne ton être, ce que tu es vraiment ? C'est sans doute celui-là que tu cherches inconsciemment. Une dame, qui avait un fort idéal de pureté, de transparence, nomma elle-même Claire son identité profonde. Cela lui permit ensuite d'accueillir le prénom de naissance que lui avaient donné ses parents et qu'elle avait refusé jusque-là. Un autre s'appela Emmanuel, une troisième Aimée…

Et toi, tout en acceptant le prénom que tu portes, tu peux te rapprocher de ton nom véritable en sentant comment toi, tu aurais aimé t'appeler et en percevant le lien authentique de ce nouveau nom avec ton être intérieur.

Si tu vas bientôt être père ou mère, mets-toi à l'écoute du petit que tu attends et, au lieu de décider à l'avance comment tu vas le nommer, essaie de ressentir ses dons et ses qualités afin de lui donner le prénom qui lui convient le mieux.

Alors, connais-tu ton vrai nom ? Laisse-toi inspirer et tu découvriras peu à peu, au centre de ton âme, ton enfant de Lumière.

10

Janvier

Il y a en toi plusieurs personnages

Il nous arrive de nous étonner de nos réactions. Nous sentons que nous avons en nous des contradictions. Sans en avoir bien conscience, nous aimerions tous parvenir à l'unification de notre être.

Même si tu dis : « je », il y a en toi plusieurs parties qui, parfois, s'opposent. L'Analyse Transactionnelle[6] en dénombre sept : le *parent normatif*, le *parent nourricier*, l'*adulte*, l'*enfant soumis*, l'*enfant rebelle*, l'*enfant créateur*, l'*enfant spontané*. Certains auteurs comparent la cacophonie qui nous habite trop souvent aux séances tumultueuses de l'Assemblée Nationale. Découvre les divisions qui sont les tiennes, non pas pour te les reprocher, mais pour les distinguer, en voir les richesses et les limites. Tu vas reconnaître en toi les aspects vulnérable, obéissant, colérique, revendicateur, tranchant, rigide, joueur, manipulateur, tendre, drôle, cérébral... Ils sont les notes de ton clavier intérieur. La façon particulière dont tu t'en sers est la marque de ta personnalité et te permet de composer ta propre symphonie. Les relations que tu entretiens quotidiennement avec les autres vont t'aider à mettre à jour des facettes que tu ne cernes pas bien encore. Comme Adam, qui devait nommer les animaux, comme Noé qui les rassembla dans son arche, désigne tour à tour les personnages qui t'habitent et regarde ce qu'ils ont de positif mais aussi de préjudiciable s'ils sont excessifs. La colère vient d'un amour blessé, la rébellion s'explique souvent par un goût contrarié de la justice...

Au lieu de t'identifier à un seul de tes personnages intérieurs, tu vas saisir leur complémentarité, comme tu disposerais les pièces d'un puzzle. Ils vont être les convives d'un repas de fête dont tu aurais choisi les mets. Dans ce festin divin, ils porteront les habits des couleurs de l'arc-en-ciel. Si on place ces dernières sur un disque qui tourne rapidement, elles se transforment en blanc, synthèse de toutes les couleurs. De même en unissant, en harmonisant les différentes parties de ta personnalité et les divers niveaux de ton être, le vêtement de ton enfant de Lumière aura la blancheur dont parlent les Écritures.

---

6. Alain Cardon et Coll, *L'Analyse Transactionnelle*, Éditions d'Organisation, 1983 ; Ian Stewart et Vann Jones, *Manuel d'Analyse Transactionnelle*, Interéditions, avril 2000.

11
Janvier

As-tu le sens de l'humour ?

Prendre du recul, faire preuve d'objectivité, dédramatiser des situations complexes, garder en toutes circonstances une part de sourire... As-tu conservé ton sens de l'humour ?

Tes parents acceptaient-ils de s'amuser avec toi ? Ou bien as-tu entendu, quand tu laissais éclater ta joie, des réflexions comme : « Tu te paies ma tête... ; ce n'est pas poli... ; qu'est-ce que tu as à ricaner ?... » Alors, peut-être as-tu commencé, sans t'en apercevoir, à retenir cette joie. Or, de la répression à la dépression il n'y a qu'un pas... Quand on plaisantait autour de toi, était-ce au détriment de quelqu'un, pour se moquer ? Ou bien s'agissait-il d'un humour léger qui fait voir les choses autrement, qui ouvre des perspectives nouvelles ? T'a-t-on fait croire que l'humour empêchait de considérer la gravité des situations ou pouvait être irrespectueux ?

Des études sur les types de personnalité[7] montrent que les *sensibles* ont besoin d'attention, de chaleur et de délicatesse ; les *réactifs* ou *rebelles* préfèrent qu'on les aborde avec humour et dans la complicité ; les personnes plus rationnelles, les *organisateurs*, privilégient le recul et l'objectivité. Les *rêveurs*, pudiques, secrets, aiment que l'on ne s'immisce pas dans leur vie privée, leur solitude choisie ou leur retraite silencieuse.

Est-ce que tu sais tour à tour parler clairement, manifester de la chaleur, être d'humeur joviale, garder une vision objective de la réalité et aussi te retirer et te taire ? Est-ce que tu parviens à exprimer tes émotions, tout en analysant de façon dépassionnée les problèmes et en cherchant des solutions ? Est-ce que tu sais mettre de la décontraction, de l'entrain dans ta vie ?

Dès à présent, tu te donnes comme objectif de retrouver ta forme personnelle d'humour, de t'amuser sans complexe ni culpabilité, de redécouvrir le rire vrai et franc qui est la perle des relations humaines.

---

7. Michel Walter, *Votre Personnalité de Manager*, Éditions d'Organisation, 1988.

12
Janvier

Savait-on t'encourager, te valoriser ?

De nombreuses personnes acceptent mal les compliments, de crainte qu'on manque de sincérité à leur égard, qu'on flatte leur orgueil, de peur d'être gênées, de se sentir mal à l'aise... Cette réaction vient souvent d'une éducation liée aux périodes de guerres où les valeurs inculquées aux enfants privilégiaient l'héroïsme, la bravoure, la fraternité... au détriment de celles concernant le développement de la personnalité.

Pourquoi tant de générations ont cru si longtemps que seule la critique pouvait stimuler, faire progresser quelqu'un ? Est-ce qu'une vie se développe si l'on passe son temps à la couper ? Est-ce qu'une fleur s'ouvre si on l'arrache ? Est-ce qu'un animal s'épanouit si on ne lui adresse que des réprimandes ?...

Sais-tu accepter les compliments ? Si tu n'en as jamais eu, apprends à les recevoir. C'est Dieu qui te parle à travers les mots valorisants de tel ami, de tel collègue, de telle personne qui t'émeut... Au lieu de te demander ce qui se cache derrière une valorisation, ou de lui opposer une méfiance non justifiée, tu vas, tout en faisant preuve de prudence, accueillir les félicitations qui te feront du bien. Apprends aussi à t'adresser des propos positifs, à murmurer à ton enfant intérieur les mots qu'il aurait dû entendre, ceux qui insufflent la vie, qui te permettent d'être toi-même, de laisser rayonner la Lumière que Dieu a mise en toi, et qui vont contrebalancer toutes les phrases poison qui t'ont conditionné négativement.

Accepter les compliments, savoir s'encourager permet aussi de valoriser les autres. Combien de personnes ont développé une partie *rebelle* en elles parce que leurs parents étaient trop exigeants, insatisfaits des notes du bulletin scolaire par exemple. Était-ce ton cas ? Quand tu avais de bons résultats, les dévalorisaient-ils en les comparant à ceux de petits camarades encore meilleurs que toi, en remarquant que le devoir avait été trop facile... Il est aisé de nier toutes les réussites. À partir de maintenant, accepte les compliments, les valorisations et, à ton tour, encourage les autres.

13

Janvier

T'écoutait-on enfant ?

Avais-tu près de toi ta mère, ton père, ton frère, ta sœur ou quelqu'un n'appartenant pas à ta famille, un prêtre, un instituteur, un médecin qui t'écoutait vraiment ? As-tu profité de la bienveillance attentive d'une personne qui prenait le temps de recevoir tes confidences sur tes besoins, tes désirs, tes émotions, tes incompréhensions ? As-tu pu exprimer tes joies, tes peines, tes réflexions ? As-tu cheminé avec lui ou avec elle en lui livrant tes interrogations, en imaginant ta vie future, en disant tes souhaits, tes espérances ? Si tu as connu cela, tu en mesures les bienfaits. Si ce n'est pas le cas, cela peut expliquer pourquoi tu as tant de difficultés à te livrer, pourquoi tu as tant de mal à écouter, à être disponible. Tu fuis, tu es souvent ailleurs, tu ne reformules pas ce que disent les autres, tu ne peux pas les entendre parce qu'on n'a pas prêté attention à ce que tu avais à dire.

Pourtant, il est nécessaire que tu laisses une plus grande place à l'écoute dans ta vie ; tu en as besoin et tes proches aussi. Que vas-tu faire pour y arriver ?

14

Janvier

Pouvais-tu t'exprimer ?

« Tais-toi... ; tu n'as pas voix au chapitre... ; laisse discuter les grands... ; on ne parle pas à table... ; tu dis n'importe quoi... ; on ne comprend rien à ce que tu racontes... ». As-tu entendu des réflexions de ce genre dans ton enfance ? Comment a-t-on réagi quand tu voulais t'exprimer ? T'a-t-on encouragé, valorisé, aidé à formuler ta pensée, à terminer tes phrases ? T'a-t-on fait savoir que ta voix était agréable à entendre, qu'elle était profonde, légère ou pétillante, qu'elle était porteuse d'une onction ? As-tu pu décrire ce que tu ressentais ? A-t-on trouvé que ce que tu disais était intéressant ?

« Au commencement était la Parole ». Jésus est venu guérir les hommes et libérer en chacun sa propre parole, une façon unique de s'exprimer.

Aujourd'hui, il est important que tu puisses retrouver le goût de communiquer. Peut-être manques-tu de motivation ? Peut-être aussi es-tu timide, complexé ? Tu as pourtant sans doute un domaine privilégié, celui de tes compétences, de tes talents que tu as envie de transmettre aux autres. Certaines personnes ont des troubles du langage à force d'avoir gardé en elles les mots qu'elles n'osaient pas prononcer faute d'encouragement, d'écoute ou de compréhension. Elles les livrent difficilement, en bégayant ou en balbutiant. Et pourtant, elles ont le don de la parole...

Redécouvre tes ressources, tes talents et tu auras une parole spécifique, originale, qui viendra de toi, de ta profondeur.

15

Janvier

Tes parents étaient-ils vraiment présents ?

Dans le passé, les hommes devaient quitter leur foyer pendant des périodes très longues à cause de la guerre, des travaux de reconstruction du pays ou, tout simplement, de leur métier lorsque celui-ci les amenait, loin de chez eux, à des jours de marche ou de cheval. Leur rôle ressemblait à celui des chasseurs d'autrefois qui partaient pour ravitailler leur famille. Aujourd'hui, bien des emplois obligent à des déplacements professionnels ou à revenir tard le soir.

Alors, qu'en est-il pour toi ? Tes parents étaient-ils présents quand tu avais besoin d'eux, lorsque, le cœur serré, tu avais un secret trop lourd à leur confier ? Ton père, ta mère avaient-ils à ton égard une attitude surprotectrice, étouffante ? Au contraire, trouves-tu qu'ils ne t'accordaient pas assez de temps ? De quoi as-tu manqué ? Te souviens-tu de tendres instants où ils t'ont apporté le réconfort que tu demandais ? Te rappelles-tu de moments d'absence que tu as mal vécus ? Lors de ta puberté, t'ont-ils aidé à intégrer ta sexualité ? T'ont-ils donné le goût de devenir un homme ou une femme ? Plus tard, t'ont-ils guidé dans tes relations avec tes professeurs, tes amis, tes premiers collègues lorsque tu as abordé la vie professionnelle ?

Et toi qui es maintenant à ton tour un père, une mère, sais-tu assurer, auprès de tes enfants, une présence sécurisante, légère, fidèle ? Ont-ils conscience qu'à tout moment ils peuvent compter sur toi ? Est-ce que ceux que tu aimes réalisent que tu seras toujours là pour les soutenir quand c'est nécessaire ?

Aujourd'hui, tu réfléchis à la façon dont tu manifestes ta présence à tes proches.

16
Janvier

As-tu connu la tendresse ?

Cet amour délicat, bienveillant que tu puises dans la limpidité d'un regard, dans l'éclair d'un sourire, dans des bras qui se tendent vers toi, dans des mains qui s'ouvrent, cette tendresse, l'as-tu connue dans ton enfance ?

Peut-être fais-tu partie de ces filles ou de ces fils qui ont eu des parents durs, froids, distants, enfermés dans leurs croyances ou dans leur travail, ou simplement maladroits, pudiques, pour qui exprimer son amour était considéré comme une faiblesse. Peut-être as-tu perdu tes parents très jeune si bien que d'autres personnes se sont occupées de toi. Elles t'ont donné tout ce qu'il te fallait sauf les câlins dans lesquels les enfants s'abreuvent de bien-être, exultent de cette émotion chaude qui les unit à l'adulte aimant ? Si c'est le cas, si on a oublié de te bercer, de te rassurer, de te valoriser ou de te reconnaître, en toi vit un enfant blessé.

Mais, par-delà l'être humain meurtri, il y a plus profondément l'enfant de Dieu, celui qui baigne dans un Amour infini, total, respectueux, si doux, si tendre et que, dans ta souffrance, tu oublies souvent. Peut-être vas-tu te révolter, toi qui, dis-tu, n'as connu que l'abandon ou la violence. Pourtant, cet Amour de Dieu, tu l'as perçu, j'en suis sûr, dans la beauté de la nature, dans l'écho d'une voix, dans l'atmosphère d'une église, d'une session, d'une retraite, dans un geste, un regard, un sourire. Souviens-toi de ces moments bénis, même fugitifs ; reprends contact avec la Tendresse infinie qui t'habite, celle de la Présence de Dieu en toi. Elle va mettre une onction bienfaisante dans toutes tes relations avec les autres.

17
Janvier

Quelle relation as-tu avec l'autorité ?

As-tu reçu de tes parents, de tes éducateurs une autorité saine, structurante qui t'a servi de guide, qui t'a permis de te construire ? Ou au contraire, dans ton enfance, t'a-t-on laissé faire tout ce que tu voulais sans jamais rien te dire ? Ou bien encore as-tu été l'objet d'une fermeté abusive, manipulatrice ?

Aujourd'hui, quelle est ta relation avec l'autorité au travail, dans ton village, dans ton quartier, en famille ? Comment te sens-tu quand tu dois prendre des décisions vis-à-vis de tes enfants, des membres de l'association que tu animes, de ta communauté ? Continues-tu à opposer amour et autorité ? Beaucoup de jeunes, particulièrement réfractaires à l'autorité, l'acceptent mieux quand ils la savent légitime, motivée par un véritable amour.

Rien de plus difficile que d'exercer une autorité juste qui tienne compte de la personne et de son épanouissement tout en lui donnant des limites, celles qui sont nécessaires à sa sécurité et au respect de l'autre. Des études sur le management d'entreprises ont révélé que, idéalement, il fallait diriger en sachant tour à tour et, selon les cas, trancher, consulter, dialoguer, motiver, faire participer aux décisions et déléguer. L'excès de l'une ou l'autre de ces attitudes, ou son utilisation à mauvais escient, engendre immanquablement des conflits[8].

Alors, dans les tâches qui t'incombent, privilégies-tu la réussite technique et matérielle ou l'épanouissement de ceux qui t'accompagnent ? Sais-tu faire les deux ? As-tu découvert ce qu'une vraie autorité apporte de solidité, de réconfort et de soutien quand on s'en sert au bon moment ?

8. *Votre Personnalité de Manager*, Éditions d'Organisation, 1988.

18

Janvier

Te donnait-on le droit à l'erreur ?

Tout apprentissage suppose un certain nombre d'erreurs. Tes premiers pas hésitants, tes chutes t'ont peu à peu fourni l'assurance nécessaire pour savoir marcher. Au cours de ton enfance, tu as acquis de multiples gestes quotidiens comme te laver les dents, te coiffer, t'habiller, manger proprement... Avant de les exécuter sans avoir besoin d'y réfléchir, tu en as commis des maladresses dont certaines constituent peut-être une part attendrie de tes souvenirs ou de ceux de tes proches. Plus tard, à l'école, il t'a fallu intégrer la lecture, l'écriture, le calcul... Combien d'années consacrées à l'assimilation de ces disciplines ! A-t-on accepté tes mauvaises notes ? T'a-t-on donné le droit à l'erreur[9] ? Te reconnais-tu à toi-même le droit de te tromper ?

Lors d'une étude sur l'efficacité des entreprises dans le monde, on s'est aperçu que les plus performantes affichaient un slogan destiné à leurs salariés : « Assurez-vous chaque jour de faire un nombre suffisant d'erreurs ». Ainsi préféraient-elles que les employés osent, expérimentent et progressent au risque de se tromper parfois, plutôt que de rester indécis, de ne pas tenter et donc de ne pas avancer.

Connaître la Vie, savoir qui tu es, entrer dans cet endroit de paix et de joie qui t'habite profondément répond aux mêmes lois d'apprentissage.

Tu conçois très bien qu'un musicien fasse des fausses notes en répétant ses gammes avant de devenir un virtuose. Tu admets qu'un danseur ou un patineur soit tombé de nombreuses fois avant de devenir une étoile au prix d'un entraînement rigoureux.

Alors, pour qu'éclatent tes dons au grand jour, accepte tes erreurs, tes tâtonnements. Et si, à cause d'une grande exigence envers toi ou d'une timidité excessive tu réfléchis trop longuement avant d'agir, consens simplement à réapprendre, à valoriser chaque essai comme ces parents qui encouragent les premiers pas de leur enfant.

Aujourd'hui, tu vas oser et accepter d'apprendre. Tu vas donc faire un certain nombre d'erreurs. Mais tu en tireras la leçon !

OK

9. Yves Boulvin, « Que faire de mes imperfections ? », revue *Feu et Lumière,* mars 2004.

19

Janvier

Une partie de toi aurait-elle voulu d'autres parents ?

Même si tu as grandi dans l'amour de tes parents, biologiques ou adoptifs, il t'est arrivé de penser que ton père et ta mère n'étaient pas toujours justes envers toi, ne te comprenaient pas, ne comblaient pas parfaitement ta demande. Tu as peut-être eu parfois le sentiment qu'ils étaient des étrangers pour toi et tu t'es demandé s'ils étaient tes vrais parents. Tu as pu vouloir leur mort. Cela peut te paraître brutal, violent. Et pourtant, depuis l'instant même de ta conception, une partie de toi perçoit surnaturellement ce qu'est l'Amour vrai, inconditionnel, total. Cet Amour que tu vas retrouver au moment de ta mort et dont ont témoigné ceux qui sont revenus d'un coma profond, cet Amour qu'ont découvert aussi ceux qui s'ouvrent à leur identité d'enfant de Dieu.

Une partie de toi aurait voulu d'autres parents. Accepte-le, ce sentiment a vécu en toi. Si tu le refuses, ou si tu le refoules, il peut générer des maux physiques, psychologiques, affectifs parce qu'il est à l'origine d'une culpabilité profonde, lourde. Tu avais le droit de penser que ton père ou ta mère ne te convenait pas car tu avais une soif qu'ils ne pouvaient pas étancher. Il y a au fond de toi l'empreinte d'un Amour total qu'aucun parent, même le plus tendre, ne peut donner parce qu'à l'origine tu viens de Dieu, tu es aimé de Dieu et tu vas vers Dieu.

Admets simplement avoir éprouvé des émotions mitigées à l'égard de tes parents. Et si l'un d'eux est décédé d'un accident, d'un suicide, d'une maladie, que l'*adulte* en toi parle au petit enfant blessé blotti au fond de ton être et lui explique que tu n'y es pour rien.

20
Janvier

Comment as-tu vécu l'arrivée de tes frères et sœurs ?

Au début de ta vie terrestre, tu as au mieux reçu de tes parents un amour privilégié, préférentiel en tant que tout petit vulnérable et dépendant. Un jour, ils t'ont annoncé que tu allais avoir un petit frère ou une petite sœur…

Comment as-tu vécu l'arrivée de cet enfant ? Tu t'es rapidement rendu compte que ce bébé, qui ne pouvait ni te comprendre, ni te parler, ni te suivre, ne serait pas le compagnon de jeux que l'on t'avait promis ou que tu avais imaginé. Tu as très vite ressenti qu'il prenait en partie ta place, qu'il accaparait ta mère dès sa grossesse. Un homme raconta qu'il fit de nombreuses bêtises lorsque son frère vint au monde. Pour attirer à lui l'attention de sa maman, qu'il trouvait trop pleine de soins pour le nouveau-né, il mit ses mains dans le four brûlant où cuisait un gâteau. Sa mère, alarmée par les cris de son petit garçon, se précipita vers lui et le prit dans ses bras. Il se souvient encore, de nombreuses années plus tard, qu'il avait pensé à cet instant : « Tu vois, lorsque tu le veux, tu sais t'occuper de moi ».

Bien des culpabilités qui nous tourmentent proviennent des sentiments mitigés que nous avons éprouvés à l'égard de nos frères ou de nos sœurs. Si aujourd'hui, tu rencontres beaucoup de difficultés à entretenir des relations harmonieuses dans ta communauté, ta paroisse, la famille que tu as fondée, dans ton équipe de travail… c'est sans doute que tu revis inconsciemment ces rapports que tu as connus avec tes frères et sœurs où se mêlaient l'amour et les rivalités.

Qu'as-tu vécu vraiment ? Examine tes sentiments sans honte, nomme-les et tu verras combien cela éclairera et fera évoluer les relations que tu as avec ton entourage aujourd'hui.

21
Janvier

Quelles valeurs t'a-t-on inculquées ?

Quelles valeurs avaient tes parents ? T'ont-ils appris l'honnêteté scrupuleuse, le respect de la parole donnée, la fidélité, la persévérance, la transparence, le goût de la vérité… ? Ces principes t'ont-ils été transmis dans l'amour, dans la souplesse ou de façon rigide, autoritaire ? Cachaient-ils des blessures ?

Connais-tu tes valeurs ? Sais-tu différencier celles que l'on t'a inculquées de l'extérieur de celles que tu as choisi toi-même d'intégrer ? As-tu découvert celles qui t'habitent profondément ? Si, par exemple, tu t'interroges sur l'opportunité de donner de l'argent à ceux qui tendent la main vers toi dans le métro ou dans la rue, c'est qu'il y a au fond de ton être de la générosité. Quand tu te demandes s'il est nécessaire de dire aux autres ce que tu penses être juste, cela signifie qu'il y a en toi un fort désir de transparence, etc.

Si à ton tour tu es parent, éducateur, que cherches-tu à développer chez les enfants ou les adolescents dont tu t'occupes : la liberté, l'autonomie, l'équité, la justice, l'humilité… ? Les échanges malaisés voire conflictuels avec ton partenaire, tes amis, les membres de ta communauté… révèlent souvent des conflits de valeurs. Quelles sont celles qui te tiennent le plus à cœur, celles pour lesquelles tu te bats, tu argumentes vivement ? Les découvrir te permettra de mieux te connaître et de bien définir ta ligne de conduite.

22
Janvier

A-t-on valorisé tes dons artistiques ?

Certains ont un goût prononcé pour la musique. Ils jouent d'un instrument, apprécient les concerts ou les mélodies sacrées qui accompagnent avec bonheur la liturgie. D'autres préfèrent la sculpture, la peinture, le dessin, le chant...

Que valorisait-on dans ta famille ? Appartenais-tu plutôt à un milieu où l'on privilégiait l'intelligence logique, mathématique... ? L'histoire du « vilain petit canard » est celle de quelqu'un qui a des dons différents de ceux de son entourage. Il peut s'agir d'un artiste dans un monde d'ingénieurs tout comme d'un technicien dans un environnement de créateurs, de poètes. L'un et l'autre, si leurs différences ne sont pas acceptées, auront des difficultés à épanouir leur vocation et en souffriront.

Quelle place l'art occupe-t-il dans ta vie ? Représente-t-il pour toi un moyen d'occuper tes loisirs, de te ressourcer ? Fais-tu partie de ces personnes qui aimeraient jouer d'un instrument, peindre... mais qui n'osent pas parce qu'elles n'ont pas commencé jeunes ? Sans chercher à devenir un maître, tu peux t'initier au piano, à la guitare, à la poterie pour te faire plaisir. Peut-être aussi que des professeurs maladroits, trop sévères, ou tes parents, en t'obligeant, par exemple, à apprendre la musique sans que tu en aies vraiment manifesté le désir, t'ont fait douter involontairement de tes aptitudes.

Regarde finalement la place que tient l'art dans ta vie. As-tu envie d'aller dans les musées, de lire... ? Souhaites-tu prendre le pinceau, le stylo... ? Il y a en toi des talents à redécouvrir. Si tu n'y parviens pas, si tu t'y refuses, tous ces dons pourront encore se développer, après ta mort, d'une autre façon, dans l'Infini de Dieu. Mais pourquoi ne pas commencer tout de suite ?

23
Janvier

Connais-tu ton type d'intelligence ?

Les psychologues[10] ont découvert qu'il n'y a pas une seule forme d'intelligence comme on le croyait autrefois, intelligence classiquement définie par les tests d'intelligence (Binet-Wechsler...), mais qu'il en existe au moins sept ou huit types, chaque intelligence étant localisée dans une partie du cerveau et prédisposant à tel ou tel métier.

Au lieu de te dénigrer, de te croire « bête » et de le penser si fortement qu'on finit par te le dire, découvre maintenant les formes d'intelligence qui sont les tiennes et qui vont servir ta vocation.

Un sportif de haut niveau n'aura pas la même dominante qu'un musicien, un mathématicien ou un psychologue. L'intelligence logico-mathématique servira l'ingénieur ; l'intelligence verbale, un professeur ou quelqu'un dont le métier repose sur la parole ; le musicien aura besoin de l'intelligence musicale ; le mime, le sportif, de l'intelligence corporelle ; l'intelligence visuelle et spatiale permettra d'imaginer, de discerner, de s'orienter ; l'intelligence inter-personnelle amènera aux métiers de la communication et l'intelligence intra-personnelle à la psychologie ou à la vie intérieure. Quant à l'intelligence de la nature et de l'environnement, on en découvre de plus en plus l'utilité et la nécessité dans le monde d'aujourd'hui...

Et toi, quel est ton type d'intelligence ? T'a-t-on aidé à le reconnaître et à l'utiliser ? Si ce n'est pas le cas, remets en cause toute idée reçue te concernant pour pouvoir dire : « Je découvre chaque jour avec émerveillement et reconnaissance les différents aspects de mon intelligence ».

Enfin, l'intelligence primordiale, universelle, celle qui permet d'aimer, de pardonner, de comprendre les autres, d'embrasser toutes les cultures, n'est-ce pas l'intelligence du cœur[11]... ?

10. Howard Gardner, *Les Formes d'intelligence*, Éditions Odile Jacob, 1997 ; Gérard Roudaut, *Découvrez et testez votre intelligence*, Studyrama, 2003.
11. Isabelle Filliozat, *L'intelligence du cœur*, Marabout, 1997.

24
Janvier

Dans ta famille pouvais-tu exprimer ta joie ?

« Songe à ceux qui n'ont rien... ; n'éclabousse pas les autres avec ta bonne humeur... ; n'oublie pas les pays en guerre où les gens ont autre chose à penser qu'à rire... ». As-tu entendu de telles remarques, comme des rappels à l'ordre culpabilisants, lorsque tu t'amusais ? La gaieté était-elle autorisée, valorisée chez toi ? Y avait-il une ambiance de légèreté, d'allégresse ou régnait-il un climat lourd, triste ?

L'Église a longtemps donné une image de dolorisme, une vision négative de la Croix qui, pourtant, est le triomphe de l'Amour. Aujourd'hui, cette attitude change et des mots comme « joie, bonheur, béatitude... » apparaissent dans le vocabulaire des communautés religieuses.

Sais-tu donner libre cours à ta jovialité ? As-tu trouvé une façon toute simple de laisser ruisseler cette joie intérieure sans ostentation, tout en tenant compte de la personnalité des autres, de ce qu'ils sont et de ce qu'ils disent ? Exprimes-tu ta reconnaissance envers Dieu ? La félicité et la tristesse se complètent. Si Dieu est totalement Joie en lui-même, Il est aussi, à travers l'Incarnation de Jésus, triste de tout ce qui te fait souffrir.

Tu peux rire sans honte, Dieu est source de toutes les Joies.

25
Janvier

As-tu eu des maîtres, des instructeurs ?

Quels ont été tes guides au cours de ta vie ? Une jeune pousse a besoin d'un tuteur qui va lui donner son axe, lui permettre de trouver la direction de son épanouissement.

Ton père, ta mère, un éducateur... ont-il joué ce rôle auprès de toi ? Te souviens-tu d'une réflexion, d'une attitude, d'une présence qui ont contribué à te structurer ? Si tu prends le temps d'analyser les choses, tu vas t'apercevoir que tu es redevable à plusieurs personnes de ce que tu es aujourd'hui car leur vision, leur regard a favorisé la construction de ton être. Si tu n'as jamais eu de soutien, tu te sens confus, mou, sans colonne vertébrale. As-tu besoin d'un père spirituel : un moine, un ancien, un pédagogue... prêt à t'accueillir, te comprendre, cheminer avec toi ? Es-tu à la recherche d'un guide sur le plan professionnel qui va faire avec toi le bilan de tes compétences ? Désires-tu un confident qui pourra contribuer à ce que tu voies clair dans ta vie sentimentale, dans ta quête affective, dans tes refus, tes blocages, tes interdits ?

Tout arbre a besoin de racines solides et profondes et d'un tronc robuste, vigoureux, pour porter de belles branches, accueillir les oiseaux du ciel et donner beaucoup de fruits.

Qui t'aide aujourd'hui à accoucher de toi-même, à te solidifier, à bien t'ancrer ?

26

Janvier

Quels ont été tes modèles ?

Souvent, nous devons ce que nous sommes à des personnes qui ont été, volontairement ou non, des révélateurs dans notre existence. Elles nous ont servi d'exemples, parfois sans le savoir.

As-tu eu des accoucheurs de vie, des modèles qui t'ont fait réfléchir, t'ont encouragé, t'ont aidé à t'épanouir, à réveiller la meilleure partie de toi-même ?

Pourquoi certaines personnes ont-elles compté pour toi au point de jouer le rôle d'éveilleur de ton identité, de ce que tu es vraiment ? Tenaient-elles une place importante au sein de ta famille, de la société ; avaient-elles une qualité particulière, une originalité… ? Leur vouais-tu une réelle admiration… ? Ce que tu vénérais en elles, tu l'avais aussi en toi, du moins potentiellement. T'ont-elles permis de découvrir ta différence, ta spécificité… ? Que t'ont-elles appris ? Que t'en reste-t-il et as-tu su faire le tri ?

Si tu as suivi un maître à penser, tu l'as peut-être d'abord imité. Aujourd'hui as-tu pris de la distance pour discerner ce qui te convenait, pour remettre ton modèle à sa vraie place afin qu'il ne prenne pas celle de Dieu, qu'il ne devienne pas pour toi une idole, mais simplement une passerelle qui te conduise sur ton propre chemin ?

27
Janvier

Quelles influences as-tu reçues ?

Parviens-tu à retrouver les courants de pensées politiques, sociologiques, religieux… qui t'ont influencé ? D'où viens-tu ? À quel milieu appartiens-tu ? Quelles en étaient les croyances, les valeurs, la morale ? As-tu fait le tri entre ce avec quoi tu es vraiment d'accord, et ce vis-à-vis de quoi tu émets des réserves et qui ne correspond pas à ton expérience personnelle ?

Certaines familles sont dominées par un patriarche de forte personnalité, d'un grand charisme et qui se remet difficilement en cause. Il peut créer un courant de pensées ou de comportements qui influence différents membres sur plusieurs générations. Ceux qui s'en éloignent sont souvent critiqués ou incompris. Est-ce que quelqu'un a eu, directement ou indirectement, un tel ascendant sur toi ? As-tu connu, au contraire, l'influence libératrice de personnes qui, par leur regard, leurs paroles, leur façon de t'aborder, de te comprendre, t'ont aidé à mettre à jour tes dons, tes talents ?

Ce qui est vrai pour ton être intérieur, ton moi, ta pensée, ta morale… l'est aussi pour la construction de ton existence, tes actions, ta vie relationnelle, sexuelle…

Qu'est-ce qui t'a influencé ? Est-ce que, lorsque tu t'entends parler, lorsque tu éprouves des émotions, quand tu agis, tu peux distinguer ce que t'ont légué ta mère, ton père, ton grand-père… ou tout autre personne de ton entourage ? On reconnaît aisément un leader politique à travers ses partisans qui imitent ses mots, ses attitudes ou ses intonations. Il en est de même dans certaines communautés religieuses où les membres reprennent la façon de s'exprimer du berger ou du fondateur…

Aujourd'hui, tu t'interroges sur les influences que tu as reçues et tu fais le tri.

28

Janvier

A-t-on eu un projet sur toi ?

« Plus tard, tu exerceras la médecine parce que je suis ingénieur malgré moi, alors que j'avais l'étoffe d'un soignant...; tu seras artiste parce que, dans la famille, on aime la création et que cela doit se perpétuer... ; tu deviendras artisan parce qu'il y a beaucoup de manuels chez nous... ».

Tes parents ont-ils eu des projets professionnels pour toi ?

« Plus tard, tu épouseras quelqu'un qui me ressemble, de différent de ton père ou de ta mère, du même milieu que le nôtre... ; tu t'occuperas de nous, tu seras notre bâton de vieillesse... ».

Tes parents ont-ils eu des projets concernant ta vie sentimentale, affective, que cela soit dit ouvertement ou sous-entendu ?

« Plus tard, tu seras religieuse ou prêtre... ; j'ai tellement prié pour que l'un de mes enfants entre dans les ordres... ».

Tous ces souhaits, tu risques de les réaliser par devoir, par fidélité, pour répondre à la demande de ton père, de ta mère ou d'un aïeul. Certes, tu seras peut-être un bon médecin, un avocat compétent, une épouse dévouée, un mari attentif, un prêtre ou une religieuse consacrés à leur foi, mais quel combat ! Et tu n'échapperas pas, un jour ou l'autre, au choix vrai, personnel, comme Dieu t'invite à le faire.

29
Janvier

Y avait-il des secrets de famille ?

Des non-dits, des actions, des événements considérés comme honteux font partie des secrets de bien des familles. Autrefois, on les taisait par convenance, par crainte des conséquences, pour ne pas nuire à ses proches, à sa réputation ou à celle des siens. Il s'agissait fréquemment de relations sexuelles, extra-conjugales ou familiales, dévoilées au seuil de la mort ou par une lettre décachetée après un décès.

Tes parents, tes grands-parents, tes oncles, tes tantes... avaient-ils quelque chose à cacher ?

Te rends-tu compte combien ces secrets ont pesé lourd sur ton entourage comme sur toi parce qu'ils représentaient une déchirure dans les cœurs et dans les consciences de ceux qui les ont portés. Aujourd'hui, on communique plus facilement. Pourtant, tu te demandes encore si tu peux avouer à tes enfants les aventures de ton père, un inceste dans ta famille, un avortement...

Tout dire sans ménagement est aussi néfaste que tout dissimuler. Attends que l'occasion t'en soit donnée naturellement. Prie le Seigneur pour cela. Tu peux éclairer les tiens sur ton passé à condition de savoir le dire au bon moment, sans dramatisation excessive et en prenant du recul. Il est important de livrer les secrets de famille sinon, ils distillent leur poison sur plusieurs décennies, voire des siècles[12]. L'enfant sent intuitivement ce qu'a vécu son hérédité, même s'il ne parvient pas à mettre des mots dessus. Parfois, cela se traduit chez lui par des cauchemars, des peurs, des angoisses... C'est ainsi qu'il entre insidieusement dans la répétition de scénarios anciens, où des événements similaires se renouvellent de génération en génération.

Avec l'aide de Dieu, tu vas pouvoir maintenant parler de tes ancêtres, dans la simplicité et de façon libérante.

12. Serge Tisseron, *Nos Secrets de Famille*, Ramsey, 2003.

30

Janvier

Que t'a-t-on dit de la sexualité ?

Bien que nous vivions dans une société très érotisée, paradoxalement peu d'entre nous ont une idée saine de la sexualité. Le simple fait de dissocier la sexualité de l'amour véritable peut expliquer certains excès ou certains blocages que nombre de personnes connaissent.

T'a-t-on parlé de la sexualité comme d'une fête, d'un bonheur partagé, d'un don l'un à l'autre qui part du cœur et se manifeste heureusement dans le corps ? A-t-on évoqué avec toi cet échange de tendresse et de caresses où chacun donne et reçoit de la joie ? Est-ce vraiment ainsi que tu as appris ce que l'on nomme la sexualité ?

Ou bien l'as-tu découverte par des attouchements, une tentative de viol, des échanges plus ou moins grossiers avec des camarades, des films ou des livres qui t'en ont brossé un tableau déformé ? As-tu vécu la sexualité en cachette, dans la honte, dans le non-dit ? Alors, sans doute ce secret trop lourd s'est-il enkysté et est-il devenu un véritable obstacle à tes relations amoureuses.

Pour connaître une intimité épanouissante, c'est-à-dire une vie sentimentale harmonieuse dans laquelle chacun communique et accueille avec son corps, il est nécessaire que tu te libères de ce que l'on t'a dit, de certaines habitudes et des expériences que tu as mal vécues. Tout peut être guéri, aujourd'hui encore, si tu décides de briser le silence que tu as observé depuis ton adolescence. Tes blessures peuvent cicatriser si tu rencontres quelqu'un pour t'aider et si tu te dis : « Aujourd'hui je ne veux plus qu'un événement, une parole du passé régisse ma vie. Je veux retrouver le vrai sens de mon corps, de l'intimité réussie. Je vais donc en parler pour pouvoir sortir de mes souffrances et faire un choix libre en fonction de ce que je ressens profondément ».

31
Janvier

Comment qualifierais-tu ton éducation ?

Avais-tu le sentiment, quand tes parents te parlaient, qu'ils s'exprimaient librement ou bien qu'ils étaient conditionnés par la façon dont ils avaient été élevés ?

Aujourd'hui que tu dois éduquer à ton tour, soit professionnellement, soit dans ta vie personnelle, as-tu trouvé tes propres repères ? Les paroles que tu utilises sont-elles bien les tiennes ?

Quels mots te semblent le mieux qualifier l'éducation que tu as reçue ? Heureuse, rigide, contraignante, étriquée, laxiste, absente, surprotectrice, traditionnelle, moderne, ouverte… ? Quels principes a-t-on privilégiés, ceux qui concernent le corps, les relations avec les autres, les valeurs religieuses, les rapports entre les peuples… ? As-tu l'impression d'avoir eu trop ou pas assez de liberté ? Quels sont les domaines fondamentaux où l'on a répondu à ta demande ? Ya-t-il des besoins que ton père ou ta mère n'ont pas comblés ?

Si tu veux voir les choses objectivement, et Jésus a dit que *« la vérité affranchira »*, envisage trois rubriques. Dans la première classe les besoins qui ont été comblés dans ta vie ; tu peux alors remercier et bénir, entre autres, tes parents pour cela. Dans la seconde range tout ce qui t'a fait défaut. Tu as peut-être reçu des cadeaux, de l'argent et tous les biens matériels que tu désirais, tout en souffrant de manques sur le plan affectif, sur celui du sens de l'existence ou de la découverte de ton axe intérieur ? Dans la troisième, regroupe les aspects qui n'ont été que partiellement satisfaits. Le fait de prendre conscience de ces catégories devrait te permettre de te libérer de ce qui a été trop lourd pour toi, d'intégrer ce qui a été bon et de satisfaire petit à petit les besoins et les désirs légitimes qui ont été frustrés et qui font aujourd'hui encore obstacle à l'expression de la Vie en toi.

Février

Tes blessures fondamentales

1er
Février

As-tu fait le tri ?

Savoir discerner, faire le tri dans tout ce que nous avons reçu par hérédité, par éducation, est une tâche fondamentale si nous voulons découvrir qui nous sommes.

Pour permettre à Dieu de te révéler à toi-même, il va falloir que tu prennes conscience des modèles que ton père, ta mère, tes frères, tes sœurs ou d'autres personnes t'ont inculqués.

As-tu été élevé avec tendresse, rigueur, froideur ? Tes parents étaient-ils présents, absents ? Quelles étaient leurs pensées, leurs valeurs ? Quel modèle t'ont-ils donné du couple, de leur rôle de père, de mère ? Toutes ces réflexions impliquent qu'aujourd'hui tu passes ce bagage au tamis de ton expérience en sachant garder ce qui est bon, vrai et utile pour toi et en abandonnant ce qui ne l'est pas.

Certaines personnes rejettent en bloc ce qu'on leur a appris. À l'inverse, d'autres idéalisent tellement l'éducation qu'elles ont reçue qu'elles se sentiraient coupables de procéder à des sélections. Or, aimer son père, sa mère, et les honorer, c'est les remettre à leur vraie place. Tes parents ont été au mieux des ponts, des traits d'union qui te menaient vers Dieu. Ils t'ont montré en partie le chemin qui conduit à Lui. Mais en même temps, comme tous parents, ils ont contribué à déformer son Visage. Par ailleurs, n'étant pas le Créateur, ils ne t'ont pas, à proprement parler, donné la Vie. Les déifier serait un mauvais service à leur rendre et entraverait l'expression de ton originalité.

Aujourd'hui, aie le courage de faire le tri.

2 Février

Subis-tu encore la pression des autres ?

Tu dis souvent que tu voudrais aider les autres à se réaliser, que tu aimerais leur tendre la main. Tu penses même sérieusement qu'il s'agit là d'une mission essentielle pour quelqu'un qui a la foi.

Mais devenir toi-même, t'éveiller à ton être profond est une œuvre tout aussi extraordinaire à accomplir. D'ailleurs, tu ne peux participer à la libération des autres que si tu as réussi à briser les chaînes invisibles qui t'attachent au moule familial ou social. On t'a inculqué tant de modèles depuis ton enfance que tu risques fort de passer de l'un à l'autre sans t'en rendre compte. Ainsi as-tu d'abord reçu l'influence de tes parents et éducateurs puis, à l'adolescence celle de tes camarades, eux-mêmes conditionnés par les médias, la télévision, les magazines. Par exemple, il était très mal vu, dans le passé, d'évoquer des relations sexuelles en dehors du mariage. À l'inverse, de nos jours, il est difficile d'exprimer un désir de virginité, de fidélité ou d'attente dans des milieux où chacun affiche ses aventures et ses partenaires.

Est-ce que ta façon de penser, de sentir, d'agir, vient bien de toi ? Es-tu vraiment toi-même dans tes décisions[13] ? Agis-tu en conformité avec ta personnalité intime ?

Naturellement, tu dois t'adapter pour ne pas choquer ton entourage ni le provoquer ou le blesser. Mais il est important qu'en toute situation, face à toute personne, tu restes libre de tes choix. Exactement comme tu le fais quand tu te lances dans le rangement de tes placards où tu sélectionnes ce qui te convient et où tu jettes ce qui ne te sert plus, tu vas entreprendre un grand tri dans tes pensées, sentiments et comportements, différenciant ceux dans lesquels tu ne te sens pas pleinement toi-même, de ceux dans lesquels tu te reconnais.

13. Jacques Salomé, *T'es toi quand tu parles*, Albin Michel, 1991.

3

Février

Te reste-t-il des tabous, des interdits, des a priori ?

As-tu des préjugés, des croyances, des interdits trop stricts que tu n'as pas passés au tamis de ton expérience ou de ta vie propre ?

As-tu des tabous concernant ton corps, ta sexualité, le fait de t'occuper de toi-même, d'avoir des récréations, de penser à toi, de t'aimer sainement comme Jésus nous y a conviés : *« Aime ton prochain comme toi-même »*.

Te reste-t-il des *a priori* religieux ou antireligieux ? Ta foi, aujourd'hui, dépend-elle des principes que l'on t'a inculqués dans le passé, des modèles que tu as reçus, de rejets que tu as vécus dans telle ou telle Église ?

As-tu eu des blessures auxquelles tu as riposté par des idées toutes faites, des pensées généralisantes ?

Te reconnais-tu le droit d'être en bonne santé, d'être de ton sexe, d'habiter et d'aimer le corps qui est le tien, d'entretenir des relations joyeuses avec les autres, d'avoir éventuellement une position sociale importante, de gagner de l'argent et d'en user avec justesse ? T'autorises-tu à avoir de l'intuition, à penser par toi-même, à être proche physiquement et émotionnellement des autres, à prendre dans les bras, à dire des mots d'amour, à manifester ta tendresse ?

Te donnes-tu la liberté d'être toi-même, d'exprimer tes idées, d'avoir ton rythme et de le faire respecter, de faire plaisir mais aussi de causer de la peine quand c'est nécessaire, de dire des vérités difficiles à entendre, par exemple aux personnes qui t'envahissent ou veulent t'imposer leur point de vue ?

T'accordes-tu le droit de ne pas toujours être présent quand on t'appelle ou l'on te fait une demande, et sais-tu différer la réponse à plus tard pour avoir le temps d'y réfléchir ou d'être vraiment disponible ?

4

Février

Les hommes et les femmes sont...

On entend souvent, dans les propos de certaines personnes, que les hommes et les femmes ne se ressemblent pas, qu'ils appartiennent quasiment à deux clans séparés de l'humanité quand ils ne vont pas jusqu'à s'opposer.

Il est vrai qu'il existe des caractéristiques masculines et féminines comme bien des ouvrages contemporains le soulignent[14]. Il est aussi exact que les hommes et les femmes ne sollicitent pas toujours les mêmes zones de leur cerveau, ce qui donne des « best-sellers » comme : *Pourquoi les hommes mentent et les femmes pleurent* et *Pourquoi les hommes n'écoutent jamais rien et les femmes ne savent pas lire les cartes routières*[15]...

Pourtant, nous savons qu'il existe une part de féminité et une part de masculinité en chacun de nous, ce que Jung (1875-1961) appela l'*anima* et l'*animus*. Alors, méfions-nous des stéréotypes.

Et toi, quelle image as-tu reçue de l'homme et de la femme ? Que disait ta mère des hommes ? de ton père ? Le valorisait-elle ? Le critiquait-elle ? T'a-t-elle donné confiance en ta masculinité ? Que disait ton père des femmes ? de sa femme ? Sa façon d'en parler a-t-elle influencé ta perception ? Tes parents voyaient-ils de la même façon les garçons et les filles ? Avaient-ils une préférence ? Savaient-ils respecter les goûts, les besoins de chacun ?

Aujourd'hui, as-tu plus souvent des contrariétés, des conflits avec les hommes, les femmes ? Dans quel contexte ? Les hommes et les femmes ont leurs spécificités certes, mais chaque individu a, bien sûr, une personnalité qui lui est propre.

Maintenant, tu reconnais à tout être sa valeur et tu te dis : « Je cesse de généraliser, de catégoriser, d'opposer les hommes et les femmes. J'admire les cristaux de leurs différences et je m'en enrichis ».

---

14. John Gray, *Les Hommes viennent de Mars et les Femmes viennent de Vénus*, J'ai lu, 2000.
15. Allan et Barbara Pease, First éditions, 1999. Il paraît aussi que les hommes ne trouvent pas le beurre dans le réfrigérateur...

5

Février

Et Dieu dans tout cela ?

Comment vois-tu Dieu ? Te le représentes-tu comme quelqu'un qui fait peur, qui punit, qui « permet » le mal ou la souffrance ? Est-il pour toi un être lointain à qui tu ne vas pas parler de tes « petits ennuis » parce qu'il a sûrement d'autres préoccupations ? Lorsque tu dis : « Dieu joue à cache-cache », n'est-ce pas plutôt toi qui t'éloignes de ta réalité intérieure ?

Si Dieu est partout, Il est aussi avec toi, en toi. S'Il te laissait, ne fût-ce qu'une seule seconde, toute vie disparaîtrait à l'instant même en toi. Puisqu'Il est en toi, comment pourrait-Il ignorer ce que tu vis, ce que tu ressens ? Mais Dieu, qui est aussi tout Amour, sait respecter ta liberté. Étant omniscient, Il peut potentiellement tout savoir, mais Il se retire des zones d'ombre où tu ne voudrais pas Le laisser entrer.

Fais-tu partie de ces personnes qui pensent à Dieu et le prient uniquement quand elles souffrent, ou quand quelqu'un va mal dans leur entourage et qui Lui en veulent lorsqu'elles ne sont pas exaucées, oubliant que c'est l'homme d'abord qui s'auto-détruit. Jésus a guéri, Il n'a jamais donné aucune maladie, pas plus qu'Il ne l'a exaltée. Il a guéri la fièvre de la belle-mère de Pierre et ne lui a pas dit : « Souffre en silence et offre-la pour mon ministère », ce qu'il aurait pu demander par ailleurs. Quand Jésus prononce cette phrase curieuse : *« Veux-tu guérir ? »*, c'est parce qu'Il sait qu'en l'homme réside un aspect négatif, destructeur qui s'oppose à la santé et à la guérison.

Certains psychologues appellent, avec humour, cette partie de nous-même : le « petit saboteur[16] ». Nous reproduisons souvent ce que nous avons connu de douloureux dans notre famille.

As-tu fait le rapport entre tes blessures d'abandon, d'humiliation, d'injustice et l'image que tu as de Dieu ; entre ce qu'on t'a dit de Lui et la façon dont tu Le perçois ? As-tu eu une éducation chrétienne ? Si ce n'est pas le cas, demande-toi d'où vient cet émerveillement, ce sens de la justice, de la bonté, de la beauté qui te fait vibrer ?

16. Patrice Croissant, « Le Saboteur intérieur ou comment réussir à échouer », revue *Ressource d'eau vive*, n° 2, 2000.

As-tu mal vécu les années passées dans une institution religieuse ? As-tu eu des échanges difficiles voire litigieux avec des prêtres ou des pasteurs ? Dieu te demande pardon pour toutes les blessures que tu as reçues en « son nom » et dont pourtant Il est innocent[17].

Veux-tu guérir ? Si tu as été capable, au moins une fois dans ta vie, d'accepter la liberté de quelqu'un d'autre jusqu'à admettre qu'il te quitte, si tu as senti une vague d'émotion t'envahir en tenant un enfant dans les bras, devant cette vulnérabilité où tu as reconnu un petit agneau de Dieu, alors tu as fait l'expérience de l'Amour divin et inconditionnel.

Tu sais donc que le Tout-Puissant est un Père infiniment sensible à tout ce que tu peux éprouver et qui te fait mal.

---

17. Jean-Miguel Garrigues, *Dieu sans idée du mal*, Desclée, 1990.

6
Février

As-tu fréquemment l'impression qu'on ne te comprend pas ?

Toi qui crois souvent qu'on ne saisit pas bien ta pensée, ce que tu es, qu'as-tu fait pour remédier à cela ? En as-tu tiré la leçon que tu devais expliquer à l'autre, sans t'étendre dans les détails, certains de tes comportements, de tes désirs, de tes besoins ?

Et toi, comprends-tu vraiment les autres ? Réalises-tu qu'ils peuvent avoir les mêmes blessures que toi ? Sais-tu qu'au-delà du paraître, de l'enfant blessé en toi, comme chez eux, il y a tout un trésor, l'enfant de Lumière ?

Sans doute as-tu souffert de jugement ? Quand tu abordes la réalité, est-ce que tu constates, réfléchis, cherches des solutions comme le fait l'*adulte* dans l'Analyse Transactionnelle ? Ou bien as-tu le réflexe de juger, moraliser, trouver des coupables ?

Sais-tu que ton meilleur avocat, à part l'Esprit Saint, c'est toi-même ? Est-ce que tu te donnes le droit d'exprimer de plus en plus clairement, sans crainte ni agressivité, tes pensées, tes sentiments, tes valeurs ? Sais-tu t'affirmer sereinement sans établir des rapports de force, sans te dévaloriser ni survaloriser l'autre ? Toi-même utilises-tu cette phrase toute simple, qui ouvre tant d'horizons : « Je te comprends » ? Prends-tu la peine de reformuler ce que l'autre t'a dit et, sans interpréter, essaies-tu de discerner le sens de ses paroles, sa situation, ce qu'il ressent... et lui dis-tu avec profondeur : « Je comprends », mots qui, lorsqu'ils sont authentiques, font souvent tomber la violence, la méfiance, la résistance ?

Aujourd'hui accueille, dans la compréhension, tous ceux qui viennent à toi.

7

Février

Te sens-tu persécuté ?

De nombreuses personnes croient être tyrannisées par leurs parents, leur partenaire, leur chef de service…

Te sens-tu persécuté ? As-tu l'impression que l'on vient fouiller dans tes affaires, que tu es sur écoute ?… Penses-tu que tu es la proie de la méchanceté des autres, celle de la vindicte populaire ? Il peut y avoir en toi un scénario de *victime*. Il te fait agir comme quelqu'un qui a l'habitude de supporter la pression des autres, de se sentir outragé, trahi, de ne pas être compris. La plupart du temps, si tu prends la peine d'y regarder de près, cela n'est pas vraiment fondé ou ne l'est qu'en partie. Par ailleurs, les autres ne peuvent rien te faire sans ton accord au moins inconscient. Tu pourrais, en effet, refuser, dire « non » et te protéger mieux. N'y a-t-il pas une certaine complaisance de ta part à cultiver la position de victime ? N'en tires-tu pas des bénéfices ? N'est-ce pas une façon pour toi de justifier une forme d'immobilisme, un refus de prendre des décisions… ? Si tu te prends pour une *victime*, cela te permet de ne pas t'estimer responsable de tes erreurs et de tes manques.

Aujourd'hui, regarde le monde avec des yeux neufs. Il n'y a pas deux catégories de personnes : celles qui infligent des tourments et celles qui les subissent. En revanche, il existe en chacun de nous une partie persécutrice et une autre victime. Toi-même, tu es les deux à la fois.

Pour te sentir bien dans ta vie, il est important que tu sortes de ce triangle dramatique *persécuteur, sauveteur, victime* qui te fait interpréter faussement la réalité[18].

Peux-tu mettre un grand point d'interrogation à certaines de tes croyances pour ne plus contaminer tes relations avec autrui ?

18. Alain Cardon, Laurent Mermet, *Vocabulaire de l'Analyse Transactionnelle*, Éditions d'Organisation, 1982.

8

Février

As-tu des superstitions ?

Crois-tu aux pouvoirs maléfiques du chat noir, d'une échelle ou de la pleine lune... ? As-tu gravé dans ta mémoire les prédictions d'un astrologue, d'une chiromancienne, d'une voyante ?...

Te reste-t-il des superstitions ? Par exemple, redoutes-tu le vendredi 13 ? En connais-tu d'ailleurs l'origine ? Il s'agit d'un amalgame entre le Vendredi saint, jour de la mort de Jésus et la Cène, le jeudi soir où Il était le treizième à table. Vivre seulement la croix sanglante peut, en effet, te conduire a percevoir le vendredi 13 comme négatif. Mais si tu vois la Croix glorieuse, la Merveille de l'Amour de Dieu qui a sauvé tous les hommes une fois pour toutes en leur ouvrant, s'ils le veulent bien, le chemin du Ciel, cette date n'aura plus du tout la même connotation pour toi et, au contraire, te réjouira.

Tu as peut-être encore de fausses convictions que t'ont inculquées les anciens de ton village, les adultes qui s'occupaient de toi dans ton enfance. Alors, lâche-les et l'araignée du matin ne t'apportera pas le chagrin...

Les superstitions sont dangereuses car elles risquent de régir ta vie, d'appauvrir ta vision de l'existence et de la conditionner.

De nombreuses croyances, dont on ne connaît plus les origines ni l'explication, forment en nous des ancrages négatifs qui nous font voir la réalité de façon déformée.

Ta vie n'est pas écrite à l'avance !

9

Février

À quoi n'as-tu pas dit « oui » dans ton passé ?

Ta vie ne s'est sans doute pas déroulée comme tu l'aurais souhaité. Tu as eu ton lot de blessures, d'accidents, de départs précipités, de décès... Devant tous ces aléas, une partie de toi a dit « non » et s'est fermée lorsque tes parents sont entrés dans leur éternité, quand ta santé a décliné, ou s'est déclaré ton handicap..., au moment de certaines moqueries, d'humiliations, de rejets... Tout cela continue à exister dans ton inconscient et empêche la vie de s'épanouir en toi. Il te reste des barrages, des « non » que tu exprimes en réagissant parfois violemment au contact de telle ou telle personne, lorsque tu te replies sur toi-même en réaction à certains mots, certaines attitudes.

Peux-tu aujourd'hui dire « oui » là où tu as dit « non » dans le passé ?

Le miracle du « oui »[19] c'est de rouvrir toutes les portes closes, de permettre aux événements de la vie d'être bénéfiques, féconds.

Maintenant, tu dis « oui » aux situations anciennes, « oui » car cela a eu lieu et tu n'y peux plus rien, sinon les accepter vraiment et les transformer en Bien.

Tout « oui » que tu prononces te libère, t'aide à te sentir mieux et laisse le passage à l'Amour de Dieu qui était et est dans chacun des moments de ta vie, en particulier les plus difficiles. Si tu veux guérir, intègre l'expérience du passé et dis-lui « oui ».

19. Yves Boulvin, « Accueillir ma vie comme elle est », revue *Feu et Lumière*, janvier 2003.

10

Février

Que te reste-t-il « au travers de la gorge » ?

Tu as souvent des angines, tu as du mal à sortir ta voix parce qu'on ne t'a pas écouté, valorisé, parce que tu ne connais pas ta voie…

Que te reste-t-il « au travers de la gorge » ? Que n'as-tu pas intégré, fait tien ? Qu'est-ce qui t'a marqué, a créé en toi des rancœurs, des colères ? Peut-être as-tu enfoui tout cela dans ton inconscient ?

Pour te connaître, observe la façon dont tu réagis aujourd'hui. Qu'est-ce que tu ne peux pas accepter ? Le mépris ? La distance, la froideur ? L'incompréhension, les phrases toutes faites ? Tout ce qui te fait réagir violemment dans le présent vient d'événements anciens qui ne sont pas « digérés ».

Si tu as quelque chose « au travers de la gorge », il est important que tu en parles. As-tu fait l'expérience de mettre des mots sur tes blessures, sur ce que tu as ressenti dans le passé et que tu as caché, refoulé ? Te souviens-tu du soulagement que tu en as éprouvé ? Pour cela il te faut un espace de parole. Mais à qui t'adresser ? Sûrement pas à des personnes qui vont trahir ton secret, certainement pas à des proches qui vont s'impliquer, pas plus aux membres de ta famille qui vont te donner des avis contradictoires ou pérenniser des attitudes stéréotypées. Il y a un vrai courage à aller voir un psychologue, un accompagnateur et à parler de toi. Il va pouvoir t'entendre vraiment, te permettre de découvrir ce que tu as vécu, t'aider à faire des choix.

11

Février

Qu'as-tu fait de tes colères ?

Si tes éducateurs t'ont empêché d'exprimer tes mécontentements sous prétexte que cela ne se faisait pas et si tu as accumulé de la colère, il y a maintenant plusieurs manières de réagir. Tu peux la contenir, la refouler, mais elle ressortira tôt ou tard contre quelqu'un ou contre toi-même. Tu peux ruminer des griefs qui vont te faire exploser un jour ou l'autre contre un bouc émissaire. Tu peux également extérioriser ton irritation au fur et à mesure mais, dans ce cas, tu deviens une personne difficile à vivre et tu sens bien que, souvent, tu blesses inutilement. Prends conscience des événements qui provoquent ton courroux. La personne avec qui tu es en conflit aujourd'hui n'est pas responsable de ton passé, pas plus que tu ne l'es du sien. Mais chacun a l'obligation de se libérer de ce qu'il a vécu de difficile.

Que fais-tu quand tu sens que l'exaspération te gagne ? Vas-tu courir, chanter, crier dans la forêt, taper sur un punching-ball ?... Il serait bénéfique que tout le monde ait chez soi un endroit où « liquider » son agressivité.

Mais il existe aussi une autre façon de gérer ses irritations : c'est d'en prendre conscience, sans les juger comme des ennemies. La colère résulte toujours d'un manque d'amour qui n'a pas pu s'exprimer ou d'une demande qui n'a pas été reçue. Elle représente aussi une énergie de vie dont tu as besoin. Les gens qui contiennent trop leurs emportements peuvent sombrer dans un état de passivité, de fatigue, d'apathie. Il est donc important que tu prennes conscience de tes colères pour les apprivoiser, pour apprendre à les formuler positivement à celui que cela concerne[20] : « Quand tu... ; je réagis mal parce que je... ; aussi je te propose de... ; ce qui nous permettrait tous les deux de...; qu'en penses-tu ? » ou à l'inverse : « Quand je... ; je vois bien que tu... ». C'est la partie *adulte*, au sens de l'Analyse Transactionnelle qui s'en charge en allant dialoguer, faire le point avec la personne avec qui tu te sens en conflit. Fortifie cette partie en toi. Elle t'invite à trouver des solutions plutôt que des coupables.Aujourd'hui, tu prends conscience de tes colères et tu les transformes en actions constructives.

---

20. Dominique Chalvin, *L'affirmation de soi*, ESF, 1989.

12
Février

De quoi te sens-tu encore coupable ?

Il y a des culpabilités qui tournent en rond dans la tête. Elles débouchent sur la dévalorisation de soi-même, l'auto-critique. La personne qui se trouve dans une telle situation, *parent critique — enfant soumis*, selon l'Analyse Transactionnelle, vit dans l'enfermement d'une parole intérieure qui accuse, persécute. Il y a des fautes dont les effets négatifs reviennent comme des vagues qui franchissent les digues. Elles persistent par-delà les aveux, par-delà le pardon, parce que la personne continue à se juger impitoyablement. Souviens-toi, le seul arbre dont il ne fallait pas manger le fruit dans le jardin d'Eden était l'arbre de la connaissance, de la « Lumière » et de la « non (encore) Lumière »; de « l'Harmonie » et de la « confusion ».

Si tu te reproches quelque chose aujourd'hui, c'est peut-être parce que tu as des notions trop rigides du bien et du mal. Sans doute ne sais-tu pas rebondir sur tes erreurs pour en tirer un enseignement qui te sera profitable à l'avenir, qui te donnera une meilleure compréhension des êtres et des situations. Tu as peut-être en toi des culpabilités dont tu n'as pas conscience mais qui te rongent. Elles expliquent tes T.O.C. (troubles obsessionnels compulsifs), tes obsessions, tes ruminations, tes insomnies, ton vagabondage mental, ton mal-être en société... Dans ce cas, n'hésite pas à faire appel à un psychologue. La parole te libérera de cette lourdeur qui pèse sur ton âme, de cette autodestruction permanente qui l'empoisonne. La thérapie t'aidera à identifier ce qui s'est réellement passé. Elle te permettra d'en tirer les leçons, de retrouver une légèreté, non pas celle de l'insouciance, mais celle, libre et joyeuse, des enfants de Dieu.

Tu as des caries dans l'estime de toi, tu as besoin d'aide. N'aie crainte, ce n'est pas parce que tu as mal à une dent que le dentiste va te « refaire » toute la bouche.

13

Février

Les blessures fondamentales

Nous avons tous été blessés, meurtris. Nous avons tous, à certains moments de notre vie, éprouvé un sentiment d'abandon, de rejet, d'injustice, de trahison ou d'humiliation lorsque des propos désobligeants nous ont fait honte.

Trahi, tel est le mot que l'on obtient avec les initiales des cinq grandes blessures : Trahison, Rejet, Abandon, Humiliation, Injustice.

N'as-tu pas eu dans ta vie la sensation d'être abandonné, laissé de côté, de n'être rien, de ne pas avoir de place ? As-tu eu l'impression que tu ne méritais pas ce qui t'arrivait ? As-tu vécu l'injustice, le sentiment de te « faire avoir » ? As-tu essuyé des vexations en public ?

Quand un mot, une réflexion anodine, une attitude déplaisante provoquent chez toi des réactions disproportionnées ou te bouleversent, recherche laquelle de ces grandes blessures a été ravivée ?

Si tu as des difficultés à établir des liens affectifs durables, à entretenir des relations de confiance avec tes amis ou dans ton environnement professionnel ; si tu vis mal ce que l'on te dit ; si tu as peur des jugements ; si tu montres un excès de prudence dans tes engagements, c'est que tu as accumulé des mal vécus qui renvoient à l'une de tes déchirures.

Alors, parle de ce qui t'a fait mal.

14

Février

La peur de l'abandon

Lorsque tu te retrouves face à toi-même, éprouves-tu un sentiment de vide, d'angoisse, de tristesse ? Est-ce que tu compenses ce mal-être par de la boulimie ?

Si, dans tes relations sentimentales, tu as tendance à rechercher le fusionnel, à manifester de la jalousie, à dépendre de l'autre, sans doute as-tu une blessure d'abandon.

Est-ce que ton père, ta mère t'ont laissé seul ou chez des personnes inconnues quand tu étais enfant, ne fut-ce que quelques heures et tu n'as pas compris pourquoi ? Est-ce que tu n'as pas suffisamment senti le soutien de tes parents quand tu en avais besoin ? As-tu encore en toi le souvenir douloureux d'avoir été perdu dans la foule ? Les séparations que tu as connues dans ta vie affective, est-ce toi qui les a désirées ? Les as-tu subies ? Quel est ton scénario ?

Si tu te reconnais plutôt dans le profil de la personne que l'on quitte, sans doute n'as-tu pas pansé ta plaie. L'une des dernières paroles de Jésus sur la croix fut : « *Pourquoi m'as-tu abandonné ?* » Il vivait là l'une des blessures les plus fondamentales de l'homme. Mais toi, pourquoi, malgré la tristesse que cela te procure, cherches-tu involontairement à éloigner les autres de toi ? Serait-ce que tu te reproches d'avoir délaissé quelqu'un ? Serait-ce que, ontologiquement, tu te sens coupable de t'être détourné de Dieu ? As-tu le sentiment de l'avoir quitté, comme dans le Jardin d'Eden, et d'avoir choisi d'autres « dieux », d'autres valeurs ? As-tu eu l'impression, comme le fils prodigue, de négliger la dimension divine qui t'habite ?

Aujourd'hui, laisse monter en toi tout ce qui pourrait se rapporter à l'abandon dans ta vie.

15

Février

Le rejet

As-tu l'impression que l'on te rejette ? Fais-tu partie de ceux qui répètent souvent : « Personne ne me regarde… ; c'est comme si je n'existais pas… ; j'ai parlé dans le vide… ».

D'où vient ta difficulté à trouver ta place chez toi, au travail, en société ? Es-tu l'un de ces enfants dits « accidents » qui s'est entendu dire : « Nous ne t'avons pas voulu, on ne t'attendait pas, on s'est mariés à cause de toi… ». Es-tu de ceux dont la mère est morte en accouchant et qui ont lu dans le regard de leur père ou cru entendre dans son mutisme : « Tu as tué ta mère ». Es-tu le garçon (ou la fille) situé au milieu d'une fratrie et dont le rôle n'est pas aussi clairement défini que celui de l'aîné ou du petit dernier ?

Ce rejet, tu peux l'avoir vécu en famille parce que tes parents étaient déçus de ton sexe. Tu l'as peut-être connu à l'école à cause de tes gestes pataauds ou de ton poids, de ta taille ou de toute autre différence qui attiraient les rires moqueurs de tes camarades.

Maintenant, ne poursuis-tu pas, involontairement, le scénario lié à ta blessure en interprétant des paroles, des situations anodines, à travers le prisme des mal vécus que tu as accumulés, comme cette personne qui se croyait « bête » et dont les comportements et dires maladroits finissaient par lui attirer cette réflexion de la part des autres.

Toi qui ne te crois « rien » à force de te sentir exclu, permets à Dieu de venir te redonner confiance, de te faire connaître ta valeur intrinsèque et trouve ta vraie place.

16

Février

La trahison

Le mot « trahison » fait-il partie de ton vocabulaire ? S'il revient souvent sur tes lèvres, cela semble déjà indiquer qu'il n'est pas neutre en ce qui te concerne.

Tu fais souvent des reproches : « Tu m'as trompé... ; tu m'as dit que... et tu ne l'as pas fait ». À quel moment t'es-tu senti floué dans ta vie ? Est-ce quand on t'a dit que le Père Noël, saint Nicolas ou le Petit Jésus étaient des personnages fictifs, mis en scène par les parents ? Le monde du merveilleux, ta façon de vivre le spirituel, se sont-ils effondrés à ce moment-là et es-tu brutalement entré dans l'univers froid des adultes capables de mentir et de manipuler ?

Est-ce plutôt en voyant un camarade ou une camarade de classe se détourner de toi pour aller jouer avec d'autres sans te donner d'explication ? Ou quand un ami ou une amie a divulgué un secret que tu lui avais confié ? Ou bien le jour où l'on ne t'a pas rendu l'argent que tu avais prêté ?

Comment ressens-tu Judas ? Est-ce que son attitude provoque en toi des réactions exagérées ? Éprouves-tu à son égard de la compassion ou du rejet ?

Toi que la moindre traîtrise rebute profondément, n'as-tu jamais manqué de loyauté envers quelqu'un ? Peux-tu affirmer que personne ne pense que tu l'as dupé ?

On pardonne plus facilement aux autres quand on se rend compte que, soi-même, on a pu faillir à ses devoirs ou à sa parole, au moins dans certaines circonstances.

Aujourd'hui, tu vas écouter quelle résonance le mot « trahison » a pour toi, dans ta vie passée et présente.

17
Février

L'injustice

Quel est celui qui n'a pas fait cette remarque quand il était petit : « C'est pas juste ». Est-ce que tu le disais souvent dans ton enfance ou ton adolescence ? Te souviens-tu, par exemple, d'une scène où tu aurais reçu une punition à la place d'un frère ou d'une sœur ? Au travail, as-tu éprouvé le sentiment que quelqu'un occupait le poste que tu méritais ; qu'un collègue était mieux rémunéré que toi à tâche égale ?

Ce mot « injustice », te vient-il à l'esprit devant le spectacle du monde, les guerres, les discriminations, les inégalités ? Mais alors, concrètement, que fais-tu ? Te contentes-tu de protester ou d'être prostré ou bien agis-tu réellement ? Quelles actions décides-tu de mener dans le monde ? dans ton pays ? ton village ? ton quartier ? ton voisinage ? Ouvre les yeux, l'injustice est sans doute à ta porte, mais elle t'habite toi aussi.

Que vas-tu faire précisément pour en sortir, pour que les choses évoluent dans le sens que tu désires ?

À quel retournement intérieur te sens-tu invité ?

18
Février

La honte

Laisse-toi pénétrer par le mot « honte » et prends le temps de laisser remonter en toi le souvenir de ces moments si oppressants que tu ne les as confiés à personne hormis, peut-être, un prêtre ou un psychologue.

Quelles sont tes hontes ? Sont-elles d'ordre sexuel concernant des pratiques que tu as eues, des attouchements, un viol que tu as subi, dont tu te crois plus ou moins responsable ? Datent-elles de l'école quand l'institutrice t'a fait remarquer que tu te lavais mal, ou lorsque tes camarades ont ri de ton nom, de ton poids, de ta démarche, de ton nez, de tes oreilles, de tes mauvaises notes ? Qu'est-il resté de toutes ces humiliations ? En as-tu gardé des complexes ? As-tu su, à l'inverse, retourner positivement ces sarcasmes ?

Connais-tu l'histoire de cet aiglon tombé dans un poulailler ? Avec son grand bec et ses ailes trop longues, il picore maladroitement. Les poules, qu'il croit ses congénères, se moquent cruellement de lui et il vit chaque jour le gris de la tristesse et de l'humiliation. Cela jusqu'à ce qu'un naturaliste, passant par hasard dans la ferme, prenne l'oiseau en pitié, le recueille et, patiemment, lui apprenne à voler. Quand l'apprentissage est terminé, le naturaliste conduit le rapace dans la montagne. L'aigle découvre alors son élément, s'élance dans les airs en poussant des cris de joie. Il est devenu lui-même ! Si tu doutes de certains aspects de ton corps, de ton intelligence, il est temps d'entendre ce que Dieu te dit vraiment, de recevoir sa Parole qui reconstruit, qui montre en positif ce que tu perçois en négatif et qui redonne à la vie sa fluidité en défaisant les nœuds qui la bloquent. Est-ce que tu ressens de la répugnance pour toi, pour certains de tes comportements ? Fais-tu partie de ces personnes qui prononcent ces phrases terribles : « Je me dégoûte… » ou « Tu m'écœures… » ? Si c'est le cas, il est urgent que tu en parles à quelqu'un. Tu as peut-être au fond de toi des regrets vis-à-vis d'erreurs du passé, tu en gardes une plaie qui te laisse le cœur ouvert. Réjouis-toi : cette ouverture va te permettre de rester dans l'Amour de Dieu. Ne t'arrête pas à tes duretés ni à tes fuites. Rouvre ta blessure pour que Dieu la guérisse et la rende féconde. Cela te permettra de comprendre et d'aider ceux qui ont vécu des situations semblables aux tiennes.

19

Février

Te reste-t-il des dégoûts ?

Certains ressentent du dégoût pour eux-mêmes. Ils posent sur eux le regard du serpent, de celui qui juge et qui accuse. Est-ce ton cas ? Tu as peut-être du mépris pour tes échecs, certaines pensées ou pour certains actes de ta vie. Ils peuvent pourtant se transformer en sains repoussoirs. Quand tu dis, par exemple : « Jamais plus je ne boirai comme je l'ai fait… ; jamais plus je ne me droguerai…» cela t'incite à changer d'orientation. Il te reste peut-être des répulsions par rapport à ta vie passée. Si tu les re-positives, si tu as pris des décisions de changement, elles doivent disparaître. Quelles qu'aient été tes erreurs, si tu perçois en toi l'enfant de Lumière, si tu retrouves tes dons, tes talents et si tu discernes en toi la Création et toute l'œuvre de Dieu, alors tu ne connaîtras plus de dégoût, de goût amer dans la bouche.

D'autres éprouvent de la répugnance pour des proches. « Tu me dégoûtes ! » À la place de cette phrase terrible, accusatrice, dans laquelle il y a le rejet total de la personne, tu pourrais plutôt dire : « Je vis mal tel ou tel de tes comportements… ; je comprends que… ; mais je préférerais que… ». Si ta répulsion, à l'égard de quelqu'un, est physique, parce qu'il se néglige et que tu es incommodé par son odeur, tu peux essayer de l'amener, avec infiniment de délicatesse, à avoir une hygiène plus rigoureuse. Mais comment être écœuré par la personne elle-même ? N'y a-t-il pas là une grossière erreur d'appréciation ?

Pourrais-tu transformer tes dégoûts en goût de la vie ?

20
Février

Quelles ont été tes blessures sexuelles ?

Bien plus de personnes qu'on ne le pense ont eu des traumatismes sexuels. Est-ce ton cas ? As-tu subi, de la part d'un proche, des attouchements dont tu n'as jamais parlé ? As-tu vécu une tentative de viol ou un viol réel de la part d'une personne plus âgée, un voisin, un oncle… qui t'a menacé(e) si tu dévoilais ce terrible secret ?

Tu gardes peut-être une de ces blessures au fond de toi, dans ton intimité et il est temps de te confier. La chape du silence posée sur de tels événements peut entraîner divers troubles psychiques comme une dépression nerveuse ou une anorexie. Ce fut le cas de cette dame violée par son père à l'âge de cinq ans alors que, petite fille, elle voulait simplement recueillir quelques gestes de tendresse. Elle s'est longtemps sentie d'autant plus coupable que son père avait été incarcéré après cet événement « à cause d'elle ».

Tes blessures sexuelles sont-elles de l'ordre de la parole ? On t'a tellement dit de te méfier par exemple, que tu envisages la sexualité comme rébarbative, affreuse, voire comme un péché et, depuis, tu en as peur ou tu l'as refusée. Comment, d'ailleurs, l'as-tu découverte ? Avec des camarades, dans des livres, en regardant des films… ? Aujourd'hui, tu es conditionné par la façon dont tu l'as apprise et dont tu l'as vécue au départ. En as-tu eu une image déformée ? Tes parents, au contraire, t'en ont-ils parlé comme quelque chose de beau, venant du cœur, comme l'expression d'un amour réciproque, comme le désir du bien-être de l'autre, celui d'entrer ensemble dans une profondeur céleste…

Nous avons tous à nous départir de fausses images de la sexualité pour retrouver une vraie liberté de choix, de gratitude, d'émerveillement à ce sujet.

21
Février

Quels sont tes plus mauvais souvenirs ?

Qu'est-ce qui te fait le plus mal, le plus honte ? Qu'aurais-tu aimé ne jamais vivre ? Le fait de te sentir « ridicule » en société, d'avoir été pris en flagrant délit de mensonge lorsque tu étais enfant, d'avoir blessé quelqu'un physiquement ou moralement, d'avoir transgressé des valeurs auxquelles tu tiens… Qu'est-ce qui pèse lourd sur ton cœur et que tu n'arrives pas à oublier : une peine familiale, scolaire, professionnelle ?

Ramène à ta conscience tes plus mauvais moments, non pas avec aigreur, ni rancœur, mais pour les relativiser. Laisse remonter à ta mémoire, avec toute la Douceur que peut te donner l'Amour de Dieu, ces souvenirs douloureux. Ils n'auront plus de prise sur toi, ils cesseront leur travail insidieux de destruction. Tout ce qui n'est pas intégré, tout ce que tu refuses, constitue en toi des îlots, des sortes de kystes qui « pompent » ton énergie. Ton corps et ton esprit peuvent s'épuiser en réagissant, pour se défendre, contre les tensions que provoquent ces tourments. Évoquer ce qui t'a tant fait mal, dans le passé, peut t'angoisser, te bouleverser. Tu sauras que tu en es libéré le jour où tu pourras le formuler simplement et avec calme. Ce que l'*enfant* n'a pu supporter, l'*adulte* en toi peut maintenant le comprendre et l'accepter.

Jour après jour, tu apprends à dire « oui » et à ne plus porter de poids inutile. Pour y arriver, tu te fais aider chaque fois que c'est nécessaire.

22
Février

Quels sont tes meilleurs souvenirs ?

Les fêtes d'anniversaire, les repas familiaux, les échanges de cadeaux à Noël, les goûters entre amis... représentent-ils pour toi de bons souvenirs ? Préférais-tu les instants de solitude où tu te recueillais en méditant, où tu lisais, où tu écoutais de la musique ?

As-tu conservé dans ta mémoire des paroles douces, valorisantes, les encouragements de tes parents, la joie des succès aux examens ? Quelles furent tes sources d'émerveillement ? Quels événements te viendraient à l'esprit si tu devais inventorier les meilleurs moments de ta vie ?

Il est important que tu prennes conscience de ta façon à toi de te ressourcer, de te revitaliser. Ce qui t'a fait du bien t'indique en partie qui tu es. Qu'est-ce qui te faisait le plus plaisir : les discussions entre amis, les réussites professionnelles où tes compétences étaient reconnues ; certains épisodes de ta vie affective, sentimentale ; les périodes de contemplation où tu te retrouvais « en tête à tête » ou en cœur à cœur avec Dieu... ?

Entretenir la mémoire des bons souvenirs peut amener d'autres moments heureux dans ta vie que tu apprécieras encore mieux. Plus tu sauras ce qui te convient, plus tu iras au-devant de ce qui te comble et plus tu parviendras à tirer des événements le bien que tu désires.

23

février

Sais-tu pleurer ?

As-tu vu tes parents pleurer ? Si jamais ce fut le cas, comment as-tu réagi ? Te sentais-tu mal à l'aise ? Et eux, étaient-ils gênés ? T'ont-ils au contraire présenté cela comme une manifestation simple et naturelle de la tristesse ?

Les sanglots libèrent des tensions occasionnées par l'affliction que l'on éprouve face à toute situation de rupture, qu'il s'agisse d'un départ, d'une séparation ou d'un décès... Le chagrin, en-dehors de la colère, est l'émotion la plus fondamentale du processus que les psychologues nomment le deuil.

Sais-tu pleurer ? Lorsque tu le fais, tu vas au fond de toi-même. Tu extériorises tout ce qui pèse lourd en toi. Il existe les larmes de dépit, de colère, d'apitoiement sur soi... Celles-ci font mal. Mais il y a aussi les larmes de componction décrites par Anselm Grün[21] qui nettoient toutes nos erreurs, tout le gâchis de notre vie. Elles ouvrent notre cœur et nous amènent vers l'Amour de Dieu guérissant et plein de compassion. Ceux qui ont pleuré de cette manière vivent plus que d'autres la Présence permanente de Dieu. Il est dit : *« le désert refleurira »*. N'oublie pas que c'est la pluie qui le permet. On rapporte qu'en Israël, alors que le soleil brûle la nature, la moindre averse peut, à certains moments de l'année, faire éclore toutes les graines et donner des parterres de fleurs multicolores.

Dans tes périodes de sécheresse, toi aussi mets de l'eau fraîche dans ta vie. Tu te baignes bien le corps, ne pourrais-tu pas aussi laver ton âme ?

21. Anselm Grün, *Prière et connaissance de soi*, Médiaspaul, 1996.

24

Février

Sais-tu t'amuser, te délasser ?

Toi qui travailles beaucoup, toi qui exerces un métier pénible physiquement ou intense intellectuellement, toi qui visites des malades dans les hôpitaux, toi qui es thérapeute, toi qui reçois les confidences des personnes en souffrance, toi qui consacres de nombreuses heures à ton travail, as-tu compris la nécessité de t'accorder du repos ?

Rappelle-toi, quand tu étais petit, à l'école, combien tu attendais le moment de la récréation. As-tu oublié la joie naturelle de ton corps et la sensation de libération que tu éprouvais en sortant de la classe ? Alors pourquoi, maintenant que tu es adulte, retardes-tu les moments de détente comme s'ils étaient inutiles ou tout simplement pas sérieux, comme s'ils n'appartenaient qu'au monde des enfants ?

Quel modèle as-tu reçu à ce sujet ? As-tu vu ta mère éreintée entre sa vie professionnelle et familiale ? Ton père revenait-il épuisé du travail ? Comment se délassaient tes parents ?

Quelle que soit ta tâche ou ta profession, il est indispensable que tu te revitalises, que tu te ressources tant sur le plan physique grâce au sport, à l'oxygénation, aux bains, à la marche... que sur le plan psychologique dans des rencontres enrichissantes et stimulantes entre amis, que sur le plan spirituel avec des temps de silence, de recentration, d'approfondissement et de prière.

Tu as le droit et même le devoir de te donner des temps de calme, de repos, de légèreté dans lesquels ton corps, ton cœur et ton esprit s'aèrent, se fortifient, se vivifient.

Ce soir, je m'arrête, je dis « stop », et je trouve un moment pour me délasser.

25
Février

Et tes peurs ?

Les peurs sont à l'origine de presque tous les conflits, les mal-être. As-tu appris à les reconnaître[22], à les sentir quand elles t'amènent à te fermer, à fuir, à agresser, à chercher à impressionner… ? Quelles sont tes craintes : celle que l'on se moque de toi, celle que l'on te juge, celle de te « faire avoir » ?

À l'origine, la peur est salvatrice parce qu'elle avertit d'un danger. Elle permet à l'animal de se mettre à l'abri de ses prédateurs. Toi aussi tu as comme un sixième sens qui te prévient quand tu es menacé. Sais-tu reconnaître les craintes positives, celles qui vont te prémunir ou te protéger ? Si tu conduis très vite et si tu suis de trop près la voiture qui te précède, il est bon pour toi d'avoir de l'appréhension. Mais si tu n'oses pas sortir, aller à un rendez-vous, prendre les transports en commun… il est nécessaire que tu comprennes les mécanismes à l'œuvre. Tu es un peu comme ces poupées russes, plus ou moins bien encastrées les unes dans les autres. Ce mauvais emboîtement, témoin du manque d'unification de ton être, se trouve à l'origine de nombre de tes frayeurs parce que tu sens qu'il reste en toi un endroit très vulnérable qui capte tout comme un paratonnerre et qui est insuffisamment protégé. Dans ton dysfonctionnement intérieur, as-tu hypertrophié le niveau physique, psychologique, spirituel ? Si tu as privilégié le dernier, tu risques de ne plus mobiliser tes défenses protectrices en te déconnectant de la réalité. Ainsi, tu as de l'angoisse en traversant la rue, en étant au contact de la foule, dans un grand magasin par exemple, où chacun déverse dans l'atmosphère ses convoitises, ses hésitations, ses lourdeurs.

Apprends petit à petit à rassurer ton enfant intérieur et à développer en toi l'*adulte* qui saura te protéger, dédramatiser, faire la part des choses et s'adapter à l'environnement tel qu'il est.

---

22. *Choisis la Vie*, 18 février, p 56.

26

Février

Sois parfait !

Toi qui dis volontiers : « Je ne suis pas parfait et je ne demande pas aux autres de l'être », te rends-tu compte de toutes les exigences que tu as sur le plan professionnel, familial, avec ton partenaire, dans ta communauté... ? Ne fais-tu pas comme si ton entourage devait être sans défauts ? Tous les reproches que tu adresses aux autres et à toi-même, ne trahissent-ils pas une volonté de perfection ?

Jésus a bien dit : *« Soyez parfaits comme votre père céleste est parfait »,* mais cette injonction est un but à atteindre dans le temps, dans l'éternité.

Dans « parfait », il y a « pas refait ». Se « re-faire » en Dieu, c'est passer d'un niveau d'exigence trop élevé à un degré réaliste qui te permettra de faire des progrès à ton rythme, en fonction de tes possibilités. Si tu veux avoir toujours dix-huit ou vingt sur vingt, il est sûr que ta vie sera très difficile voire insupportable et émaillée de profonds découragements. En revanche, si tu cherches d'abord à atteindre huit puis dix et douze... c'est-à-dire en avançant pas à pas[23], tu auras toutes les chances d'atteindre tes objectifs.

Si tu te veux sans défauts, cela signifie que tu ne t'es pas laissé « re-faire » par Dieu. La vraie perfection est dans l'imperfection pleinement acceptée. Tu vas t'améliorer peu à peu, développer ta spiritualité et tu diras : « Je laisse la perfection de Dieu traverser toutes mes imperfections[24]. »

Réjouis-toi de tes insuffisances. Offre-les pour que Dieu agisse à travers elles. Ouvre-lui toutes les pièces de ta maison, même celles que tu juges les plus ombragées, les plus froides, les plus glacées, les plus abandonnées. Si tu savais comme Il peut les rendre belles !

---

23. Yves Boulvin, « J'avance à petits pas », revue *Feu et Lumière,* février 2004.
24. *Choisis la Vie,* 12 janvier, p 18.

27
Février

Sois fort !

« Un homme ne pleure pas » ; « Un homme n'a pas peur » ; « Un homme ne montre pas ses émotions » ; « Sois un homme, un vrai », autant d'injonctions que les garçons entendaient à l'époque où cette forme de virilité était nécessaire à la guerre. Avec ce genre de messages, beaucoup trop contraignants, les fils se construisaient un rempart à leur vulnérabilité. Ils montraient leur courage et masquaient leurs peurs.

De nombreux accidents de santé sont dus à ces phrases-clichés car celui qui se veut « fort », dans le sens de maîtriser totalement ses émotions, risque de ne plus vivre deux émotions essentielles données par Dieu : rire et pleurer. Or, l'une et l'autre détendent l'organisme. Si tu les contrôles en permanence, tu accumuleras des tensions dans tout ton corps que tu finiras par extérioriser contre une personne de ton entourage, de ta famille, de ta communauté, ou à l'égard de quelqu'un qui te bouscule dans les transports en commun … Si tu ne sais ni rire, ni pleurer, tu contiens une énergie qui peut se transformer en agressivité ou en violence. Et si tu les réprimes aussi, elles vont faire des ravages dans ton corps et te rendre malade.

N'oublie pas que la vulnérabilité et les émotions sont belles, à condition de les canaliser, de les orienter, sans pour autant leur mettre une digue qui les retient constamment. Il est important que tu saches ressentir tes peurs, que tu ne t'empêches pas de rire, pleurer, aimer… et que tu liquides ta colère dans le sport, le cri, le chant… La vraie force, c'est l'acceptation de tout ce qui t'habite et l'apprentissage de la gestion des émotions. Jésus, que l'on représente souvent dans sa dignité et sa majesté, a pleuré, Il a aussi sûrement ri et Il savait s'amuser avec ses apôtres[25].

As-tu vraiment rencontré Dieu qui pleure et Dieu qui rit ?

25. Didier Decoin, *Jésus le Dieu qui riait*, Stock 1999.

28

Février

Fais plaisir !

Tu as peut-être entendu quand tu étais enfant : « Sois gentil... ; fais plaisir... ; dis bonjour à la dame... ; dis merci... ».

S'il y a une réelle beauté à donner, à s'occuper des autres, tu ne dois pas pour autant t'oublier. Tu aimes faire plaisir, tu peux t'en féliciter, surtout si tu y mets tout ton cœur. Mais tu ne peux partager que ce que tu as d'abord su recevoir de Dieu directement ou au travers d'autrui. As-tu réalisé que si tu donnes uniquement, tu risques de t'épuiser, de le faire à la force du poignet au lieu de laisser couler l'Amour dans lequel tu te serais toi-même ressourcé. Et puis si tu veux vraiment faire plaisir, as-tu compris que recevoir c'est permettre à l'autre d'avoir la joie de donner ?

Lorsqu'on t'a dit : « Ne sois pas égoïste », on ne t'a peut-être pas expliqué que cette notion renvoyait à l'ego psychique. Or, la meilleure façon de s'éloigner des autres c'est de tourner en rond dans son psychisme. Ton « vilain petit canard », est souvent trop centré sur lui-même et sur ses problèmes. Mais ton « cygne » est heureux et vraiment libre d'aimer. Dans l'unification progressive de ta personne, la perfection de l'Amour, que Dieu donnera à ton « cygne », blanchira peu à peu les ailes de ton « vilain petit canard ».

L'injonction : « Fais plaisir » a très souvent été utilisée par certains éducateurs, pour asseoir leur autorité, pour empêcher consciemment ou inconsciemment l'enfant d'être lui-même, pour répéter des scénarios anciens. La gentillesse est une qualité à valoriser à condition qu'elle ne vienne pas d'une partie de soi qui subit, se gomme, se nie, se sent victime. Il doit s'agir d'une bonté choisie. Mais sache te protéger de ceux qui voudraient t'envahir ou t'écraser. Apprends à discerner ceux à qui tu peux donner et à savoir dire « non » quand c'est nécessaire.

Aujourd'hui, prends le temps de réfléchir à ce qui est bon pour toi et à ce que tu as choisi de refuser.

29

Février

Quelle leçon as-tu tirée de ta vie ?

Bien que ta vie foisonne de richesses, involontairement, tu colories ton passé de gris ou de noir. Au lieu d'en voir tout le bien que tu pourrais en tirer, tu critiques, tu juges. Naturellement, tu peux te plaindre, te remémorer les douleurs de ta petite enfance, tes manques, tes désirs auxquels personne n'a su répondre. Tu peux aussi ressasser tes échecs scolaires, professionnels, amicaux, sentimentaux...

Mais quelle leçon as-tu tirée de tes expériences, de tes moments de solitude, de tes relations avec les autres, des moqueries dont tu as été l'objet ? Tu t'es éventuellement réfugié dans le rôle de la *victime* à qui rien ne sourit. Tu as peut-être, en *persécuteur* cette fois, fait subir à ceux qui t'entourent ce que tu as dû supporter de souffrance ?

As-tu fait le tri ? Quelles sont tes blessures objectives, celles qui ne dépendent pas de toi comme le décès de ta mère quand tu étais encore enfant, le départ de ton père, ou la guerre. Toute une partie de toi a fui, s'est blindée, s'est enfermée. As-tu imaginé d'autres réactions possibles ?

Depuis longtemps tu te lamentes sur ton sort, tu te résignes ou tu te révoltes sans chercher de vraies solutions. Apprends à réagir positivement, à tirer le bien du mal, à ne plus catégoriser ou mettre des étiquettes qui travestissent et déforment la réalité. D'une situation que tu as jugée négative sur le moment, fais du positif. De ce que tu penses être des « échecs », peux-tu faire des réussites ?

As-tu vraiment vécu ta vie, as-tu vécu la Vie de Dieu ou bien plutôt celle de tes parents, de tes proches, de tes contemporains en épousant leurs réflexions, leurs manières de se comporter ? Maintenant c'est toi et toi seul qui vas vivre ta vie avec Dieu au centre.

Mars

Comment t'es-tu construit ?

1er

Mars

Quelle vision as-tu de l'amour aujourd'hui ?

Est-ce que tu penses que l'amour ne peut pas se vivre concrètement ? Est-ce que tu admires ces personnes qui, ayant perdu leur premier amour, lui restent fidèles toute leur vie ? Fais-tu partie de ceux qui ont construit un idéal sentimental sur un héros de roman, de feuilleton, de film ?

Es-tu libre d'aimer aujourd'hui ?

Beaucoup d'unions vont à la dérive parce que l'un des conjoints est « marié » dans sa tête avec un modèle rêvé : l'un de ses parents, un premier amour décédé ou simplement regretté, un héros de roman, une « star » de cinéma ou de la télévision, un mélange du frère, de la sœur, du cousin... qui incarne pour lui l'amour absolu.

Si tu fais partie de ces personnes qui regrettent d'être seules, qui n'arrivent pas à trouver de partenaire, t'es-tu demandé si la place à côté de toi est vraiment vacante ?

As-tu analysé tes peurs, celle de déplaire au quotidien, celle d'être déçu ? Es-tu encore encombré de phrases-poison comme : « Personne ne pourra m'aimer... ; les hommes ne sont pas fiables... ; le quotidien tue le couple... ». Enfin, préfères-tu rêver l'amour plutôt que de le vivre ? Dans tes chimères tu as créé le conjoint parfait, une synthèse de Dieu, du « prince charmant » et de ce que tu es au meilleur de toi-même, un résumé de toutes tes aspirations.

Sais-tu ce qui est bon pour toi ? Est-ce bien clair ? Est-ce que tout toi veut vraiment rencontrer quelqu'un ?

En t'aimant mieux, tu abandonneras cette image que tu portes en toi et que tu projettes vers l'extérieur. En t'aimant mieux, tu libéreras la place près de toi pour permettre à quelqu'un de venir s'y installer.

2

Mars

Quel modèle de couple as-tu connu ?

Certains se réalisent dans une vie à deux ; d'autres profitent de leur célibat pour mettre toute leur énergie au service d'une cause ou d'une action ; d'autres encore optent pour la vie religieuse. Il n'y a pas à comparer ou à penser que tel mode d'existence est préférable à tel autre. L'important c'est de le choisir librement, en fonction de ce que l'on est vraiment, et non par pression, fuite ou aigreur liées à des blessures.

Si tu désires entamer une vie de couple, il est nécessaire que tu prennes conscience des modèles que tu as connus à travers tes parents, tes proches, tes amis. As-tu fréquenté des personnes qui s'entendaient, qui parlaient le même langage, qui partageaient les mêmes valeurs, qui savaient exprimer leur amour, écouter, dialoguer ? Ou bien as-tu rencontré des êtres trop différents, trop éloignés dans leurs préoccupations, leur rythme, leurs attentes ? Tout cela a créé en toi des références auxquelles, sans t'en rendre compte, tu te reportes et qui te donnent une vision positive ou négative du couple.

Si tant de ménages se brisent, c'est souvent parce qu'il existe entre l'homme et la femme une faille originelle liée à la perception que, dans leur enfance et dans leur adolescence, ils ont eue du couple. De cela il reste profondément inscrit en eux des images, des croyances du type : « Il est impossible d'aimer quelqu'un toute sa vie... ; on est trop différents... ; le quotidien abîme la relation... ».

Et toi, as-tu découvert ta propre vision du couple faite d'affinités, de complicité, de complémentarité, de langage commun, d'idéal partagé aussi bien sur le plan des sentiments que celui des pensées et de l'action ? Le couple demeure une alchimie complexe, un alliage équilibré de ressemblances favorables à l'harmonie et de différences propices à l'enrichissement. Il demande, par ailleurs, compréhension et pardon pour utiliser positivement ces différences.

Aujourd'hui, réfléchis aux unions que tu as connues, aux leçons que tu en as tirées, au scénario que cela a engendré en toi. Ainsi tu verras clair, si c'est ton choix, sur le couple que tu aimerais vivre, celui que tu préserves dans l'écrin de tes aspirations profondes.

3

Mars

Retrouver un vrai amour

Après l'émerveillement des premiers instants, des premières découvertes, l'amour qui unit va très fréquemment s'alourdir, s'encombrer de conflits, de non-dits. Si, au début, lorsque naissent les sentiments chacun ne voyait de l'autre que ses qualités, il arrive souvent que, peu à peu, sous le poids des soucis, du stress, de la fatigue, des contraintes… chacun ne discerne plus que les défauts de l'autre et les lui reproche. Alors on commence à s'en vouloir, à s'aigrir et le couple risque de se séparer. Par ailleurs, il est de fait que des raisons psychologiques complexes ont souvent motivé le choix du partenaire. À ce sujet, il serait grand temps que l'on forme, à l'école, à la vie relationnelle et de couple et, en particulier, à la façon d'harmoniser des types de personnalités différents.

Si tu vis ou as vécu une vie amoureuse difficile, peut-être as-tu d'abord idéalisé la personne aimée en faisant l'impasse, consciemment ou inconsciemment, sur les zones d'ombre et ce que tu ressens comme ses faiblesses. Peut-être as-tu espéré qu'elle change. Cette attitude met, dès le départ, la relation en danger parce que tu n'as pas dit « oui », parce que tu n'as pas pris l'autre tel qu'il est, avec ses qualités et ses défauts, et en te disant que même s'il ne change pas tu sais que tu pourras l'accepter. Peut-être aussi manque-t-il dans ta relation sentimentale l'un des ingrédients indispensables à son épanouissement comme le dialogue, la complicité amoureuse, un projet ou des valeurs en commun. Un déséquilibre dans l'un de ces trois niveaux entraîne souvent une crise.

Ce peut être alors l'occasion pour le couple de se revitaliser en se soutenant mutuellement, en entreprenant ensemble un cheminement psychologique et spirituel, en s'accordant des temps de rencontre pour chercher à redonner une place au dialogue, à la joie de se retrouver, à la fraîcheur de l'amour qui renaît. Et si cela aboutit à une séparation, alors au moins qu'elle se fasse dans la compréhension et l'estime réciproques, une véritable bonne volonté et le choix de ce qui sera le mieux pour les enfants. Quelle tristesse de voir des couples se déchirer après s'être soi-disant aimés et cela parfois même au nom de croyances spirituelles. Aurions-nous oublié le jugement de Salomon[26] ?

26. Cf. 28 novembre.

4
Mars

Que penses-tu de ta vie affective, sentimentale, conjugale ?

Il y a de multiples façons d'accomplir sa vie affective. Tu peux, par exemple, développer un réseau de relations dans lequel tu t'épanouis grâce aux affinités que tu partages avec tes amis. Tu as peut-être tout focalisé sur ton couple. Une existence à deux réussie est faite d'approfondissement, de cheminement commun : avancer ensemble dans la même direction et s'aider mutuellement tout en respectant la liberté de l'autre. As-tu l'impression que tu as mûri, que tu as évolué, que tu as franchi les paliers successifs, les épreuves que traversent les ménages qui progressent ? Ou est-ce que tu te compares à d'autres que tu estimes plus heureux que toi ? Que fais-tu alors pour que cela change ?

Si tu n'as pas connu de vie sentimentale et que tu le regrettes, si tu continues à rêver à la vie de couple, te donnes-tu les moyens de la réaliser en fréquentant une association sportive, une école de musique, un groupe de marche, de prière... Il te suffit d'entreprendre des activités qui te plaisent et qui peuvent te permettre de faire la connaissance de personnes partageant les mêmes goûts que toi...

Au contraire, t'enfermes-tu chez toi, replié sur ta souffrance et ton découragement ? Ne t'écartes-tu pas alors du rythme que Dieu a inspiré à l'homme dans la *Genèse*, alternance de jours et de nuits, de temps de repos et de temps d'activité, de moments de solitude et de rencontre avec d'autres...

Tu as éventuellement opté pour une solitude librement désirée. Y es-tu en accord profond avec toi-même ? Et si tu as choisi la vie religieuse, en offrant au Seigneur la vie sentimentale ou sexuelle que tu n'as pas connue, peux-tu dire maintenant, avec sérénité, que tu as perçu toute la richesse et la fécondité de ta vocation ?

5

Mars

Et ta vie amicale ?

Certains vivent dans une profonde solitude. Quand on les écoute, on s'aperçoit que cette situation puise son origine dans l'enfance où, déjà, ils avaient tendance à s'isoler et à s'écarter de leurs camarades. D'autres, au contraire, ont beaucoup d'amis.

Un ami c'est quelqu'un avec qui on est bien, dans la complicité, la confiance et qu'on retrouve toujours avec plaisir. Qu'on se soit vus la veille ou il y a plusieurs années on a l'impression de ne s'être jamais quittés.

As-tu de bons amis ? Si ce n'est pas le cas, il n'est pas trop tard pour trouver une ou des personnes avec qui tu partages des centres d'intérêts culinaires, ludiques, sportifs, artistiques, culturels, philosophiques, théologiques, spirituels... Rien de plus beau qu'une chaîne d'amour et d'amitié. Le Seigneur te propose d'en faire partie, de trouver ta ronde, c'est-à-dire un groupe de personnes qui s'entendent, se comprennent, se complètent, chacun pouvant venir en aide à l'autre. Comme il est bon, lorsqu'on se sent seul, de pouvoir téléphoner à quelqu'un ou de recevoir un appel, une lettre chaleureuse. Construis ton réseau de relations dans des univers variés, dans des régions différentes... Si ta vie amicale ne te satisfait pas, il est temps que tu rencontres celui ou celle qui te permettra de réfléchir, t'accompagnera et t'aidera à trouver les motifs de ton isolement. Combien de personnes se sont ouvertes grâce à un travail psychologique qui leur a donné l'occasion de comprendre les raisons véritables de leur enfermement. Dès lors elles ont tourné leur regard vers de nouveaux horizons, plus lumineux, dont elles n'avaient même pas soupçonné l'existence.

Il y a, quelque part, des amis pour toi dont tu peux être l'ami à ton tour. Pourquoi te priver de leur chaleur ? Pourquoi les priver de ta présence ?

6

Mars

Crains-tu l'intimité ?

Dans l'intimité véritable, on se sent bien avec l'autre, on peut rester ensemble, en silence, sans tension, sans avoir envie de jouer à des « jeux psychologiques ». L'intimité emplit ceux qui la vivent de tendresse réciproque. Elle ouvre à la compréhension mutuelle et à la perception, en chacun, de l'enfant de Dieu, de l'enfant de Lumière que l'un et l'autre respectent profondément. Elle comprend, dans le couple, la réussite de la vie sexuelle, l'absence de rapports de force, d'oppression, de contraintes, de peur, de refus pour se réjouir ensemble physiquement, se donner de l'amour, de la douceur et permettre à chacun de se nourrir de gestes, de mots, de regards, d'attentions...

Es-tu capable d'une intimité véritable ? Ou vis-tu, avec ton (ou ta) partenaire, une sexualité déconnectée du cœur, de la tendresse quotidienne ?

Si tu es seul, te sens-tu capable de moments de proximité avec les personnes que tu apprécies, que tu estimes, qui te vouent de l'amitié ?

Nous sommes faits pour vivre l'intimité, d'abord avec Dieu, puis avec les êtres que nous aimons. Les psychologues la décrivent comme le point d'orgue d'une relation réussie. Ceux qui ne parviennent pas à connaître des moments privilégiés de cette nature risquent d'adopter, sans le vouloir, des rôles de *sauveteur*, *persécuteur*, *victime*, d'entrer dans des rapports de force... C'est ainsi que les couples, dont la vie sexuelle est éteinte ou presque inexistante, se disputent fréquemment. La querelle représente, pour eux, un moyen paradoxal d'être proches, au contact l'un de l'autre. Ils recréent ainsi cette intimité qui n'est pas ou qui n'est plus, mais de façon négative.

Un peu à l'image du célèbre slogan de mai 68 : « Faites l'amour, pas la guerre », retrouve une façon toute simple et positive d'être proche des autres, en union avec eux.

7

Mars

Aujourd'hui, te sens-tu libre dans ton corps ?

Ce corps qui te permet de marcher, toucher, percevoir, sentir, penser, aimer…, est-ce que tu lui en es reconnaissant ? As-tu tendance, comme de nombreuses personnes, à le critiquer, voire à le mépriser parce que l'on t'a appris à ne pas en écouter les messages ? Au lieu de le remercier, lui qui te sert si fidèlement depuis l'enfance, au lieu de l'aimer, de le respecter, trop souvent tu le dédaignes.

Ton corps réagit à tes pensées. Fais en sorte qu'elles soient positives à son égard et tu te porteras nettement mieux. Est-ce que tu l'écoutes exprimer ses besoins ? Il est important également que tu perçoives les signaux qu'il t'envoie. Il ne te viendrait pas à l'esprit de ne pas prêter attention aux bruits inhabituels du moteur de ta voiture et de continuer à la conduire sans l'avoir déposée au garage pour voir ce qui ne va pas.

Dieu habite ton corps, Il l'irrigue, Il régénère tes cellules et les irradie. Que fais-tu pour entretenir cette merveille que Dieu t'a accordée ? Si tu lui donnais régulièrement des temps de repos, une hygiène de vie saine, et tout ce qui est bon pour lui comme pratiquer un sport, t'aérer… tu te sentirais mieux.

Ton cœur a besoin d'aimer et ton corps de contacts physiques. Si tu n'as pas l'occasion de prendre des enfants dans les bras, de tenir des amis par la main, de serrer ton conjoint contre toi parce que ta situation ou ton environnement ne le permettent pas, du moins peux-tu caresser des animaux, ou manipuler des objets en remerciant Dieu de leur existence, en bénissant tous ceux qui ont contribué à leur fabrication.

Se sentir libre dans son corps, ce n'est ni le négliger, ni le refuser, pas plus que l'exalter en s'en souciant de manière excessive. Être bien dans son corps, c'est s'en occuper comme on le ferait d'un enfant ou d'un bon compagnon ; c'est entretenir avec lui des rapports harmonieux, d'amour.

8

Mars

Étais-tu facilement malade enfant ?

L'enfant a besoin que l'on s'occupe de lui. Il ne supporte pas l'indifférence. C'est pourquoi il a recours à de nombreux subterfuges afin d'attirer l'attention de ses parents sur lui. Il peut, par exemple, faire des bêtises, taper son petit frère ou sa sœur cadette, car il sait que cela fera réagir son père ou sa mère avec lesquels il se sentira à nouveau en relation, même si c'est dans la colère, dans la négativité. Il lui arrive aussi de se plaindre, d'être souffrant parce que, dans ces moments-là, la maman est plus présente, elle s'arrête parfois de travailler quand elle a un emploi, tandis que le papa apporte des cadeaux le soir, et prend le temps de s'asseoir au bord du lit de son fils ou de sa fille pour raconter des histoires...

Quel rôle la maladie a-t-elle joué dans ton enfance, ton adolescence ? Comment cherchais-tu à capter l'intérêt de tes parents ? Aujourd'hui, parviens-tu à tisser des relations sans passer par la souffrance, par les lamentations, la frustration, l'insatisfaction... ? As-tu appris, petit à petit, à ne plus te faire mal, à ne plus entrer dans la passivité ni désirer être malade pour gagner la sollicitude des autres ? Es-tu capable de rencontrer des amis, d'avoir des liens sentimentaux d'une manière plus positive, en restant dans le bien, dans le beau ?

Souvent, les maladies que l'on développe renvoient à des souffrances du passé qui se sont inscrites dans le corps au fil des ans. Ainsi, tu as éventuellement des troubles respiratoires car tu « étouffais » dans ton milieu, tu risques d'avoir des problèmes cardiaques parce que quelque chose t'a fait trop mal, tu as peut-être des douleurs vertébrales en en ayant « plein le dos » d'une situation pénible...Ton corps est le miroir de ta vie. Il peut, par mimétisme, répéter les souffrances de tes aïeux (on a noté, par exemple, beaucoup de problèmes respiratoires chez les descendants de personnes qui ont été « gazées » pendant la guerre ou ont connu les camps de concentration) ; il arrive également qu'il se fasse l'écho des inquiétudes de tes parents et qu'il les exprime, directement ou indirectement, par exemple, par des soucis digestifs ou encore une constipation rebelle, moyen inconscient très fréquent, chez l'enfant, de s'opposer à son père ou à sa mère en leur refusant ce « cadeau » que représentent pour lui ses selles... Interroge-toi sur ce que te dit ton corps, il parle de ton passé.

9
Mars

La mithridatisation

Si tu te préoccupes obsessionnellement de ta santé, si tu es hypocondriaque, interroge-toi. Quelle était la relation de tes parents avec la maladie ? Comment réagissaient-ils quand tu étais souffrant ? T'ont-ils fragilisé en te protégeant excessivement ? As-tu conscience que tu peux renforcer tes défenses immunitaires ? As-tu appris à te mithridatiser ?

Le roi Mithridate, ennemi des Romains, craignait d'être empoisonné. Régulièrement il absorbait des substances toxiques. Il réussit, de cette manière, à développer les défenses de son organisme et à s'immuniser. Récemment, un homme se protégea des effets nocifs du venin de serpents en se faisant mordre par des reptiles de plus en plus dangereux. Dieu t'a donné des défenses plus grandes que tu ne crois. Par ailleurs as-tu conscience que la Providence peut veiller sur toi et te protéger ?

Une bonne hygiène corporelle avec du repos, du sport et une alimentation saine ; associée à une vie psychologique épanouissante où se mêlent des relations revitalisantes et des pensées positives ; ancrées dans une spiritualité, où le cœur se ressource dans l'Amour absolu de Dieu, sont trois façons de renforcer ton organisme. À l'inverse, la culpabilité psychique, au contraire de la contrition véritable, engendre des pensées négatives, lancinantes. Elle fait souffrir moralement et physiquement. Cela se traduit par des problèmes de digestion, de foie, de dos… Le fait de ressasser abaisse les défenses. C'est la porte ouverte à tous les troubles fonctionnels et à la maladie.

Si tu parviens à te mithridatiser physiquement, tu peux également créer des contrepoisons psychologiques en utilisant ces phrases libérantes que tu vas exprimer consciemment pour neutraliser les énoncés poison que tu as entendus dans ton enfance. Par exemple tu diras : « J'ai tout pour réussir » au lieu de : « Je rate toujours tout ». Remplace : « Je ne suis pas intéressant » par : « J'exploite les richesses qui sont en moi et j'en fais profiter les autres ».

Efface tes craintes inutiles en déclarant : « Dieu me protège à chaque instant et en toutes circonstances ».

10
Mars

Te sens-tu encore dépendant, en fusion ?

Dans les premières années de notre vie, nous sommes en fusion avec notre mère. Cet épisode laisse en nous des traces d'autant plus profondes qu'il nous rappelle le ventre de notre Maman en Dieu, celui d'où nous venons ontologiquement. Mais nous sommes sur terre pour nous individualiser, pour devenir quelqu'un, une personne à part entière. Toute l'œuvre divine consiste à nous aider dans l'édification de notre autonomie, dans la sélection des influences reçues, dans la libération des liens contraignants qui se tissent au fur et à mesure de notre existence, notamment avec nos parents. Honorer son père et sa mère et les respecter ne signifie pas entrer dans des scénarios de répétition où nous subirions leur volonté tout au long de notre vie. C'est Dieu seul qui doit nous guider.

L'un des choix les plus importants de notre existence consiste à savoir *qui* nous allons écouter.

Et toi, vas-tu te laisser enchanter par les voix des sirènes qui cherchent à te faire fracasser sur les rochers, comme celles qu'Ulysse a voulu entendre avant de retrouver son foyer à Itaque ? Vas-tu te fier aux voix dont tu as l'habitude, qui te séduisent parce que tu les as connues dans ton enfance ? Ou bien vas-tu écouter la voix libérante du Sauveur ? Si Lazare n'avait pas entendu Jésus, qu'il aimait et qu'il suivait, l'appeler, il ne serait pas sorti de son tombeau.

De qui dépends-tu aujourd'hui : de ta famille, de ton conjoint qui ne respecte pas toujours ta liberté, de tes enfants qui parfois te tyrannisent, d'une idée obsédante, d'habitudes, de T.O.C., de manies, de compensations… ? Quelles sont tes idoles : ton père, ta mère, ton partenaire… ?

À partir de maintenant, tu décides que personne ne prendra chez toi la place de Dieu, qu'on ne te manquera plus de respect, que tu ne te laisseras plus humilier inutilement, ni dominer ni manipuler…

Tu es un enfant de Dieu libre et tu entres chaque jour un peu plus dans l'autonomie qu'Il désire pour toi et qu'Il t'aide à réussir.

11

Mars

Quelles ont été tes plus grandes révoltes ?

Fais-tu partie de ces personnes qui montrent facilement leur insatisfaction en se mettant en colère ? Ou bien es-tu de ceux qui subissent, qui sont très sages voire soumis ? Que tu sois dans l'un ou l'autre cas, tu as naturellement vécu des accès de révolte contre une injustice, une parole non tenue, des propos contraires à tes valeurs, à ta pensée, une punition que tu ne méritais pas…

Connais-tu l'histoire de Dominique Savio qui, enfant, s'est laissé accuser à tort d'avoir mis des pierres dans le poêle de la classe ? Il accepta la sanction infligée par le professeur sans se rebeller. En voie vers la sainteté, Dominique ne dénonça pas les coupables. Il fit le choix délibéré de se taire, sans cependant subir la situation de façon doloriste, pour que ses camarades ne soient pas réprimandés. Tu as peut-être essayé de suivre cet exemple, mais ton cœur était plein d'amertume et tu en as voulu à ceux pour qui tu t'es sacrifié. Tu as refoulé ta colère et tu t'es aigri.

Qu'est-ce qui te révolte ? Derrière les grandes et belles causes pour lesquelles certains militent comme la paix, le respect de la vie… se cachent souvent des mal vécus de l'enfance qui s'expriment dans la façon violente ou trop personnelle dont on s'engage. Si tu milites contre l'avortement, par exemple, es-tu bien sûr d'avoir laissé vivre le petit que tu es en profondeur ? Si c'est le cas, tu sauras dire les choses avec plus de compassion et de respect.

Quelle décision prends-tu pour avoir moins de raisons de te révolter, pour que les autres sachent mieux ce que tu penses, pour ne plus subir et dire un vrai « oui » comme un vrai « non » toutes les fois que tu le souhaites?

12
Mars

À qui en veux-tu encore ?

Lorsque tu récites ces paroles du *Notre Père* : « *Pardonne-nous nos offenses comme nous pardonnons aussi à ceux qui nous ont offensés* », si vraiment tu prêtes attention à ce que tu dis, et si tu y penses avec toute ta profondeur, l'image de quelqu'un te vient-elle à l'esprit ? Qui, selon toi, t'a offensé ? L'affront, comme la trahison, est toujours relatif à la personne qui en est la victime. Celui qui comprend les mécanismes psychologiques de l'autre, qui voit en lui l'enfant de Lumière, se sentira beaucoup moins ulcéré par une parole ou une attitude maladroite que celui qui réagit par fierté ou par susceptibilité.

Parmi tes proches, tes amis, tes collègues, à qui en veux-tu encore ? Il est important que tu le saches afin de pouvoir panser tes blessures : comment les effacer si tu refoules dans ton cœur de la rancune, de l'aigreur, de l'amertume… ? Accepte de voir la réalité en face pour accueillir la clémence de Dieu. Lui le plus grand, mais aussi le plus petit, vient demander « pardon » à la place de ceux qui, selon toi, t'ont offensé. Pense à la parabole des deux débiteurs : comment pourrais-tu en vouloir à quelqu'un alors que Dieu t'a tant remis ? Réalises-tu les souffrances que, toi aussi, tu as provoquées autour de toi ? Tout cela Dieu l'a absout. En as-tu vraiment pris conscience ? As-tu vécu un regret profond et sincère ? Si tel est le cas, tu dois te sentir libéré, y compris dans ton corps, car les rancœurs, les aigreurs, les amertumes s' ancrent en lui.

Il y a une personne à qui tu dois accorder particulièrement ton pardon, c'est toi-même. As-tu accepté tes manques d'amour, tes échecs, tes mensonges, tes trahisons… ? Admets-tu aujourd'hui n'être qu'un petit enfant qui apprend, que ses manques de loyauté sont l'expression de ses peurs, que ses erreurs peuvent le conduire à l'humilité et à une plus grande compréhension des autres ? Voilà que Dieu prend ton visage, celui de ton enfant de Lumière et te demande « pardon ». Excuser tes erreurs, tes péchés, ton passé, accepter qu'il peut devenir fécond tel qu'il est, voilà le véritable amour de soi, et Dieu t'en remercie. Si tu ne montres pas plus de tolérance envers tes actes, si tu ne te laisses pas aimer pour toi-même, comment pourras-tu à ton tour aimer les autres sans te mettre au-dessus d'eux comme un accusateur ou un sauveteur potentiel ?

13
Mars

As-tu des obsessions, des idées fixes ?

T'arrive-t-il de suivre des rites comme : regarder en arrière, en voiture, pour vérifier si tu n'as pas écrasé quelqu'un tout en sachant très bien n'avoir heurté personne ; vérifier dix fois si tu as bien fermé le gaz ou l'électricité avant de partir ; laver, à plusieurs reprises, tout ce dont tu te sers... Te bâtis-tu des scénarios sur la responsabilité que tu aurais si telle ou telle personne à cause de toi... As-tu des obsessions ? Ces idées fixes qui t'emprisonnent viennent de ton passé et de tes culpabilités. Il en était ainsi de cette dame dont le père, médecin, occupait pour son cabinet plusieurs pièces de la maison familiale et contraignait tous ses enfants à rester dans une seule chambre pendant les consultations. La fillette en voulut à son père. Elle culpabilisa d'éprouver un tel sentiment et le refoula. Plus tard, elle perpétua son enfermement en développant des T.O.C. Elle se mit à tout frotter compulsivement, comme la femme de Barbe Bleue le fit avec la clé tombée dans le sang des victimes de son mari, pour « purifier » son passé.

Ce n'est pas en astiquant ou en obéissant à d'autres obsessions que tu effaceras ta culpabilité comme une tache avec une éponge. Tu regrettes peut-être, bien des années plus tard, d'avoir éprouvé de la rancœur à l'égard de ton père, ta mère, ton frère, ta sœur. Rappelle-toi que tu avais le droit de ressentir de la colère et qu'il ne s'agissait que d'une partie de toi. Mais tu n'as pas celui de t'en vouloir jusqu'à te faire du mal, te rendre prisonnier d'une obsession, comme de tout nettoyer. Si ton père est décédé, dis-toi qu'il a compris ses erreurs, qu'il les regrette et te demande « pardon ».

Certaines personnes pensent que, par leurs idées négatives, elles nuisent à leur prochain. Elles peuvent se croire responsables d'un accident d'avion ou d'un événement douloureux parce qu'elles y ont songé quelque temps auparavant. Chez elles la pensée magique de l'enfant est encore toute puissante. D'autres s'imaginent, par exemple, avoir une existence très brève car quelqu'un leur a dit que leur ligne de vie était courte. Ces dernières pourraient se demander pourquoi elle accordent un tel crédit à des paroles extérieures qui ne sont que l'expression de la croyance de ceux qui les profèrent. Les obsessions sont des fermetures qui viennent de culpabilités lancinantes qu'il importe de mettre à jour pour s'en libérer.

14
Mars

Qu'as-tu vécu et que tu n'aurais pas voulu vivre ?

Tu peux parfois regretter quelques-uns de tes comportements, certaines orientations de ta vie... Sans doute si c'était « à refaire », avec l'expérience, le recul, la leçon que tu as tirée des situations, tu aurais fait d'autres choix. Mais si véritablement tu as intégré les événements de ton existence, si tu as l'impression d'avoir appris, gagné en sagesse, en amour, alors tes regrets s'estomperont car tu auras mûri. Si tu sais extraire de chaque événement ce qu'il y a de bon, de vrai, d'utile, d'intéressant, si tu perçois son côté bénéfique, cela te construira, te vivifiera, te fortifiera. Quand tu seras réconcilié avec la vie, quand tu pourras dire : « Oui, j'aurais procédé à d'autres choix si j'avais été plus sage, plus fidèle à moi-même, mais ceux que j'ai faits, maintenant je les accepte, je les assume, et Dieu m'aide à les transformer en bien », tu pourras mieux comprendre et soutenir les autres.

La lumière intérieure naît des ténèbres. Jésus est venu au monde dans une étable. Il a vécu une vie simple. Il a compris ce qu'étaient le travail, la vie filiale. Peut-être a-t-Il connu des émois amoureux qu'Il a réglés divinement. Il a senti la fatigue, Il a vécu l'incompréhension, l'abandon et toute cette souffrance terrible de la Semaine sainte, mais sa Lumière a traversé les ténèbres.

Nous avons à mettre la Lumière Divine dans toute notre vie telle qu'elle est.

Qu'as-tu appris ? Qu'as-tu intégré ?

15

Mars

Que n'as-tu pas vécu et que tu aurais désiré vivre ?

Tu as sûrement d'autres regrets au fond de ton cœur : tu aurais aimé, par exemple, connaître un amour partagé, une amitié authentique, une vie religieuse plus intense, avoir des enfants, un travail plus valorisant, habiter dans une autre région... Il est important que tu prennes conscience de tous ces besoins que tu n'as pas satisfaits et de faire le tri entre ceux auxquels tu peux encore aspirer, ceux que tu ne peux plus réaliser que symboliquement et ceux auxquels tu vas renoncer définitivement. Si tu n'as pu combler ton désir d'être mère ou d'être père, il y a bien d'autres moyens d'ouvrir ton cœur aux enfants en t'occupant de ceux de tes voisins, de tes neveux, de villages SOS... Tu peux également aimer les enfants intérieurs des autres qui sont tous blessés d'une façon ou d'une autre... Il existe aussi diverses façons d'enfanter : spirituellement, dans la création, la recherche... Pense à Pierre et Marie Curie dont toute la fécondité de couple est venue de leur travail et leurs découvertes.

Tu regrettes de ne pas avoir été religieux ou religieuse ; tu as peut-être eu l'impression de trahir ta vocation en ne consacrant pas ta vie à Dieu comme tu l'aurais souhaité. N'oublie pas qu'Il appelle de multiples façons. Ainsi, dans le mariage, même si tu as accordé moins de temps à l'oraison, tu as certainement connu une intensité de prière. Et si maintenant tu es à la retraite, que fais-tu pour te rapprocher d'une communauté religieuse, d'un monastère, d'un endroit de culte ? Si tu déplores de ne pas avoir travaillé à l'extérieur car tu as choisi d'élever tes enfants, tu peux, aujourd'hui qu'ils sont grands, entreprendre des activités bénévoles ou rémunérées en-dehors de ton domicile... Maintenant que le contexte a changé, que tes enfants ont quitté le foyer..., une nouvelle vie se présente à toi, que vas-tu faire ? Il y a enfin des désirs que tu ne pourras accomplir sur cette terre car ils sont, de par ton âge ou ta situation, vraiment impossibles. Peut-être développeras-tu ces dons après ta mort, dans la vie éternelle. Pour l'instant, peux-tu y renoncer délibérément et sans frustration ? Si c'est trop difficile pour toi, essaie de les réaliser en imagination, de façon unifiée et une fois pour toutes, en les visualisant, en te comblant symboliquement. Par exemple, tu ne pourras jamais voler, mais tu peux te voir planer en rêve éveillé ou dans ton corps spirituel qui, lui, a déjà cette légèreté.

16
Mars

Quels ont été les choix les plus importants de ta vie ?

Nous avons tous fait des choix importants à des moments cruciaux de notre vie. Ils ont souvent eu des conséquences sur le cours de notre existence.

Trop de personnes affirment un peu hâtivement qu'elles n'ont rien choisi : « Je n'ai rien fait pour… ; il est venu vers moi… ; je ne l'aimais pas… ; j'ai accepté ce travail pour des raisons alimentaires… » . Elles auraient vécu les événements comme si tout leur avait été imposé de l'extérieur, dans un scénario d'*enfant soumis*, de *victime* qui subit depuis son enfance, rejetant ainsi facilement la faute sur les autres, voire sur Dieu.

Te souviens-tu des décisions importantes que tu as prises toi-même ? Certaines d'entre elles t'ont sans doute apporté ce que tu souhaitais. Tu en as peut-être regretté d'autres. Il est temps, dans ce cas, d'adopter des orientations différentes. Aujourd'hui, admets avoir fait un certain nombre de choix, avoir pris part à l'acceptation des chemins que tu as suivis, des situations auxquelles tu as dit « oui ».

Une relecture de ton passé t'éclairera sur les options qui furent vraiment les tiennes, te permettra de te responsabiliser enfin, ou à nouveau, en redéveloppant l'*adulte* qui est en toi, et de choisir maintenant ta route avec Dieu.

Fais le point. Quels sont tes choix librement consentis parce que tu sentais qu'ils correspondaient réellement à ce que tu es, à ce que tu désirais ? Quels sont ceux pour lesquels tu avais un avis réservé, mitigé ? Pourquoi as-tu pris des options que tu refusais au départ ? Comment as-tu fait ensuite pour les « saboter » ? Quelles sont les personnes qui t'ont influencé et pourquoi ? Quelle forme de pression ou de domination a été exercée sur toi ? Est-ce que tu n'aurais pas déjà connu ce type de manipulation dans ton enfance ?

Parvenir à ce discernement t'aidera à mieux sélectionner, à procéder à des choix réels, unifiés dans lesquels tu te reconnais et prends toutes tes responsabilités.

17

Mars

Quelles ont été tes réussites ?

Peut-être fais-tu partie des personnes qui ont des difficultés à évoquer leurs succès, tantôt parce qu'elles doutent d'elles-mêmes, tantôt par un sentiment souvent mal placé de modestie.

Si tu te reconnais dans la première catégorie, alors l'éducation que tu as reçue a probablement privilégié la critique, le jugement, l'insatisfaction au détriment de la valorisation et de l'encouragement. Si tu te retrouves dans le deuxième cas, alors on t'a sûrement dit qu'il ne fallait pas se mettre en avant, se faire « valoir ».

Pourtant si tu y réfléchis, tu as remporté dans ta vie plusieurs victoires comme te faire embaucher dans telle entreprise qui t'intéressait, convaincre tel interlocuteur au moment où c'était important pour toi, te faire connaître, trouver ta place dans la société, ou tout simplement parvenir à être autonome, à t'occuper correctement de tes enfants, à les soutenir quand c'était nécessaire, ou encore à t'intégrer dans une association, à te réaliser dans une œuvre, ou plus concrètement à décorer ta maison, à organiser une fête familiale...

Sais-tu que, si tu veux te sentir bien et progresser aujourd'hui, il faut que tu te rendes compte de quoi tu es vraiment capable et de ce que tu as réellement accompli ?

Les personnes qui parviennent à se remémorer leurs succès humblement s'améliorent beaucoup par rapport à celles qui ne considèrent que leurs échecs.

Il arrive que des pans entiers de notre existence soient oubliés ou passés sous silence alors qu'ils constitueraient, en se les rappelant périodiquement, en se félicitant ou en remerciant Dieu, de véritables tremplins pour ce que nous avons à entreprendre aujourd'hui. Témoin cet infirmier d'une cinquantaine d'années qui se dévalorise continuellement et se plaint de son mal-être, mais qui, jusqu'à présent, n'avait jamais pris conscience du formidable succès qui avait été le sien : à l'âge de trente ans, il avait repris ses études par correspondance à partir de la sixième jusqu'au baccalauréat qu'il réussit. Puis il entreprit avec bonheur une formation d'infirmier. Dix ans d'études entre trente et quarante ans qui mériteraient d'entrer dans le Livre des Records. Qui plus est, il effectue depuis son difficile métier sans trop de peine. Le jour où il réalisa plus pleinement ce qu'il avait traversé et réussi, même si, bien sûr, ces dix années d'études avaient été émaillées de hauts, de bas, de découragements, il fut libéré.

Quels ont été tes succès ? Si tu as des difficultés à répondre à cette question, un vrai changement dont dépend la reconnaissance de ce que tu es, doit s'opérer en toi.

Dès maintenant, efforce-toi chaque jour de valoriser tes réussites aussi petites soient-elles.

18

Mars

Quels ont été tes échecs ?

Que n'as-tu pas réussi ? Si tu te poses cette question tu vas peut-être d'emblée penser à des examens que tu as eu du mal à obtenir, à cet oral qui s'est mal déroulé, à ton permis de conduire que tu as repassé plusieurs fois... Tu utilises peut-être le mot « échec » pour certaines circonstances de ta vie professionnelle, pour ce poste que tu n'as pas obtenu, pour des remarques désobligeantes, ou que tu as interprétées comme telles, à propos de ton travail. Tu penses aussi vraisemblablement à des ruptures affectives, sentimentales...

Mais s'agit-il vraiment d'échecs ? Quelle leçon y a-t-il à tirer de ces événements et comment pourrais-tu réagir pour que cela change ? S'il s'agit de ton métier, demande-toi si tu ne dois pas changer de service, d'entreprise, te former ? Cette situation est sans doute l'occasion de réfléchir à ton avenir. Certaines personnes ont infléchi leur trajectoire professionnelle à trente-cinq, quarante, voire cinquante ans et même parfois plus pour réaliser une vocation ancienne, une aspiration nouvelle. Si tu utilises le terme « échec » pour ta vie sentimentale, que peux-tu changer à ta vie de couple, sur quel point pourrais-tu te mettre d'accord avec ton partenaire, ta compagne ? Est-ce que votre mode de vie ne vous convient plus ? Faut-il éventuellement vous séparer, ne fut-ce que quelque temps pour réfléchir ?

Des événements douloureux sont sur ton chemin. Comment les utilises-tu pour croître, avancer, t'améliorer ? *« Paix aux hommes et aux femmes de bonne volonté »* et à tous ceux qui cherchent à progresser. Ce que tu ne parviens pas à changer, accepte-le et ce que tu peux modifier, prends le temps et les moyens de le transformer, et fais-le avec amour.

19

Mars

Ton itinéraire professionnel te satisfait-il ?

Fais-tu partie de ces personnes qui ont arrêté leurs études, ou cessé leur travail pour élever leurs enfants ? As-tu l'impression que le fait de te consacrer à ta famille t'as donné toute la satisfaction que tu en attendais, ou bien le vis-tu comme une frustration par rapport à tes aspirations professionnelles ? Maintenant que tes enfants ont grandi, que fais-tu pour reprendre des activités, rémunérées ou non, qui t'obligent à sortir de chez toi ? Si tu as exercé une profession, t'es-tu rendu compte de tout ce qu'elle t'a apporté ? Peux-tu dire aujourd'hui qu'elle t'a donné de la joie ?

Tous les métiers sont beaux à condition que l'on en perçoive la fécondité. Rappelle-toi l'histoire de ces ouvriers qui charrient des pierres. Quand on leur demande ce qu'ils font, le premier se plaint de porter une lourde pierre, et cela représente en effet quelque chose d'autant plus pénible pour lui qu'il répète cet acte à longueur de journée sans y trouver de sens ; le second dit qu'il construit un mur et se montre déjà plus vaillant ; le troisième, heureux, s'émerveille de bâtir une cathédrale. Seul celui-ci saisit pleinement la grandeur de son travail…

Si tu es aujourd'hui mère de famille, vis-tu les tâches ménagères comme rébarbatives et constituant une perte de temps ou les accomplis-tu dans l'amour de tes enfants, en visualisant, malgré leurs disputes et récriminations, tout ce que ton action quotidienne leur apporte et dont Dieu te remercie ? As-tu perçu le sens de ta vie professionnelle ? As-tu l'impression d'avoir aidé, rendu service, apporté ta contribution quel qu'ait été ton travail ? As-tu prié pour ton patron, tes collègues, tes clients… ? Si ton activité professionnelle t'a amené à voyager, as-tu réussi à t'enrichir des cultures, des mœurs, de l'originalité des personnes que tu as côtoyées ? Qu'as-tu reçu d'elles ? Qu'as-tu donné à ton tour ?

Faire le point maintenant sur l'exercice de ta fonction te permet de la poursuivre en lui donnant plus de signification, mais aussi plus de sens spirituel. Il y a une façon d'exécuter son travail qui permet à Dieu d'y être constamment présent. Pour y parvenir, que dois-tu changer ? Si tu apprenais que tu allais mourir dans quelques mois, dans un an ou deux, que voudrais-tu avoir accompli ?

20

Mars

Comment vois-tu ton avenir ?

Est-ce que tu as déjà brossé, en imagination, les grandes lignes de ta vie future ? Sous quel jour vois-tu ton avenir ? L'as-tu peint en gris ? Dans ce cas, renonce à jouer aux « oiseaux de mauvais augure » et demande-toi alors comment tu vas pouvoir avancer, améliorer les choses. Ou bien l'as-tu trop colorié en rose ? Il importe alors que, tout en restant positif, tu fasses preuve de plus de réalisme. Envisages-tu les prochaines années de ton existence comme l'aboutissement des projets que tu es en train de concevoir ? Ou encore ton avenir est-il déjà sur les rails que tes parents, tes éducateurs, ton milieu ont choisis pour toi ? Ressemble-t-il à celui des membres plus âgés de ta famille ? Te projettes-tu dans un avenir prédit par quelqu'un : un proche, une voyante, une connaissance… ? Dans ce cas, tu risques de contrarier l'expression de ton être propre en te plaçant dans une situation de blocage ou d'attente passive et résignée.

Dans tout ce que tu penses vivre plus tard, as-tu compris que Dieu t'accompagne tout au long de ton chemin ? Il est là pour que tu parviennes à mettre à jour ce que tu es. Peut-être, finalement, n'as-tu aucun objectif et vis-tu dans la confiance, dans l'abandon comme un petit oiseau au creux de la main de Dieu ? Ou au contraire désires-tu être maître de ton futur en décidant tout toi-même ? Tout cela correspond-il vraiment à ce que tu sens au meilleur de toi ?

Ton avenir, tel que tu le conçois aujourd'hui, s'inscrit-il véritablement dans une dynamique de vie ? Te procure-t-il de la joie ?

21

Mars

Penses-tu vivre longtemps ?

Des psychologues ont constaté que de nombreuses personnes ont une idée préconçue de l'âge, du moment et même des circonstances de leur mort. Elles fondent leur conviction sur la date du décès de l'un de leurs proches ou sur certains antécédents familiaux. Elles peuvent avoir de fait un accident grave, une maladie à l'âge où elles croyaient disparaître ou à celui où une sœur, un frère s'est éteint. Souvent, il aurait suffi de pouvoir formuler cette croyance et de la remettre en cause pour éviter la répétition.

As-tu une idée du moment où tu vas entrer dans ton éternité ? Comment envisages-tu ta vieillesse ? Nous n'avons et n'aurons pas tous les mêmes problèmes de santé. Ils dépendent de l'hérédité, de la constitution physique, du métier exercé : un mineur souffrira d'autres maux qu'un agriculteur, ou un employé de bureau... Chacun réagit différemment aux microbes, bactéries, virus en fonction de son organisme, de sa constitution, de la force positive ou négative de sa pensée. Ceux qui ont des T.O.C. passent beaucoup de temps à nettoyer de peur d'attraper des maladies ou d'en transmettre aux autres. Ils oublient que nous possédons tous en nous une capacité de nous défendre contre les agressions.

Il existe en toi une puissance protectrice et de guérison. Dieu fait tout pour éviter la maladie. Il sera présent si elle s'installe. Il t'aidera à la surmonter et à en tirer le plus grand bien car Il est sain et saint.

Tu pourrais dire cette prière : « L'amour de Dieu, tendre et guérissant, ruisselle dans toutes les parties de mon corps et vient régénérer ce qui est malade et blessé. Je Le laisse me soigner. Il sait où agir. Je m'ouvre totalement à Lui ».

22

Mars

As-tu des phrases favorites ? Emploies-tu des phrases « toutes faites » ?

As-tu des phrases favorites ? Utilises-tu ces phrases toutes faites qui reviennent régulièrement dans tes conversations et que les autres répètent en écho ? Y as-tu seulement prêté attention ? As-tu fait l'expérience de t'enregistrer au magnétophone, non pas pour découvrir la mélodie de ta voix, mais pour analyser le vocabulaire que tu emploies quand tu parles de ta vie, de ce que tu ressens… ? Dans les tournures toutes faites que tu utilises, tu vas reconnaître aisément l'empreinte de ton père, de ta mère, de telle personne de ton parti, de ton groupe de prière. Ce n'est pas toi qui t'exprimes, ils parlent à travers toi et en toi. Si tu réfléchis plus profondément, tu t'apercevras que ces phrases sont des imitations, des citations dont certaines, plus pernicieuses et plus perfides, te font croire que les propos qu'elles contiennent sont justes, un fidèle reflet du réel. Peu à peu, en les répétant souvent, voire tous les jours, elles te déforment et mettent dans ta vie les couleurs sombres que tu redoutais ou te font traduire les événements selon tes croyances, en les renforçant. On a ainsi montré que l'on a tendance à ne retenir de la « réalité » que ce qui confirme certains *a priori*. Peut-être t'es-tu persuadé que « la vie est dure… ; qu'il faut se méfier des autres… ; que l'on ne sait plus sur qui compter… ; que tout bonheur se paie… ». Il se peut également que tu aies acquis la conviction que personne n'a eu de chance dans ta famille, que tu es né sous une « mauvaise étoile », que c'est la « loi des séries ».

Ne joue plus les apprentis-sorciers et laisse la Vie de Dieu jaillissante, originale, t'inonder. Qu'elle te mène là où il est bon pour toi d'aller et qu'elle éclaire tes journées. À partir de maintenant, utilise tes propres mots, ceux qui te reflètent vraiment, ceux avec qui tu es en accord, ceux qui te ressourcent, te revitalisent, te dynamisent et te permettent de réussir ta vie.

23

Mars

Les termes que tu utilises

Les termes que tu utilises ne sont pas anodins. Ils ne se perdent pas dans l'air comme les bulles de savon qui disparaissent en quelques secondes. Au contraire, ils font vibrer les cordes profondes de ta sensibilité et de celle des personnes qui t'entendent. C'est pourquoi les termes dont tu te sers peuvent faire, à toi et aux autres, beaucoup de bien comme beaucoup de mal. Le fabuliste Esope (VII-VIème siècle av. J.C.) décontenança son maître en lui apportant de la langue qu'il présenta d'abord comme son plat favori parce qu'elle sert à honorer, glorifier, réconforter, puis comme le mets qu'il détestait parce qu'elle peut critiquer, humilier, blesser.

Et si tu prenais le temps de t'arrêter sur les formules qui reviennent souvent à tes lèvres, dont celles que tu t'appliques à toi-même. Cette réflexion va t'amener très loin parce que tu vas réaliser, à travers elle, toutes tes habitudes, tous les conditionnements qui sont encore les tiens. Tu vas t'apercevoir que réapparaissent, indépendamment de ta volonté, pour les avoir entendues, apprises, des phrases qui dramatisent, qui condamnent, qui jugent. Tu vas alors te rendre compte à quel point le langage que tu emploies te construit ou te détruit, combien il intervient dans tes relations parce qu'il attire certaines personnes tandis qu'il en repousse d'autres. Les mots façonnent ta vie car ils ont des vibrations, des incidences en toi et autour de toi.

Maintenant, tu décides de modifier ton vocabulaire et tu notes les paroles qui reflètent le mieux ce que tu es vraiment, celles qui mettent de la lumière dans ta vie et font du bien. Tu vas redécouvrir des mots comme : émerveillement, joie, compréhension, sollicitude, délicatesse, beauté, transparence, épanouissement, béatitude... Peu à peu, tu vas intégrer tous ces termes vivifiants dans ton vocabulaire. Cela prendra du temps, des semaines, des mois, des années. Mais ils vont te permettre de mieux te connaître, de changer le regard que les autres portent sur toi, de transformer ta vie.

24

Mars

Quels mots te décrivent le mieux ?

Si tu évoquais ta vie, comment la décrirais-tu ? Quels mots utiliserais-tu pour te définir ? Pourrais-tu dire : « Je suis un enfant de Dieu plein de gratitude et d'émerveillement pour ce que j'ai reçu... ; j'ai réussi à extérioriser ce que je suis vraiment... ; j'ai développé des qualités d'honnêteté, de courage, de persévérance... ; il y a en moi de la gentillesse, de la générosité...»

Que te reste-t-il à apprendre aujourd'hui ? Es-tu trop pressé ou trop lent ; particulièrement ouvert ou fermé ; de manière excessive dans le matériel ou le spirituel ; privilégies-tu le rationnel à l'affectif ou vice-versa; équilibres-tu les parties masculine et féminine de ta personnalité ? Sais-tu comprendre affectivement les autres tout en ayant du recul ? Parviens-tu à affirmer tes valeurs, à avoir des idées originales, à rester spontané, à affirmer ta différence... ?

Si tu devais mourir, qu'est-ce qui exprimerait le mieux ce que tu es ? Qu'aimerais-tu que l'on retienne de toi : ta délicatesse, ta gaieté, la profondeur de ta pensée, ton cœur, ton amour pour les enfants, ton dynamisme, ton écoute attentive, ta franchise, ta bonté... ? Quels mots te décrivent le mieux ? Peux-tu en dresser la liste ?

25
Mars

Quel potentiel te reconnais-tu ?

Un potentiel, c'est quelque chose qui existe en puissance mais qui ne s'est pas encore exprimé. Que portes-tu en toi et que tu n'as pas encore extériorisé ? Quels sont les talents dont tu sens l'existence dans ton être profond ? As-tu des dons pour l'art, la musique, la recherche, la psychologie... ? Lesquels as-tu déjà développés ? Lesquels voudrais-tu déployer maintenant ?

Il existe plusieurs formes d'intelligence qui portent sur : l'abstraction, le langage, le corps, l'art, la perception dans l'espace, l'environnement, la conscience de ce qui se passe à l'intérieur de soi ou la faculté de bien communiquer avec autrui[27] ... Ton intelligence est-elle plus théorique, concrète, mathématique, logique, verbale... ? Quels potentiels te reconnais-tu ? Es-tu attiré par le sport, le bricolage ou toute autre activité que tu n'exerces pas parce que personne ne t'en a donné le goût, parce que les circonstances de la vie ne t'ont pas permis de les réaliser ?

Aujourd'hui demande-toi quelle aptitude, en germe au fond de toi, tu désires épanouir.

27. Cf. 23 janvier.

26

Mars

Quel défaut dois-tu travailler en priorité ?

Quels travers a-t-on perçus chez toi ? Il est important que tu fasses le tri dans l'image que les autres t'ont renvoyée. Par un jeu de miroir, ils ont pu projeter leurs propres imperfections ou bien n'avoir eu qu'une vision partielle de ta personnalité.

Qu'as-tu reconnu comme obstacle à la réalisation de ton potentiel ? As-tu tendance à l'apathie, au découragement, au mensonge par crainte de la réalité ou du jugement, à l'utopie, à l'isolement, à la peur de la solitude… ? As-tu l'impression d'en donner trop, d'être excessivement secret, pudique ou au contraire de ne rien savoir garder pour toi, d'envahir les autres par ton affection débordante ou de trop contrôler tes émotions… ? As-tu le sentiment d'être en rébellion, en revendication plutôt qu'en propositions constructives… ?

Parviens-tu à citer deux ou trois travers qui ont été préjudiciables à ta vie, à ton évolution harmonieuse et qui ont pu faire mal autour de toi ?

Ces défauts ont créé des blocages dans ton évolution et t'ont conduit à la résignation, au renfermement sur toi… Les voir en face, les nommer, les regretter, sans te juger, permet qu'un jour une vie nouvelle jaillisse.

Peux-tu dire avec ton cœur profond : « Stop ! C'est fini ! Maintenant je vais développer la qualité inverse du défaut qui a gâché une partie de mon existence. Cela prendra le temps nécessaire, mais j'y arriverai ! »

27
Mars

Quels sont tes excès ?

En quoi es-tu excessif ? Dans tes paroles ; tes compensations alimentaires ; la boisson ; le fait d'être tout le temps dans la pensée ou dans l'affectif ; l'attention portée à ton corps ; le travail ; les sorties trop ou pas assez fréquentes... ? On peut avoir un excès de zèle, de sacrifice, d'abnégation, de silence ou, au contraire, d'affirmation de soi...

Nous avons souvent l'habitude d'évoluer par successions de hauts et de bas parce que nous allons d'un extrême à l'autre. Cela se vérifie dans l'évolution des civilisations qui passent d'une autorité exagérée, voire dictatoriale, au laxisme qui conduit au désordre général.

Il est difficile de trouver un juste milieu, ni fade, ni médiocre ou sans couleur, mais qui soit une vraie avancée.

Quels débordements t'empêchent de vivre, d'être bien, d'aller vers les autres ou au contraire de te réserver du temps pour toi... ? Parviens-tu à les nommer ?

Prendre conscience de tes excès dans tous les domaines te permet de trouver, petit à petit, la justesse en toute chose.

28
Mars

Quel est ton roc ?

Jésus a parlé de la maison bâtie sur le roc. Sur quelle force intérieure as-tu pu t'appuyer quand tu as souffert lors d'un deuil, d'un abandon, d'une séparation… ? Qu'est-ce qui t'a permis de repartir, de rebondir ? Quel est ton roc ?

Fais-tu partie de ces personnes qui, au fur et à mesure des épreuves, développent une solidité de plus en plus forte ? As-tu édifié ta demeure sur le roc ? T'effondres-tu au moindre obstacle ou, au contraire, cela a-t-il tendance à te « doper » ? On retrouve, dans ces attitudes, l'histoire des *Trois petits cochons*. Le premier fabrique sa maison avec de la paille, le second avec des branches et le dernier avec des briques et du ciment. Le loup représente toutes les ruses du malin, mais aussi nos travers, nos défauts et tout ce qui va absorber notre énergie. Où sont tes fondations ? Sur quoi repose ton être ? Est-ce un désir d'amour inconditionnel, un équilibre entre l'amour des autres et de soi ? Qu'est-ce qui est vraiment résistant en toi ? Ton corps physique est debout et peut avancer parce que tu as un squelette qui le soutient. Les maisons ont besoin d'un bâti qui les porte. Jésus, qui était charpentier, avait un cœur vulnérable mais était très solide physiquement. Qu'as-tu développé au cours de ton existence de spécifique, d'original, qui te donne de la force face aux événements ?

Si tu es croyant, si tu te dis chrétien, est-ce que ta maison est vraiment bâtie sur la présence de Dieu ? Jésus est-il ton roc, ta citadelle ? Les valeurs chrétiennes sont-elles bien les charpentes de ta demeure ? Les commandements, que tu as choisis librement, par amour, sont-ils ton squelette ?

Un roc intérieur peut également être la prise de conscience que toutes les situations de la vie concourent au bien : vision positive, inspirée par Dieu, qui t'aide à repartir riche de ton expérience. Ton roc peut aussi être une passion, non pas de celles qui épuisent en excitations et dépressions, mais une passion tellement forte que tu te construis à partir d'elle, tellement profonde qu'elle favorise l'émergence de tes dons et qualités.

29
Mars

As-tu une bonne organisation ?

Bien t'organiser te facilite considérablement la vie, que cela concerne tes affaires officielles, tes comptes, ton courrier, la structuration de ta journée, celle de ta semaine…

T'a-t-on appris à t'organiser ? Peut-être refuses-tu de te plier à cette discipline parce qu'un parent, trop contrôlant, t'adressait des reproches à ce sujet ? Tu peux maintenant faire le tri et mesurer les inconvénients qu'entraînent tes rendez-vous manqués, tes papiers égarés, tes réponses toujours remises à plus tard…

Trouve ta propre façon de gérer ton temps, d'accomplir les démarches nécessaires, mais fais-le ! Donne-toi des priorités, organise-toi mieux et tu pourras accorder une plus grande place à ta vie familiale, personnelle, affective, spirituelle. Tu peux, par exemple, classer tes lettres dans trois corbeilles différentes dans lesquelles tu placeras respectivement les factures à payer, le courrier concernant ton travail, celui qui vient de tes amis. Tu peux également écrire de deux couleurs différentes tes rendez-vous professionnels et personnels sur ton agenda que tu consulteras quotidiennement. Tu peux aussi noter directement les adresses que l'on te donne sur ton répertoire au lieu de le faire sur des morceaux de papier que tu perds aussitôt…

Que d'angoisses disparaîtraient si tu choisissais toi-même une organisation claire ! Comme ta vie quotidienne s'en trouverait allégée ! Le décides-tu ?

30
Mars

Sais-tu prendre ton temps ?

Au cours d'une journée, tu vis des rythmes différents. Il y en a de rapides, par exemple lorsque tu travailles. Il en existe aussi de plus relâchés lors des périodes de délassement. Certaines personnes font tout très vite, tandis que d'autres affichent une grande nonchalance. L'Analyse Transactionnelle[28] révèle que la vivacité de chacun varie en fonction de sa personnalité. L'*adulte* s'accorde le temps de la réflexion, puis décide. Le *parent normatif* tranche. L'*enfant spontané* et l'*enfant rebelle* sont très prompts dans leurs réactions. En revanche, le *soumis* est plus lent parce qu'il hésite et a peur de se tromper.

Connais-tu tes différents rythmes ? Sais-tu qu'au-delà de ceux qui sont perceptibles, il en est un plus posé, plus profond : le temps de Dieu. Celui-là est à l'image de la nature. Les fruits, par exemple, mûrissent en quelques semaines. À l'inverse, la période entre la tombée des feuilles et le printemps s'étend sur plusieurs mois. Il faut également environ neuf mois au blé semé à l'automne pour parvenir à maturation au début de l'été. De même, tu peux vaquer aux tâches ménagères à toute allure, courir dans le métro ou le RER, si tu habites en ville, pour ne pas arriver en retard au travail. Mais tu es aussi capable de réfléchir longuement avant de prendre une décision, de méditer, de t'arrêter pour vivre pleinement tes sensations. Ainsi, le temps de Dieu n'est pas celui des hommes.

Il y a l'action et la contemplation. À toi de veiller à ne pas te surmener pour préserver ta santé et à agir, mais sans précipitation. Parfois, tu veux tout immédiatement, à un moment où ce n'est pas possible ni judicieux. D'autres fois, tu en dis trop et trop vite alors que l'autre n'est pas prêt à t'entendre. Dieu t'invite à attendre le moment propice, à réfléchir tranquillement à la bonne façon d'intervenir. Il t'inspire le temps juste. Il est important que tu en aies conscience pour tenir compte, dans ta vie, des rythmes humain et divin. La patience et la persévérance sont deux qualités que nous avons tous à développer pour réussir notre vie. Et si tu unissais action et contemplation ? Et si tu agissais chaque jour à partir de ta source profonde ? Et si tu devenais actif dans la contemplation et contemplatif dans l'action ?

28. Cf. 10 janvier.

31
Mars

As-tu une attitude saine vis-à-vis de l'argent ?

Que de fausses croyances à propos de l'argent ! Dans certains milieux, il faut tout donner, ne rien garder pour soi. Dans d'autres, la réussite par l'argent est survalorisée.

Peux-tu t'acheter un vêtement, une nourriture qui te fait plaisir, un objet pour ton appartement, ta maison sans te sentir coupable ? À l'inverse, fais-tu partie de ceux qui dépensent sans compter ? Es-tu à la recherche de compensations qui, finalement, ne te construisent pas ?

Sais-tu être généreux avec les autres comme avec toi-même ? Est-ce que l'argent est pour toi une liberté, une sécurité, un don, un échange ?

Quand tu fais l'aumône à quelqu'un, au sens noble du terme, tu contribues à ce qu'il vive. Lorsque tu rends un service, « toute peine mérite salaire », il est normal que tu perçoives quelque chose en échange. Accorder trop de place à l'argent ou le rejeter, c'est toujours être dépendant de lui.

Dieu nous invite à une attitude saine. Tu as le droit d'avoir des revenus, un confort matériel. Tu as le devoir de t'occuper de ton enfant intérieur, de faire pour lui les achats dont il a besoin. Tu as aussi l'obligation de partager avec les autres, non pas par culpabilité, mais dans le simple but d'aider en fonction de tes moyens.

L'argent est-il pour toi une simple monnaie d'échange ou vois-tu encore en lui quelque chose de sale, de perverti, un moyen de pression sur les autres ?

Dieu donne et voudrait t'offrir tout ce qu'il te faut. Ne mets pas d'obstacle à cela.

Entre le dépouillement, l'avarice et le gaspillage, il y a un nécessaire équilibre. As-tu trouvé le juste milieu ?

Deuxième trimestre

Renaître en enfant de Lumière

Avril

Tu peux naître de nouveau

1er
Avril

Renaître

Le moment le plus important de notre existence est celui où nous renaissons, où nous devenons enfin nous-mêmes.

Il y a trois naissances dans notre vie : la première, celle où nous naissons physiquement, la troisième quand nous entrons dans notre vie éternelle ; entre les deux celle où, consciemment et grâce à Dieu, nous intégrons notre vraie dimension : la renaissance dont Jésus parle à Nicodème[1].

C'est le moment de notre vie où nous choisissons de redevenir petits enfants en Dieu[2] et de fortifier notre Moi sur de nouvelles bases.

Quand nous arrivons au monde, nous passons du Ciel sur la terre. Lors de notre mort, c'est l'inverse qui se produit. La deuxième naissance unit Ciel et terre.

L'enfant qui vient du Ciel en garde l'empreinte. On dit qu'il sourit aux anges et que les anges les plus hauts sont avec lui.

C'est pour cela que, dans les premières années de sa vie, il croit au merveilleux. Puis c'est la chute, lorsqu'il s'aperçoit que le monde est dur, qu'il éprouve des sentiments de jalousie vis-à-vis de son petit frère ou de sa petite sœur, qu'il a, à l'égard de ses parents des sentiments contradictoires. Il refoule son agressivité, mais se sent coupable, ce qui peut, plus tard, être à l'origine de T.O.C., d'une tendance à la boulimie, à l'anorexie… parce qu'il a mal assimilé cette partie de lui qu'il trouve peu reluisante. Il vogue longtemps entre ces deux mondes : le monde incarné, implacable, et celui de ses rêves, de la magie, dans lequel il s'envole comme Peter Pan. Il est en dichotomie et peut ainsi développer une spiritualité désincarnée, séparant la vie quotidienne de la foi.

Pourtant, le but de l'existence est bien d'unir le Ciel et la terre, d'imprégner la terre du Ciel que l'on a en soi.

1. Jn 3.
2. Mt 18, 3.

Comme tout le monde, tu as commencé par subir ta vie, partagé entre la soumission et la révolte. Tu as eu du mal à intégrer le « haut », l'idéal, le rêve et le bas, l'incarnation avec ses difficultés.

Tu vas maintenant trouver en toi un lieu où le Ciel et la terre s'uniront. Cet endroit sera d'abord minuscule comme une graine, un centre d'intégration. Par analogie avec la grossesse, on peut le comparer à une nouvelle fécondation où ton Ciel s'établit dans une terre qui te convient, où tu trouves ta place.

Peu à peu, cette graine grandit, devient un embryon. Tu fais alors l'expérience de la grossesse : une renaissance prend plusieurs mois. Elle donne l'impression qu'une nouvelle partie de toi est enfantée par la Maman en Dieu : tu as vraiment la sensation d'accoucher d'un être nouveau, avec des droits et des permissions que tu ne t'étais pas accordés, des limites que tu ne t'étais pas données, un équilibre inconnu. Tu es enfin dans ton axe.

2

Avril

Une vraie gestation

La renaissance est une véritable gestation.

Un garçon de vingt-et-un ans, qui était en troisième année de faculté, très sportif et pratiquant plusieurs heures de football par jour, se sentit soudain sans force. Il avait perdu toute énergie. Inquiet, il pensa avoir un cancer. Ses analyses médicales étaient pourtant normales. Un accompagnateur lui proposa un autre diagnostic : il était en train de renaître ; la fatigue qu'il éprouvait était celle de la grossesse. Effectivement, son état dura environ neuf mois. Au début, le jeune homme eut du mal à comprendre ce qui lui arrivait. Puis, au cours de l'accompagnement, il prit conscience du décalage existant entre ses aspirations profondes et les choix qu'il avait faits. Il prépara le changement, modifia sa trajectoire, entreprit une autre formation puis s'occupa de personnes handicapées ; il recommença le sport et rencontra la femme de sa vie.

Si tu vis une situation similaire, quel que soit ton âge, ne sois pas surpris de ce qui t'arrive. S'il s'agit de l'un de tes enfants, encourage-le. Il vaut mieux hésiter au début de sa vie adulte sur son orientation que souffrir des années parce qu'on a persévéré dans une impasse. Cependant, même dans ce cas, il n'est jamais trop tard pour se réveiller, tirer la leçon, s'orienter autrement.

Lorsque tu renais, il se passe quelque chose de nouveau en toi que tu vas sentir dans ton être. Quelqu'un d'autre t'habite qui est vraiment toi, mais tu ne le connais pas encore parce que, jusque-là, tu étais dans tes compensations, tes protections. Tu le découvres peu à peu. Il grandit en toi comme le fœtus au cours de la grossesse. Tu renais vulnérable comme le bébé, mais protégé par Dieu, à la fois Ciel et terre. À l'image de la femme enceinte qui a des désirs, tu as des aspirations nouvelles que tu n'osais pas exprimer jusqu'à présent comme t'aimer de façon juste, t'occuper de toi…

À l'exemple de la jeune maman qui prend soin de son petit, protège ton enfant intérieur. Ressens-le, visualise-le, apprends à l'aimer, il est vraiment toi, dans tes dons et qualités.

3

Avril

Dans le ventre de la Maman en Dieu

Le bébé est vulnérable quand il arrive au monde. Désarmé et désarmant, il est vraiment un petit agneau qu'il faut protéger.

Lors de la renaissance, il se passe quelque chose d'analogue. Elle est précédée d'événements qui bousculent les « blindages » que l'on a bâtis. Quand on vit une relation sentimentale difficile, une rupture, un abandon ou bien un échec sportif, professionnel, intellectuel... on se sent blessé et les fausses constructions, les superstructures défensives, les tours de Babel que l'on a édifiées sont ébranlées. On éprouve des angoisses profondes ; on a peur de sortir, de prendre le métro, de se trouver dans la foule ou, à l'inverse, de rester enfermé et l'on se sent oppressé. Tout cela à cause de la transformation intérieure qui s'opère grâce à Dieu, par Lui, avec Lui, en Lui, mais aussi avec notre consentement profond. On recouvre la vulnérabilité initiale, celle que l'on a dû cacher pour ne plus souffrir quand on était enfant. On ne peut pas renaître en dehors d'elle. Voici à nouveau l'enfant de Dieu, l'agneau de Dieu : « *Redevenez des tout-petits* ». C'est à ce moment-là qu'intervient vraiment la Maman en Dieu. Elle aide à renaître, à entrer dans sa dimension éternelle. À la faiblesse du tout petit enfant répond le secours d'une Mère infiniment aimante.

Toi qui lis ces lignes, tu as vraiment vécu, à un moment ou à un autre, cette fragilité originelle et cette protection divine. Rappelle-toi, si tu es passé par la renaissance, tu as eu le désir, à un moment donné, d'accéder à une dimension unifiée, à une innocence retrouvée, te souvenant de celle du nouveau-né. Certaines connaissances, certaines expériences vécues et mal vécues, comme dans le Jardin d'Eden, t'avaient éloigné de cette candeur initiale à laquelle tu as choisi librement de retourner, pour devenir enfant de Dieu.

Lorsque tu peux appeler Dieu « Papa » ou « Maman », c'est que tu es passé d'un état exclusif de fils ou de fille selon la chair, à celui complémentaire d'enfant de Lumière qui choisit Dieu comme Père et Mère. Tu reviens dans le Jardin d'Eden délibérément pour croître de façon nouvelle. Tu es le fils prodigue qui rejoint son Père et qui reprend son évolution librement, à partir de Lui.

4

Avril

Dieu est ton Père et ta Mère

Il y a un lieu, en toi, où se love ton enfant intérieur, le petit de Dieu. Il est encore minuscule, un grain de sable par rapport à une montagne, mais désormais, tu es dans la joie d'avoir des parents uniques, aimants, divins, qui te comprennent, t'accueillent, t'expliquent, t'aident à choisir... Tu peux te jeter dans leurs bras quand tu en éprouves le besoin.

Ton enfant de Lumière grandit sous la protection de son Père et de sa Mère en Dieu. C'est déjà ce que montre la crèche où le « petit Jésus » dort, enveloppé par l'amour de ses parents. Le Seigneur t'invite à cet endroit-là. Lui, le plus grand, s'est fait nouveau-né pour attirer à la vie ton petit enfant intérieur, que tu aies dix-huit, trente ou cinquante-cinq ans. Il s'est fait homme pour t'amener à renaître sur terre à la façon des enfants du Ciel. Aujourd'hui, Jésus tend les bras à ton petit qui s'est blotti au fond de toi, il y a longtemps, et qui n'osait plus bouger. Jésus te dit de te réveiller, de venir jouer et danser avec Lui, d'aimer avec Lui. C'est Lui qui va amener ton petit *Emmanuel* ou ta petite *Claire* à désirer voir le jour. Ton enfant intérieur va grandir, prendre de la vigueur grâce à Lui, pour mener une action qui corresponde à ta vraie mission, ta vocation[3]. Ton enfant de Lumière ne sera jamais vieux, malade, handicapé ; il ne connaîtra pas les affres psychiques de l'enfant de ton hérédité. Il s'ébattra dans une source vivifiante et jaillissante ; grandira avec Dieu, par Lui et en Lui. Si Jésus était totalement saint, car en Lui la Divinité épousa l'humanité d'une façon parfaite, toi tu auras conscience de tes limites et de tes faiblesses, mais en toi grandira un endroit qui s'alimentera de plus en plus à la Perfection de Dieu.

3. Jean Monbourquette, *À chacun sa mission*, Bayard, 2001.

5

Avril

Découvrir un tout-petit en toi

La naissance de ton enfant intérieur, c'est d'abord une intuition. Tout semblait « te tomber dessus », tu allais d'ennuis en ennuis, de ratages en ratages... Et puis, quelque chose frémit en toi. Comme certains parents qui ont, avant la grossesse, le pressentiment d'une petite âme, tu devines que quelque chose de nouveau va se produire. Un autre état se profile, sous le signe d'un bonheur profond et constant, sans plus connaître d'excitations suivies de dépressions. Renaître, c'est d'abord une sensation : quelque chose bouge dans ton corps ; tu éprouves la présence d'un bébé en toi. C'est ainsi que les hommes peuvent faire une expérience maternelle en sentant le tout-petit qui naît en leur sein. Cet enfant, qui grandit en toi, va t'apporter une véritable guérison : tu auras pour lui le même amour que tu as pu ou aurais pu éprouver pour l'un de tes enfants particulièrement chéri. Enfin, tu vivras ce que Dieu désirait pour toi : un amour vrai pour ce que tu es profondément.

Tu sentiras en toi une partie plus ancienne, plus parentale, qui aime ce tout-petit en gestation. Tu prendras soin de ton nouveau-né. Tu changeras tes habitudes. Tu marcheras à son rythme comme on le fait avec un enfant que l'on emmène en promenade et qui s'arrête à chaque feuille, à chaque caillou... Ne t'étonne pas si tu n'as plus la même énergie. Tu réapprendras des choses qui te semblaient évidentes avant, mais que tu ne sauras plus faire. Tu t'y remettras progressivement, un peu sur la pointe des pieds, parce que tu auras retrouvé ta vulnérabilité initiale : il te faudra du temps pour reprendre le métro, aller dans un lieu fréquenté par la foule, sortir, rencontrer des personnes, répondre à des invitations... Quelque chose de fondamental se sera produit en toi, un bouleversement intérieur qui est le but même de l'existence : tu seras re-né.

Tu protégeras ton enfant intérieur, accepteras ses petits pas, l'alimenteras autrement, adopteras une autre hygiène de vie, découvriras ses souhaits, ses besoins, toi qui ne savais plus quoi espérer. C'est un nouveau printemps dans ta vie qui jaillira, qui permettra à la Vie de Dieu de venir en toi, de rouvrir l'accès aux désirs légitimes que tu avais refoulés parce qu'on t'avait dit qu'ils étaient de peu d'importance. Chaque jour qui passe, ce petit te poussera à moins t'encombrer, à devenir plus léger, à agir comme une maman le ferait pour son enfant.

6
Avril

Savoir attendre la fin de la gestation

Nous sommes pressés, nous voulons tout trop vite. N'oublions pas que c'est déjà l'impatience qui a poussé Adam et Ève à cueillir le fruit de l'arbre de la connaissance, au lieu d'attendre d'être prêts à le recevoir et que celui-ci ait mûri. Pour notre changement intérieur, nous manifestons la même précipitation. Peu d'entre nous appliquent, à ce moment privilégié de la nouvelle naissance, les lois de l'apprentissage auxquelles nous nous plions dans la pratique d'un sport, l'exercice d'un métier ou le jeu d'un instrument de musique…

Ta renaissance comprend des phases obligatoires. Pendant neuf mois, tu portes en toi, comme pendant une grossesse, ton enfant intérieur. Tu ne le vois pas, mais tu le sens. Ensuite, tu traverses les étapes de croissance de ton petit, comme celles d'un enfant, pour poursuivre l'analogie, qui apprend à être propre, marcher, entrer en relation avec les autres, aller à l'école… Il s'écoule plusieurs années entre le moment de la conception et celui de sa scolarisation. Voilà le temps qu'il te faut aussi pour renaître entièrement, pour te mettre debout dans ton enfant de Lumière. Cela te paraît long, mais dis-toi qu'il te faut au moins trois ans pour consolider ton enfant de Lumière et environ quatre de plus pour l'asseoir totalement. Les sept premières années, fondamentales, sont l'entrée définitive dans un autre univers que celui de ton corps physique et de ton psychisme. Il y a une réalité, éternelle celle-ci, que tu connaîtras parce que tu l'auras vécue. La mort ne te fera plus peur car tu sauras que c'est le déploiement de ton corps spirituel qui quitte définitivement ton enveloppe de chair. Si tu as connu cette renaissance, tu n'auras pas l'impression de quelque chose d'abstrait, de fumeux dont on t'a vaguement parlé. Tu en auras fait l'expérience.

7

Avril

Le chiffre d'or

De nombreux psychologues considèrent que chaque être humain évolue par grandes étapes d'environ sept ans. Si aujourd'hui ces conceptions sont modifiées avec, notamment, la majorité accordée à dix-huit ans, ces phases de sept années semblent néanmoins correspondre à une réalité intérieure. Après « l'âge de raison » situé à sept ans, on devient adolescent à quatorze ans, on atteint vraiment la majorité vers vingt et un. De vingt et un à vingt-huit ans, l'adulte entame sa vie sentimentale et professionnelle dont il peut tirer la leçon. De vingt-huit à trente-cinq ans, il fait des choix grâce à l'expérience acquise et il entre dans la fécondité. S'il y a une crise de la quarantaine, à la sixième phase de sept ans, celle de la cinquantaine (sept fois sept) est fondamentale. À ce stade l'homme s'interroge une dernière fois avant la retraite sur son itinéraire : va-t-il choisir d'équilibrer sa vie professionnelle, familiale et personnelle, ou va-t-il accepter une nouvelle promotion, des responsabilités professionnelles plus grandes, quitte à accentuer le déséquilibre de sa vie ?

Sept est le chiffre d'or. On le retrouve dans le nombre des couleurs de l'arc-en-ciel, de jours de la Création, de la semaine, des états du moi dans l'Analyse Transactionnelle... Il semble, en effet, qu'il y ait des cycles de sept ans. On a cru voir d'ailleurs, mais sans en faire une règle générale, que les différences d'âge dans les couples, marquées par des décalages de phases, peuvent être sources de conflits, surtout chez les personnes jeunes : si dix ans et demi, par exemple, les séparent, l'une entame un nouveau cycle au moment où l'autre est au milieu du sien d'où, entre autres, des besoins de sorties ou d'affirmation de soi différents.

Ton enfant de Lumière a, lui aussi, besoin de sept ans pour être définitivement ancré. N'oublie pas le massacre des Innocents : le petit qui est né en toi a besoin d'être protégé et nourri pendant tout ce temps car, si tu laisses périr cette innocence redécouverte, tu risques de ne pas la retrouver au cours de ta vie terrestre. Il serait terrible pour toi de revenir en arrière, de laisser s'éloigner cette partie de toi qui a enfin pu voir le jour.

8
Avril

Quelle joie au Ciel pour toute nouvelle naissance !

La petite Thérèse de Lisieux disait, en regardant le ciel constellé d'étoiles, que chacun de nous avait à allumer une lumière dans l'espace céleste. Tu portes en toi une lumière que tu vas mettre à jour lors de ton changement intérieur. Quelle joie au Ciel pour toute nouvelle naissance !

Renaître suppose une conversion. Tu prends alors conscience de tes souffrances dont tu ne rejettes plus la responsabilité sur tes parents, la société, Dieu... Tu t'aperçois des conséquences de tes décisions. Tu comprends que tu as été délaissé, sentimentalement, professionnellement ou communautairement à cause de mauvais choix... L'abandon te fait revivre la période où tu t'es détourné de Dieu. Ta renaissance, c'est ton retour en Dieu, choisi librement, pour croître intérieurement comme tu aurais dû le faire à l'origine avec Lui, en sa Présence, dans son Amour et sa Sagesse. Tu vas connaître sa Miséricorde, et tu comprendras qu'Elle n'est pas liée aux mérites ni aux efforts, mais que Dieu est vraiment tout Amour, parce que tu en auras fait l'expérience.

Tu choisis de renaître car tu réalises tout le gâchis, tout le vide de ton existence sans Dieu. Maintenant tu te jettes dans ses bras. Tu comprends que tous tes blindages t'avaient fait quitter la vulnérabilité du petit agneau que tu viens de retrouver.

Cette renaissance nous est proposée à tous au moment de notre mort, de notre arrivée devant la Lumière divine. Mais si tu la vis sur terre, tu sauras déjà ce qu'est le Ciel et tu œuvreras avec bonheur.

Lorsque nous mourons, notre corps spirituel, dont les sens sont plus subtils et plus affinés, quitte notre corps physique. C'est grâce à ces sens que nous pouvons déjà ressentir sur terre la gaieté du Ciel, celle des anges. C'est une vraie fête, la joie parfaite, totale dont parle saint François d'Assise.

L'enfant de Lumière y baigne déjà et il grandit avec tous ceux qui l'accompagnent, au Ciel et sur terre, avec ses frères et sœurs célestes comme avec ses frères et sœurs humains.

9

Avril

Donner un nom à ton enfant intérieur

Comme l'ont fait tes parents qui t'ont donné un prénom lorsque tu es arrivé au monde, trouve un nom à ton enfant intérieur. C'est une nouvelle dimension de toi qui voit le jour. Pour pouvoir faire la distinction, les premières années, entre l'enfant de tes parents, de ton hérédité, de tes scénarios, de tes déterminismes psychologiques et l'enfant de Dieu qui vient de naître en toi, choisis-lui un prénom nouveau et progressivement s'ébauchera, dans ton esprit, une autre image de toi-même. Tu n'es pas seulement cet homme âgé, cette femme ridée ou masquant les marques du temps par la chirurgie esthétique, pétrie d'habitudes, de tics ou de T.O.C., mais tu es aussi ce petit garçon, cette petite fille éclatant de joie, souriant et riant, baignant dans la confiance, la vie jaillissante de Dieu comme dans une eau de jouvence, vivant dans un lieu intérieur qui préfigure le Ciel. Quand tu penseras à toi, tu ne verras plus seulement cette enveloppe charnelle, mais tu regarderas ce petit enfant intérieur que tu es aussi. Le petit *Emmanuel* qui vit en toi, la petite *Claire*, *Aurore*... vont grandir, tout en restant toujours jeunes, tout en gardant cette innocence et cette sagesse éternelles, divines. Ils vont mettre de l'ordre dans tes parties psychique et physique pour que ton enfant intérieur et toi ne fassiez plus qu'un. L'unité sera réussie lorsque, en te regardant dans un miroir, tu ne verras plus seulement tes imperfections, ton air triste ou fatigué, les émotions qui se lisent sur ton visage, mais tu percevras aussi une autre réalité en transparence, en filigrane : cet enfant heureux, émerveillé que tu es en profondeur. Peu à peu, en pensant à toi dans la journée, tu n'auras plus seulement l'image de ton apparence : celle que tu as vue en photo, dans un miroir ou au magnétoscope, mais tu discerneras l'enfant éternel qui t'habite maintenant.

10

Avril

Entrer dans sa vulnérabilité

Être sensible, perméable, capable de pleurer, de s'émerveiller, voilà la vulnérabilité dans sa beauté !

Tu reconnais ton enfant de Lumière lorsque tu as les larmes aux yeux devant la magnificence de la nature, la générosité, une image poétique, inattendue... Ainsi, un homme, pendant la projection d'un film auquel il n'accordait pas grand intérêt, fut bouleversé d'un seul coup. Dans un décor de ville américaine encombrée, avec gratte-ciel, foule pressée et problèmes psychologiques divers, le cinéaste avait inséré, un court instant, l'image lumineuse de Mère Teresa à Calcutta, penchée avec une infinie tendresse sur une fillette blessée et défigurée. Devant ce contraste saisissant, le spectateur ému sentit jaillir des « larmes merveilleuses ».

Mère Teresa a choisi sa mission. La petite fille est défigurée par la misère, la guerre, une erreur chirurgicale... De la même façon la renaissance est souvent précédée d'un fait qu'on pourrait qualifier d'injuste, heureusement pas toujours aussi grave. Au lieu de se sentir victime et de pleurer sur son sort, au lieu de chercher des coupables et d'agresser, la force de l'événement est telle qu'on finit par lâcher prise consciemment, par dire « oui ».

Ainsi cette infirmière, la plus ancienne du service, devait en prendre la responsabilité. À cause de malentendus, c'est une autre, beaucoup plus jeune, qui est nommée à sa place. Elle cherche à s'expliquer en vain, elle se révolte, elle ne dort plus la nuit, elle veut quitter le service puis comprend qu'elle a là l'occasion de passer la petite porte des agneaux. Elle retrouve alors la Paix, une Joie intérieure : cette situation douloureuse va lui permettre de renaître vraiment en Dieu, ce qui ne l'empêchera pas de faire un autre choix professionnel quelques mois plus tard.

Ainsi cet homme, célibataire, qui cède aux avances d'une femme d'un autre pays et se rend compte, un an plus tard, qu'elle l'avait épousé uniquement pour avoir la nationalité française. Elle lui dit ne l'avoir jamais aimé et le quitte. L'homme est meurtri. Après tout un cheminement il finit par accepter cet événement pour lequel il ne pouvait plus rien faire. Il doit vivre le divorce, la non compréhension de son entourage. Il comprend et pardonne : il a franchi le cap.

Lorsque tu renais, tu retrouves de toi-même des valeurs essentielles, non pas parce qu'on te les a inculquées, mais parce que tu les vis en profondeur. C'est ce petit être intérieur, fragile, conduit par une colombe, qui va te guider. Il grandit, tout en restant enfant de Dieu, protégé par Lui. Il s'entoure, non pas du blindage d'un *parent critique* qui juge, non pas d'un côté *soumis* qui subit, ou *rebelle* qui s'oppose, mais d'une partie *adulte* qui sait prendre de la distance, faire la part des choses. Jésus était ce petit de Dieu, l'Agneau, mais il avait aussi un côté *adulte* extrêmement bien construit, si bien que nul ne réussit jamais à le mettre en difficulté ou à l'arrêter dans sa mission : *« Ma vie, nul ne la prend mais c'est moi qui la donne. »*

Notre destinée est bien de devenir, à la fois, adulte vis-à-vis des hommes et petit enfant au regard de Dieu. La représentation de saint Antoine tenant dans ses bras un enfant, en-dehors de sa signification historique et mystique, semble aussi indiquer cette double nature unifiée.

11
Avril

L'innocence retrouvée

On dit parfois de quelqu'un, d'une manière péjorative : « Quel innocent ! » Pourtant, c'est bien à des innocents que les anges sont apparus à la naissance de Jésus. Parmi eux il y avait des petits enfants dans toute leur ingénuité. Il y avait aussi les bergers, d'une naïveté plus frustre, présents lors de la nativité. Il y eut enfin les mages, des astrologues : trois seulement avaient suffisamment de candeur et d'humilité pour suivre une étoile et venir s'agenouiller devant un nouveau-né dans une crèche. *« Je te remercie, Père, d'avoir caché cela aux intelligents et aux sages et de l'avoir révélé aux tout-petits*[4]*. »* Si la connaissance motivée par le cœur est utile et féconde, certaines connaissances intellectuelles risquent d'éloigner de Dieu et de l'humilité. Les mages ont parcouru de très nombreux kilomètres, avec toute leur sagesse et leur fatigue, pour adorer l'Enfant. Mais lorsque l'astre, qui les guidait, disparut, ces « savants », furent incapables de suivre leur intuition et de trouver eux-mêmes, et par inspiration, le but de leur périple. Le doute les conduisit à poser la question fatidique à Hérode, ce qui entraîna le massacre des Innocents. Ayant rencontré Jésus, une transformation s'opéra en eux : c'est grâce à un ange, et non à leurs connaissances, qu'ils repartirent par un autre chemin. Comme Joseph qui, ayant écouté l'ange de ses songes, avait épousé une femme que tout le monde aurait lapidée, avait accepté de croire à l'Emmanuel et emmena ensuite Jésus en Egypte…

Tu sais ce qu'est l'errance de Caïn, le départ du Jardin d'Eden parce que tu as vécu toutes les erreurs relatées dans l'*Ancien Testament.* Si tu le relis, tu ne décèleras pas uniquement dans ces Écrits l'histoire de l'humanité, mais tu y découvriras la tienne avec tous tes combats intérieurs. Ce qui va te faire renaître aujourd'hui, c'est cette aspiration à une vraie innocence en Dieu, à une pureté retrouvée.

4. Lc 10, 21.

12

Avril

Savoir se protéger

Pour entrer dans la vulnérabilité, dans l'innocence et l'esprit d'enfance, il faut avoir une protection angélique, vivre avec Dieu, avoir touché l'action de la Providence. Dieu ne peut pas agir contre la volonté psychologique ou spirituelle d'un homme qui Le refuse. Il devient très puissant seulement chez celui qui apprend à tout faire avec Lui et dans son Temps, car le rythme de Dieu n'est pas le nôtre.

La force de l'enfant vient de la confiance totale qu'il accorde à son père et à sa mère. Thérèse de Lisieux rappelait combien le petit n'a pas conscience des cailloux que son père a retirés de sa route pour lui éviter de trébucher. De la même manière, nous ignorons tout ce que Dieu a éloigné de notre chemin pour nous préserver des chutes. Ton enfant de Lumière est totalement, et d'une façon permanente, entre ses deux Parents divins qui vont le protéger : c'est la Providence. La première forme de protection est une présence angélique qui veille sur toi, comme en témoigne l'histoire suivante. Un homme se trouvait à l'arrière d'une voiture, sur une autoroute américaine. Soudain, il se baissa pour ramasser un objet tombé au sol. Au même instant, une balle traversa le pare-brise arrière du véhicule. Il dut la vie à ce simple mouvement. Il se posa alors la question : « Pourquoi me suis-je penché juste à ce moment-là ? », commença une enquête très sérieuse sur tous ceux et celles qui avaient vécu des événements similaires et écrivit un livre sur les anges gardiens. La deuxième forme de protection consiste à développer sa vigilance et améliorer son hygiène de vie... Si tu ne respectes pas la distance obligatoire entre ton véhicule et celui qui te précède, si tu continues à fumer, si tu manges mal, si tu fais des abus..., la Providence aura bien du mal à te préserver ! La dernière façon de te protéger est de savoir dire « non », de ne pas être « corvéable à merci », de différer certaines réponses pour avoir bien le temps d'y réfléchir, de te respecter dans tes besoins et ton intégrité.

Ton enfant re-né a besoin de ses parents divins, de ton côté *adulte* pour le guider et l'orienter, mais il lui faut aussi une hygiène de vie et des comportements adaptés au corps d'un tout-petit, d'où des limites au travail, des récréations, des rythmes nouveaux.

13
Avril

Un regard neuf, émerveillé

Dans ta profondeur, ton intimité, il y a le regard d'or de Dieu. La Sainteté de Dieu est comme de l'or qui se répand partout et transforme tout en splendeur. Ton enfant re-né a un regard lumineux, ruisselant d'or. Tu vois tout autrement. Tu vas ressentir de la reconnaissance pour tout ce qui t'impatientait, pour ceux qui t'ont élevé, même s'ils ont commis des erreurs éducatives, ceux qui sortent les poubelles, qui s'occupent des espaces verts, qui ont fabriqué puis vendu les meubles qui sont les tiens aujourd'hui, ceux qui ont coupé, débité, façonné puis commercialisé le bois de la chaise qui te permet à l'instant de t'asseoir... Tu avances dans l'émerveillement. Au lieu de te comparer à ceux qui ont plus, te dévaloriser et crier à l'injustice, tu regardes plutôt tout ce que tu pourrais ne pas avoir et tu te souviens de ceux qui ne voient pas, qui n'ont pas de main, à qui il manque le nécessaire...

La mémoire de ton errance psychique, tes prisons, les déterminismes dans lesquels tu t'es enfermé, celle de toutes tes souffrances, te permet aujourd'hui de t'écrier : « Plus jamais ça! » Tu sais ce qu'est la vie sans lumière, sans orientation, sans but et tu ne veux pas y revenir, ne fut-ce qu'en regrettant, ou ruminant tes erreurs passées. Il y a en toi, maintenant que tu es re-né, un endroit permanent où, d'un regard neuf, émerveillé, tu discernes l'action de la grâce. Plutôt que de regarder les papiers gras laissés dans la nature par des promeneurs indélicats que tu aurais critiqués auparavant, tu fixes maintenant ton attention sur ce qui est beau, ce qui est permanent, ce qui est la Création de Dieu et l'œuvre des hommes qui servent le Beau, le Bien, le Vrai.

14
Avril

Tu es reconnaissant

Ton enfant de Lumière est profondément reconnaissant de vivre déjà dans l'Infini de Dieu. Désormais, tu admets ton passé blessé, tes erreurs, tes errances... Tu te souviens que tu es et as été un fils prodigue, une Marie-Madeleine, un Zachée... Tu as voulu être en Vie, renaître et tu sais Qui t'a sauvé. Avant, tout était confusion, aujourd'hui tout est plus facile, plus léger parce que tu ne portes plus seul le poids de ton existence et que tes yeux se sont ouverts.

Reconnaître, c'est aussi lever le voile de ta cécité, découvrir ce que tu n'avais pas vu, pas perçu auparavant. C'est grâce à leur cœur *« tout brûlant d'amour »* que les disciples d'Emmaüs reconnurent Jésus. C'est grâce à une parole d'Amour que Marie-Madeleine réalise Qui lui parle devant le tombeau vide au matin de Pâques.

Tu rends grâce à Dieu de ta naissance en Lui, de l'immensité d'Amour dans lequel baigne ton enfant de Lumière, d'avoir mis en toi ce trésor pour l'éternité. Tu vas te déployer petit à petit à partir de ce centre où Il t'habite.

Désormais, tu te tournes vers une nouvelle sagesse, celle qui vient du cœur. Tu retrouves tes bases, les fondements de la connaissance originelle donnée par Dieu, dans son Amour. C'est à partir d'elle que tu vas t'édifier maintenant.

15

Avril

De la marionnette au vrai petit garçon

Une femme d'un certain âge, qui traversait un moment déchirant de son existence, se promenait au bord de la mer, en été. Elle croisa un attroupement. Elle s'approcha et vit que les gens regardaient un mime qui faisait l'automate. La femme, très troublée, se reconnut dans ce pantin. Elle se voyait comme lui, reproduisant de manière répétitive les mêmes attitudes, les mêmes situations dans sa vie. Poursuivant sa marche elle rencontra une personne qui lui donna une image du Christ. Un peu plus loin, elle s'arrêta devant un groupe de jeunes qui chantaient. Haussant les épaules, elle pensa : « Encore une secte ». Mais non, c'étaient des chrétiens qui avaient l'air heureux, allégé et qui fredonnaient leur message joyeux. Elle fut bouleversée et ce furent de véritables retrouvailles pour elle qui avait fui le christianisme dans son adolescence ayant souffert de trop d'intransigeance, de sermons trop longs, de la culpabilité qu'elle ressentait quand elle mordait dans l'hostie ou lorsqu'elle n'avait pas respecté les trois heures de jeûne avant la communion...

Un jour tu te rends compte que tu as vécu comme un automate, que tu as été mené par des déterminismes, des croyances, ton éducation. À cause de cela, tu as répété des scénarios... Tu te reconnais dans cette marionnette, ce Pinocchio qui va parcourir un long chemin fait de tentations et d'épreuves, notamment avoir des oreilles d'âne avant de renaître dans la chair d'un petit garçon bien vivant[5].

Tu as à passer de l'état d'automate à celui d'une nouvelle jeunesse. Jésus, selon Didier Decoin dans *Jésus ce Dieu qui riait*, avait à la fois une apparence jeune, majestueuse, et un côté enjoué : il savait rire et s'amuser avec ses apôtres. *Enfant libre*, *spontané*, comme le qualifierait l'Analyse Transactionnelle, il avait la joie du Petit de Dieu.

Lorsque nous mourrons, nous retrouverons cette jeunesse éternelle avec cette innocence enfantine sur le visage.

5. L'âne, souvent dévalorisé, est pourtant aussi l'animal qui s'agenouille dans la grotte avec le bœuf ; qui écoute avec ses grandes oreilles - il peut entendre la voix de Dieu - et qui porte Jésus lors de son entrée à Jérusalem...

16

Avril

Découvrir ses vrais désirs, ses vrais besoins

De nombreuses personnes ont été écartelées dans leur enfance, entre leurs aspirations, qui avaient sans doute besoin d'être guidées par des valeurs, et leurs devoirs.

Tes parents ont fait ce qu'ils pouvaient pour t'élever correctement et tu les en remercies. Mais la façon, souvent trop brutale, avec laquelle ils t'ont soumis à des obligations morales, t'a peut-être fait refouler tes désirs. Dans la parabole du bon grain et de l'ivraie, Jésus demande de ne pas déraciner trop tôt la mauvaise herbe, sous peine de couper en même temps le bon grain, mais d'attendre la moisson pour faire le tri.

Aujourd'hui, acceptes-tu de reprendre ton éducation quel que soit ton âge ? Accueilles-tu Dieu comme ton vrai Père, ta vraie Mère, ton Tuteur, ce qu'Il est et devrait être depuis toute éternité ? Il va d'abord faire renaître délicatement tes aspirations et tes besoins pour t'aider à les orienter de façon nouvelle. La pédagogie de Dieu est celle de l'Amour. Trop de personnes sont dans la dépression, le découragement ou veulent se suicider parce qu'elles n'ont plus envie de rien.

Dans la gestation qui précède ta renaissance, tu vas retrouver une dynamique de vie. Tu n'auras plus peur de la mort parce que tu seras dans la Vie : celle que tu auras librement choisie. Tu vas retrouver les souhaits de ton enfant intérieur. Tu n'aspireras pas uniquement aux grandes choses. Jésus a connu d'immenses joies dans l'Amour surabondant qui Le traversait, dans le fait de distribuer le Bien autour de Lui, d'éclairer et de guérir ; Il en a connu de plus modestes dans ses amitiés, les repas partagés…

Si tu veux vraiment entrer dans la dimension spirituelle profonde, il est important que tu saches allier des désirs qui te semblent grands avec de tout petits, car ce sont eux qui te garderont en vie et qui te donneront, jusqu'à la fin, un dynamisme, une gaieté, une confiance que tu risques de perdre en t'en coupant.

17

Avril

Tu es aimé

« Je suis aimé ! Je suis parfaitement, totalement Aimé ! » C'est le cri de ton enfant intérieur qui jaillit. En toi, à l'endroit de la renaissance, il y a un Amour infini, total, inconditionnel qui ruisselle, Celui de Dieu. C'est pour cette raison qu'une personne avait nommé son petit re-né : *Aimé*. Dans ton enfant gai, rieur, émerveillé, se trouvent la Joie, la Paix profonde de Dieu. Rien ne sera plus comme avant. Tu découvres cet Amour infini, comblant. Toi qui n'as jamais été aimé, toi qui as été rejeté, abandonné, trahi, humilié, toi qui n'as pas eu de père ni de mère ou qui les as perdus dans un accident ou à la suite d'un suicide, tu es Aimé !

Tu as d'abord reconnu un endroit en toi où la Source d'Amour divin coule librement, sans cesse, inconditionnellement, quoi que tu fasses, quels que soient tes mérites. Tu t'y baignes et ton enfant de Lumière s'y rafraîchit, s'y désaltère. Des paroles intérieures pleines de douceur comme « Je t'aime... ; je te comprends... ; je suis avec toi... ; mon chéri, tu es ma vie, ma joie... » pansent tes blessures passées. Tu vis cette expérience et tu la diffuses aux autres car tu sais qu'en chacun d'eux réside, parfois bien caché, ce même besoin d'être totalement aimé.

Toi qui te blindes, te durcis, cherche d'abord en toi cet endroit profond qui accède à la Source de l'Amour. Elle peut te transformer : d'inactif tu deviendras actif, de passif, tu deviendras dynamiseur, quelqu'un qui, se sentant Aimé, pourra répandre la chaleur de la tendresse autour de lui.

18

Avril

Un endroit de silence, de recueillement pour renaître

Tu as eu besoin d'un endroit de silence, de recueillement pour renaître. Tu ne voulais pas d'un lieu mouvementé, agité... qui t'aurait fait reprendre tous tes systèmes de défense. Tu t'es laissé conduire par l'Esprit Saint qui t'a mené dans un endroit de paix, plus solitaire, où tu pouvais t'ouvrir, te laisser aimer, dans un vert pâturage auprès du bon berger. Certains ont trouvé ce lieu dans un monastère ou un centre spirituel, d'autres à la campagne, d'autres à la montagne ou à la mer. L'important est de se sentir bien, de vivre au rythme des saisons, de la nature, pour pouvoir se donner le temps de cette grossesse intérieure qu'est la renaissance. Tu as enfin découvert cet endroit de repli, de retraite où Dieu peut te « refaire » sur tous les plans. Ce lieu de sérénité où tout est bienveillance, compréhension, où le loup paît avec l'agneau, où les rapports de force sont absents, où tu baignes dans l'Amour de Dieu, a été propice à ton approfondissement. Tu as besoin de le retrouver régulièrement, réellement ou symboliquement, dans ta chambre, dans une église, un endroit de prière.

Lorsque tu auras vécu cette expérience de la renaissance, tu reconnaîtras, non pas pour en faire un regroupement et encore moins une secte, toutes les personnes qui se sont nourries du même Amour. Tu les identifieras par une complicité partagée, par une joie intérieure et une compréhension réciproque... Tu les reconnaîtras par leur sourire, leur regard, leur voix, reflets de leur enfant de Lumière, parce que tu sentiras en eux la fraîcheur vivifiante de la source retrouvée dans laquelle ils se sont plongés comme tu l'as fait toi-même.

19

Avril

Un lieu de paix où se rafraîchir

Retrouver l'innocence de la sagesse, celle qui est le fruit de l'expérience, savoir la préserver et protéger celle des autres est l'une de tes missions.

Si tu as compris qu'en renaissant tu devais protéger ton enfant de Lumière du massacre des innocents exécuté par l'intellect, la cérébralité, les jugements, la culpabilité outrancière…, tu auras, vis-à-vis des autres, une approche beaucoup plus subtile car tu te souviendras que toute attaque de ta part renforce leurs défenses. Une partie de toi aura envie de rassurer l'autre pour que son petit enfant, son innocence, puisse se manifester. Tu désireras être un endroit de paix où l'autre pourra se rafraîchir, se livrer parce qu'il saura qu'il n'aura rien à redouter de toi : ni jugement, ni étiquette, ni attaque, ni enfermement dans des phrases poison que certains nomment des « casseroles ».

L'enfant intérieur n'a aucun goût pour les médisances, la calomnie, les rumeurs, la critique des absents… Au contraire, elles lui font mal et il les craint. Il sait aussi que celui qu'il rencontre a les mêmes blessures, les mêmes inquiétudes, c'est pourquoi il a tant de délicatesse pour lui.

20
Avril

Un Temps lent, une Musique sacrée

Tu as découvert la lenteur du Temps de Dieu au moment de la naissance de ton enfant intérieur. Plus d'énervement, un calme si profond... Aujourd'hui, lorsque tu éprouves le besoin de te ressourcer, il te suffit de t'arrêter, de ne plus faire de gestes que très doucement pour changer de niveau de conscience... Ce Temps lent est celui de la maturation intérieure. Il te fait comprendre pourquoi le Rythme de Dieu n'est pas celui des hommes. Il ne sert à rien de tirer sur le blé pour qu'il donne l'or de ses épis, mais il faut l'attendre patiemment pendant les mois qui séparent l'automne du printemps. Nul n'aurait l'idée de tirer du ventre de la mère l'enfant qui s'y développe pour accélérer le processus. Chacun sait que toutes les phases de la gestation sont nécessaires.

Un Temps lent, une Musique sacrée. Dans ton être profond, tu entends les mélodies des anges. Peut-être écoutes-tu Bach, Monteverdi, des chorales ou des chants sacrés qui te mettent en harmonie avec les chœurs célestes. Au fond de toi, ton enfant de Lumière est inondé de Beauté, de Musique, de Paix, et vit le Temps des profondeurs, celui de l'éternité.

Pour y entrer, entraîne-toi périodiquement à passer de la précipitation à un rythme de plus en plus lent. Peu à peu, tu donneras un sens à tous les moments d'attente de ton existence, même s'ils sont inconfortables ou imprévus. Tu stopperas tes pensées, les associations d'idées qui fourmillent dans ton psychisme, le vagabondage mental, pour entrer dans la Paix, dans un autre espace/temps, celui où te conduit ton enfant de Lumière.

21
Avril

Plus jamais seul !

Ton petit enfant est là, dans ton intériorité lumineuse et tu ne te sens plus jamais seul. Il t'habite et te relie à Dieu. Autant tu t'estimais abandonné, incompris dans ta nature psychique, pécheresse, conséquence d'une hérédité lourde, autant tu es léger, heureux, joyeux dans ton enfant de Lumière, uni à tous : c'est la ronde des enfants de Dieu, des petits qui sont re-nés. Toi, ma petite sœur, tu es re-née dans ton couvent, dans ta vocation de mère de famille... ; toi, mon petit frère, tu es re-né dans ton presbytère, dans ton entreprise, dans ton atelier...

Nous avons tous besoin les uns des autres et nous nous donnons la main. Nous savons gré à celui qui prie, parle, agit, enseigne, construit, pétrit le pain... Nous nous entraidons, nous prions les uns pour les autres, nous nous envoyons des petits cadeaux sous forme de cartes postales, de mots tendres de la part de Dieu. Sans jamais nous éloigner ou nous séparer des autres, nous nous reconnaissons entre enfants du même Père et de la même Mère. Nous sommes complémentaires comme les instruments d'un orchestre, comme les chanteurs d'une chorale...

Non, tu ne seras plus jamais seul. Ton enfant de Lumière attirera ceux qui ont connu, comme toi, une renaissance, et ceux qui vont la vivre. Tu seras aussi en communion avec tous tes frères et sœurs du Ciel, ceux qui sont re-nés définitivement, ceux qui sont en route vers la renaissance en Dieu. Si dans ta partie psychique tu prends part au péché et à la destruction du monde dont nous sommes tous co-responsables, dans ta partie spirituelle tu participes à l'œuvre salvatrice de Dieu en aidant à son incarnation, à la venue du Royaume des Cieux sur la terre.

22

Avril

Tu trouves ta place dans la société

Autant avant, tu avais du mal à te positionner dans ce monde que tu ne sentais pas le tien, que tu jugeais hostile : tu donnais l'impression « d'être ailleurs », de venir « d'une autre planète », de ne pas « avoir atterri ». Autant maintenant, grâce à ton enfant de Lumière, tu trouves ta vraie place et tu t'y ancres.

Tu étais envahissant ou trop effacé, tu monopolisais la parole ou tu te taisais en te repliant dans la solitude… Maintenant, en ton enfant de Lumière, tu as trouvé ta juste place en Dieu, dans le Royaume et sur terre. Tu as compris que tu avais une mission à remplir. Tu vis la joie de son accomplissement. Avant, tu grossissais ou tu maigrissais, tu étais dans la boulimie ou dans l'anorexie parce que tu voulais t'imposer, provoquer, qu'on parle de toi ou, à l'inverse, ne pas te faire remarquer. Tu ne savais où te situer.

En découvrant et en tenant la place qui est la tienne, ni plus, ni moins, tu aides aussi ton corps à s'ajuster. Tu ne portes plus le poids du passé, de ta culpabilité ou celle d'un membre de ton entourage. Tu ne veux plus disparaître ou t'anéantir. Maintenant, simplement, tu es.

c'est MAGIE !!!

23
Avril

Tu as une mission

Ton enfant de Lumière a une mission précise, spécifique qui est l'axe de ta vie. Cette vocation était déjà en filigrane dans tes insatisfactions de jeunesse, tes désirs inavoués, tes rêves, tes projets les plus fous, ceux qui venaient du meilleur de toi-même… Et voilà que tu découvres qu'il existe un fil conducteur dans ta vie : en te rappelant les jouets de ton enfance, en considérant tes qualités, tes défauts, en analysant ton attirance pour certaines personnes, ce à quoi tu aspires profondément… tu peux lire ce pour quoi tu étais, et tu es fait. Tu comprends que la Volonté de Dieu correspond à ce que tu es profondément et qui te rendra heureux quand tu l'épanouiras. Le Désir de Dieu est que tu développes tes talents, ton identité. Tout le monde céleste va aider ton enfant de Lumière à réaliser sa mission. Grâce à Dieu, tu iras de victoire en victoire. Tout ne sera pas obligatoirement facile, il y aura encore des luttes, des antagonismes entre ton enfant psychique, celui de ton hérédité et ton enfant de Lumière. Tu auras aussi des combats avec ceux, parfois des membres de ta famille, qui voudraient te ramener dans tes habitudes passées, tes compensations, ce qu'ils connaissent ou qu'ils veulent de toi. Cependant tu sentiras, à chaque retour en arrière, qu'une partie de toi refuse de se laisser entraîner, te pousse en avant, t'aide à repartir, te conduit à ta réalisation.

24
Avril

Tout faire avec Dieu

Tu te sens dans l'errance, brisé, seul, en dysharmonie car tu es loin de la source divine et de toi-même. Tu as le désir ardent de retrouver ta vraie nature en Dieu. C'est un véritable choix qui t'amène à renaître. Tu demandes à Dieu de ne plus rien faire sans Lui. Tu formes, avec Lui, un vrai tandem même s'il y a, entre Lui et toi, toute une échelle de perfection que les anges montent et descendent. Tu décides, en renaissant, de tout vivre avec Dieu : tes joies, ton métier, les événements familiaux, les courses, ta façon de manger, de dormir, de retrouver la nature…

Dieu s'intéresse-t-Il à tous les petits détails de ton existence ? Une femme qui se posait cette question reçut une réponse lui ôtant tout doute à ce sujet. Elle s'interrogeait, ce jour-là, sur le bien-fondé des capteurs solaires que l'on installe sur le toit de certaines maisons. Elle se rendit en milieu de matinée, comme à l'accoutumée, dans un café près de son lieu de travail. En y allant, elle empruntait toujours le trottoir de gauche. Ce jour-là, enfermée dans ses pensées, elle traversa la rue sans raison particulière. C'est alors que son regard fut attiré par un journal qui traînait par terre. Machinalement, elle le ramassa… et y trouva un article très fouillé sur les maisons solaires. Elle eut, à ce moment-là, une sorte de bouleversement intérieur et la certitude que ce petit signe, insignifiant en apparence, était la réponse à sa question. Le Seigneur lui disait : « Oui, Je suis là, sans cesse avec toi, si tu le veux bien, dans tous les détails, même matériels, même secondaires, de ta vie[6] ».

Ton enfant de Lumière sait qu'il n'y a pas de Dieu absent, qui n'a pas le temps, qui a d'autres préoccupations… Il sait que Dieu est dans les petites choses comme dans les grandes. Un père, une mère dignes de ce nom s'intéressent à tout ce que vit leur enfant. Il en est de même pour Dieu. Aujourd'hui, tu décides, dans ton enfant de Lumière, de tout faire avec Lui.

6. Lire à ce sujet *De la prison à la louange*, Merlin Carothers, Éditions Foi et Victoire, 1974.

25

Avril

Plus rien comme avant

Depuis que tu es re-né, plus rien ne se passe comme avant. Tu allais d'ennui en ennui, d'échec en échec. Et voilà que tout à coup s'installent une paix, une sérénité, une félicité que tu ne connaissais pas. Tu te sens aimé, inconditionnellement. Tu te sens porté. Tu vois poindre une vie de réussite, non pas d'abord sur le plan matériel ou sur celui du prestige, ce qui peut venir par surcroît, mais au sens de l'épanouissement de ce que tu es.

Avant, tu pensais que tout se « payait ». Tu réagissais comme ces personnes qui, depuis leur enfance, sont tellement habituées à recevoir des sanctions pour leurs erreurs qu'elles s'attirent elles-mêmes les punitions. Cette croyance autodestructrice, Dieu t'aide à la déraciner. Aujourd'hui, quand tu n'es pas content de toi, de tes pensées ou de tes actions, tu en tires simplement la leçon et tu te confies à Dieu en Lui disant : « Seigneur, tu en fais un bien ». Petit à petit, tes erreurs deviennent moins nombreuses. Tu apprends à semer autrement parce que Dieu est avec toi, tu chemines avec Lui.

Plus rien n'est comme avant ! Là où c'était compliqué, tout devient simple. Là où c'était lourd, tout devient léger… Maintenant la Lumière est partout. Il n'y a plus de noir intégral dans ta vie. Peu à peu, tout s'éclaircit. Tu passes du noir au blanc, de la grisaille à la couleur. Tu t'aperçois que tu n'es plus sous le joug de la loi négative, du Serpent, celle qui a obligé Adam et Ève à quitter le Jardin d'Eden, mais sous la Loi de la grâce, de l'abondance : *« Croissez et multipliez »*. Jésus est venu sur terre pour faire passer l'homme de l'une à l'autre, pour redonner le chemin du Paradis. Sur la Croix, Il a pris tout le mal en Lui et nous en a libérés. À nous de rentrer définitivement dans la légèreté de la Loi de la grâce et de la miséricorde.

26

Avril

Tout concourt à ton bien

Depuis ta renaissance, un dialogue d'Amour s'est instauré entre ton enfant de Lumière et Dieu. Dans cette partie de toi où se situe ton enfant intérieur, tu entends des mots de tendresse, des paroles vivifiantes et réconfortantes. Ton enfant profond se fortifie en Dieu. Il est enraciné en Lui. Ta maison est désormais fondée sur le roc, sur son Amour.

Grâce à cet endroit en toi, tout concourt à ton bien. Des tuyaux tordus de ton orgue, Dieu fait sortir une musique radieuse car, chaque fois que tu commets des erreurs ou que tu t'éloignes de la Source divine, tu te replaces volontairement en Lui. Il te prend dans les bras et te fait un câlin comme à un petit garçon piteux ou à une petite fille désolée devant sa « grosse bêtise ».

Si tu offres à Dieu tout ce que tu as vécu, sans exception, tes « réussites » comme tes « échecs », ta vie sera extrêmement féconde[7]. Dans sa Douceur, sa Compréhension et sa Lumineuse Beauté, les plus grands malheurs te transforment, t'approfondissent, même la mort d'un être proche, même les séparations, les éloignements… qui sont parfois si difficiles à supporter.

Ancré dans ton enfant de Lumière, tu reçois le Bien, qui vient de Dieu, et tu le répands autour de toi.

7. *Choisis la Vie*, 1er janvier.

27

Avril

Tout prend un sens

Ta nouvelle naissance, le fait de devenir cet enfant de Dieu que tu es profondément, de le laisser grandir en toi, s'émerveiller, donne un sens à toute ta vie passée. Ce petit enfant de Lumière était déjà là au départ en filigrane dans ton innocence originelle, ton besoin d'amour, d'harmonie et de compréhension. Il était présent dans ton désir du Ciel, de croire au Père Noël, au petit Jésus, préfigurations des parents célestes que tu allais découvrir au moment de ta renaissance. Tout au fond de ta vie passée, il y avait cette tendresse d'un Père et d'une Mère, de Dieu « Papa » et « Maman » dont tu avais le pressentiment. Les cris de colère que les petits adressent à leurs parents : « Je ne te veux pas… ; je ne t'aime plus… » dépassent leur pensée. Mais ils témoignent de leur intuition d'un Papa et d'une Maman parfaits, qui les aimeraient d'un amour inconditionnel, qui seraient accueillants, disponibles, compréhensifs… Tu viens, toi aussi, de cet Amour-là. Certes, tu as été abandonné, rejeté, incompris… Mais Dieu veillait sur toi depuis toujours avec une tendresse paternelle, maternelle. Tu le découvres aujourd'hui et tout devient clair pour toi. Ton enfant de Lumière va faire un tri dans ta vie passée, celle de ton « vieil homme », de ton « vilain petit canard », dans tes habitudes, compensations, fuites, agressivités, manipulations… Ton expérience t'aidera à mieux appréhender les autres, leur cheminement. Une personne, anciennement dépendante de l'alcool, n'est-elle pas plus à même de comprendre ceux qui boivent ?

Tout prend un sens : les difficultés que tu as traversées et résolues grâce à Dieu ; tes goûts, les aspirations que tu avais refoulées et que tu réalises être des signes avant-coureurs de ton enfant de Lumière, comme : la musique, l'harmonie, la beauté, la transparence, la douceur, la tendresse…

Rien, dans ton existence d'hier, n'aura été inutile. Dans les éléments épars accumulés par ta personnalité psychique avant ta renaissance, par ton « crapaud », brillent des pièces d'or, étincellent des pierres précieuses. À toi de les découvrir et de faire le tri. La Lumière, qui s'est allumée en toi, te permet de relire autrement ta vie et celle des autres.

28
Avril

Des bras toujours ouverts

Au moment de la renaissance, notre enfant de Lumière découvre le vrai Dieu aux bras toujours ouverts, bras dans lesquels il peut se réfugier, bras qui l'aident, le soutiennent, le réconfortent, lui infusent l'Amour, la Force. Ils vont lui permettre de rester un agneau dans ce monde, mais un petit fortifié par une vigueur intérieure, la vigueur de celui qui se sait totalement aimé, protégé.

Saint François d'Assise a eu cette vision de Jésus les bras tendus, prêt à recevoir les hommes qui se tournent vers Lui à la recherche de sa Tendresse. D'où ces représentations du Seigneur caressant, dorlotant, embrassant ou serrant sur sa poitrine un agneau, un tout-petit, toi...

La croix glorieuse a vaincu le mal. Elle fait renaître dans des bras éternellement aimants, éternellement accueillants.

En Lui règne une joie totale, celle d'être comblé, de ne plus avoir besoin de rien d'autre, d'être aimé, compris, reçu, accepté, rassuré, accompagné... Jamais tu n'aurais cru que cette vieille partie de toi, ton « vieil homme », ton « vilain petit canard » puisse connaître un tel bonheur.

Avant, tu vivais dans tes scénarios, tes fausses croyances, avec ces lourdes croix que tu te mettais toi-même sur le dos. Tu étais persuadé que l'Amour de Dieu se méritait, qu'il fallait conquérir la félicité céleste. Voilà que tu te rends compte qu'elle est donnée gratuitement, qu'il suffit, pour baigner dedans, de se remettre dans son axe, de redevenir enfant de Dieu. Dès lors, tout change : les difficultés s'aplanissent, tout prend un sens. Les aléas de ta vie de « vilain petit canard » ont eu leur utilité. Ils t'ont fait connaître les étapes du chemin qui mène à la Joie, celle de ton cygne intérieur. Cette découverte t'émerveille.

Dieu t'a comblé au-delà de toute espérance.

29
Avril

« *Pais mes agneaux, pais mes brebis*[8] »

Nos agneaux et nos brebis intérieurs sont nos enfants de Lumière, nos vulnérabilités en Dieu. On pourrait également déclarer : « *Pais mon agneau, pais ma brebis* » ou « *Paix mon agneau, paix ma brebis* », comme il est dit : « *Paix aux hommes de bonne volonté* ». Dans la crèche, entre l'âne, l'intelligence, et le bœuf, l'affectivité, qui se mettent au service de l'Amour de Dieu, dort ce petit agneau sensible, fragile, symbole de concorde.

Tu es profondément cet agneau, cette agnelle, cette brebis.

Quand on renaît, on s'entoure parfois de photos, d'agneaux ou de peluches au contact doux, velouté... On se reconnaît en eux, en la tendresse qu'ils symbolisent.

Un jour, nous serons à notre tour des pasteurs, des bons bergers, comme Jésus l'a été pour tous les hommes.

8. Jn 23, 15-17.

30

Avril

La vie est belle !

Toi qui ne voulais plus vivre, qui as pensé au suicide, qui étais désespéré, tu dis maintenant : « La Vie est belle ». Tu te rends compte que tu étais dans une profonde méprise. L'existence dont tu te plaignais était celle de tes errances, de tes enfermements dans un cadre rigide, dans ton psychisme, dans des réflexions qui n'étaient pas les tiennes. Comme le sage tu pouvais affirmer : « Mes pensées étaient des citations, mes actions des imitations. » Tu n'étais pas toi-même, tu te sentais mal, tu ne vivais pas l'instant présent, tu étais ailleurs, un autre. Dans ta vie passée, avant la naissance de ton enfant de Lumière, quand tu n'étais encore que cet automate régi par des habitudes, des déterminismes, des compensations, tiré par les fils de l'hérédité, tu ne pensais pas être heureux un jour, ni même être bien. Tu étais tiraillé, en lutte. Tu espérais pourtant que cela ne durerait pas toujours. Mais jamais tu n'aurais pu imaginer la joie qui allait être la tienne lorsque tu reviendrais vers Lui, quand tu te réfugierais sous son aile. Et voilà que tu es re-né, que tu découvres la vraie Vie, celle de Dieu. Tu es ce petit enfant qui met ses pas dans les siens. Un voile s'est déchiré, un nouvel espace, inconcevable pour toi jusque-là, vient de s'ouvrir.

Tu te rends compte que la vie éternelle ne commence pas uniquement après la mort, mais dès maintenant. Elle est belle, jaillissante, positive, bienfaisante. Elle irrigue tout ce qui existe sur terre. Quand Jésus annonce : *« Qui veut gagner sa vie la perdra »*, il parle de la vie psychologique complexe (qu'il faut savoir alléger et unifier). Qui cherche à la sauver demeurera dans un labyrinthe dont il ne sortira pas. Le grain qui doit mourir, si tu veux renaître enfant de Dieu, se trouve au niveau de ton psychisme, de toutes les complications de ton « vieil homme » …

À présent, tu ne vois plus le monde à travers le prisme de tes souvenirs, de tes griefs, la croyance que tu as tout raté, mais à travers la découverte d'un « ici » et d'un « maintenant » toujours vivants, toujours nouveaux et qui te comblent. Tu choisis tout ce qui va épanouir ta fleur intérieure, qui va aider d'autres fleurs à éclore. La vraie Vie est belle : celle qui met en communion, celle qui est vécue dans l'harmonie, dénuée de rapports de force, dans l'Amour… C'est celle que connaît ton enfant intérieur et vers laquelle il t'a guidé pour toujours.

Mai

Des moyens simples pour découvrir ton enfant de Lumière

1er
Mai

Quel est ton axe ?

L'arbre peut lancer ses branches vers le ciel grâce au tronc par où circule la sève dont il puise l'énergie dans ses racines. L'homme se maintient droit grâce à sa colonne vertébrale.

Quel est ton axe ? Tu vas le découvrir, c'est-à-dire que tu vas retirer, et c'est ton travail, tout ce qui l'occulte, ce qui le recouvre. Dieu t'a donné une mission à réaliser au cours de ton existence. Il est vital, dans le sens vrai du terme, que tu la trouves, car tu continueras à la développer dans ton corps de Lumière, dans ton éternité.

La naissance de l'enfant de Dieu en toi te permet de mieux comprendre ce qui s'est passé dans ta vie, de saisir le décalage qui s'est produit entre ce que tu es vraiment et ce que tes parents voulaient de toi ; ce que l'on t'a appris, les valeurs que l'on t'a inculquées, la famille dans laquelle tu es né et ce dont tu avais vraiment besoin... Tout ce qui ne correspondait pas à tes goûts, tes aspirations, tous ces écarts par rapport à ton axe, ont provoqué chez toi des réactions, des souffrances, des rébellions...

Tu peux rester dans l'insatisfaction, la colère, la révolte... À l'inverse tu peux rechercher, à travers elles, ce qui t'a éloigné de ce pour quoi tu es fait, en te demandant quels besoins, désirs, manques... n'ont pas été comblés. Les identifier t'aidera à te rapprocher, le plus possible, de cet étalon intérieur, de ce diapason qui te donne le « la » pour que tu tendes vers l'harmonisation, vers l'unification de toute ta personne autour de ton axe divin.

2

Mai

Quels étaient tes rêves fous ?

« Plus tard je serai Tarzan, pilote de ligne, explorateur, danseuse étoile, mannequin… » Certains de tes rêves les plus fous s'élaboraient à partir des médias, des livres, des discussions entre camarades… D'autres traduisaient des aspirations profondes. Trop rapidement, quand tu les as exprimées, tes proches t'ont découragé : « Tu n'y penses pas… ; jamais tu ne gagneras ta vie avec… ». Ainsi, peu à peu, tu as occulté tes rêves. Tu as opté pour un métier alimentaire selon le modèle que l'on t'avait inculqué.

Aujourd'hui, alors que des années se sont passées, ton idéal ressurgit. Tes aspirations, engourdies au fond de ton être, remontent en surface. Ne les nie pas. Libère-les, sans critique ni censure. Visualise-les et analyse-les à la lumière du contexte qui est le tien, et qui n'est plus celui de ton adolescence. Peut-être aujourd'hui gagnes-tu correctement ta vie, as-tu élevé tes enfants, appris ce que tu avais à apprendre… ? Toi qui voulais jouer d'un instrument de musique ou être un sportif de haut niveau, par exemple, tu ne seras vraisemblablement jamais un virtuose ou un champion en reprenant la guitare, la trompette, la course ou le vélo… à trente, quarante, cinquante ans. Mais tu pourras te recréer, te faire plaisir et t'équilibrer grâce à eux. Il est des personnes qui, dans leur maturité, ont retrouvé leur axe en réalisant leur rêve, tel cet homme qui occupait un haut poste financier dans une entreprise, était « performant » mais s'y sentait mal. Il s'interrogea sur son insatisfaction, et au cours d'un accompagnement de plusieurs mois, découvrit qu'il avait toujours désiré soigner. Il se demanda de quelle façon il pourrait le faire, s'informa, rencontra des soignants de toutes sortes et définit le métier d'ostéopathe. Il prépara le changement, mit de l'argent de côté, reprit ses études à quarante ans et devint, en quelques années, un thérapeute heureux et compétent.

Si tes aspirations profondes, tes idéaux rejaillissent comme une source d'eau que l'on aurait voulu comprimer, ne les refoule pas. Sinon, un combat intérieur, générateur de fatigue, de perte d'énergie, d'angoisses se livrera en toi. Alors, accueille tes aspirations et vois comment tu pourras les réaliser en fonction de ta situation actuelle.

3
Mai

À quoi aimais-tu jouer enfant ?

Tous les enfants sont attirés, spontanément, par certains jouets plutôt que par d'autres. Avec lesquels t'amusais-tu ? Préférais-tu les « Lego », les jeux de construction ? Cela semblerait indiquer que tu avais des aptitudes de technicien, d'ingénieur, d'architecte... Étais-tu captivé par les jeux de logique ? Étais-tu séduite par les poupées ? Les garçons qui manifestent de l'attrait pour elles, révèlent leur désir de relations et deviennent souvent des soignants, ou pratiquent un métier qui privilégie l'aspect humain. La trottinette que tu aimais tant signifiait déjà que tu avais besoin de bouger, de voyager... Tu peux aussi te demander quels cadeaux t'ont fait le plus plaisir. Est-ce que tu leur as accordé de l'importance parce qu'ils avaient pour toi une valeur affective ou pour ce qu'ils représentaient réellement ?

En retrouvant tes goûts, en différenciant ceux que l'on t'a inculqués (les petites voitures, les trains électriques... pour les garçons, les perles, les dînettes... pour les filles), de ceux que tu avais naturellement, tu reviendras dans ton axe, ta vocation, ce pour quoi tu es vraiment fait. Un homme, qui s'intéressait particulièrement, quand il était petit, aux jouets qui s'éclairaient exerça, adulte, le métier d'électricien. Plus tard, après avoir traversé un moment très difficile, il devint pasteur parce qu'il voulut apporter aux autres la Lumière qu'il avait découverte. Une fillette, qui s'amusait à être infirmière, une autre qui aimait masser et être massée, devinrent respectivement psychologue et kinésithérapeute. Un enfant, qui avait demandé pour Noël un téléphone « comme papa et maman », devint plus tard standardiste, pratiqua ensuite la vente au téléphone avant de choisir définitivement un métier dans la communication et les relations humaines.

Ainsi les événements de notre vie sont-ils reliés entre eux par un fil conducteur qui nous révèle notre profondeur, l'endroit de notre mission choisie avec Dieu. Nous avons désiré avec Lui ce que nous sommes vraiment.

4

Mai

Quels désirs importants ont été contrariés ?

Peut-être que l'éducation que tu as reçue ne valorisait ni les besoins, ni les désirs considérés comme suspects. Au lieu de t'aider à découvrir ta vraie nature, elle t'a enfermé dans un cadre de références délimitant le juste et l'injuste, le bon et le mauvais... qui n'était pas forcément adapté à ce que tu es vraiment, au métier que tu souhaitais exercer, à ta sensibilité, à ton intelligence...

Très tôt tu as appris à occulter tes désirs et, aujourd'hui, tu n'en éprouves peut-être plus. Lorsque l'on coupe à la fois le bon grain et l'ivraie, plus rien ne pousse. T'arrive-t-il de répéter : « À quoi bon... ; je n'attends plus rien... ; qu'est-ce que la vie va m'apporter... ? » Tout au contraire, ton enfant de Lumière a des aspirations qui sont belles, bonnes, vraies, car elles baignent dans la Bonté, la Vérité. La Sagesse de Dieu passe par des choses très simples : Jésus a marché dans la nature, a mangé, s'est oxygéné, a ri avec ses apôtres, s'est amusé, a été attendri, a su toucher et prendre dans ses bras... Pourtant, tu te refuses tout et, vraisemblablement, on te l'a appris dès ton plus jeune âge. Toi femme, tu fais peut-être partie de celles qui ne savent plus toucher ou être touchées. Tu vois la sexualité — mot anormalement dissocié des sentiments — avec suspicion. Tu parles de « devoir conjugal » au lieu de « joie de l'amour ».

Maintenant, tu as à retrouver ton enfant de Lumière élevé par Dieu et qui, grâce à tout ce que tu as appris, va croître dans des limites justes. Il ne rejettera pas tes désirs ; il va les orienter de façon positive, il saura faire le tri, il préservera la spontanéité, le plaisir qui l'amènera à une félicité profonde : ton enfant de Lumière sait goûter la vie.

5

Mai

On se réalise par où l'on a souffert

Là où tu as eu le plus mal, là est ta vulnérabilité. Là où est ta vulnérabilité se trouvent tes dons. Là où sont tes dons est ton enfant de Lumière et ta future réalisation.

As-tu souffert parce que le métier que tu exerçais ne correspondait pas à ce que tu es vraiment ? Tu as éventuellement connu des périodes de chômage et d'arrêts de travail parce que tu ne te trouvais pas à ta place. As-tu, maintenant, découvert ta vraie voie et as-tu mis en place les changements nécessaires ?

As-tu connu des difficultés, des fractures affectives ? Tu peux faire partie de ces personnes qui réussissent leur vie sentimentale ou conjugale après bien des erreurs, bien des errances dont elles ont su tirer la leçon.

A-t-on heurté ta sensibilité ? Dans ton enfance, contre quoi te révoltais-tu : l'injustice sociale, l'inégalité raciale, un idéal qui n'était pas respecté, la condition animale... ? Tes colères sont le miroir de tes aspirations.

Les personnes non-voyantes qui n'ont jamais connu la lumière, la beauté de la nature, celles qui ont perdu la vue très tôt, ont dû surmonter leur handicap. Certaines d'entre elles ont réussi à retourner la situation. Elles ont transformé ce qui pouvait constituer un obstacle majeur en un tremplin pour le bonheur : c'est le cas, par exemple, de chanteurs aveugles célèbres qui démontrent avoir développé d'autres sens plus subtils, voire une autre vision grâce à leur corps spirituel.

Quelles ont été tes plus grandes souffrances ? As-tu déjà pensé que le Cadeau de Dieu peut se trouver là même où tu as le plus désespéré ? Un Père n'a-t-il pas envie de combler son enfant à cet endroit précis où il a été malheureux ?

6

Mai

Qu'est-ce qui te bouleverse au plus profond ?

Tu peux reconnaître ton enfant de Lumière par tout ce qui t'a bouleversé dans la vie, par tout ce qui t'émeut encore aujourd'hui. Il ne s'agit pas de ce qui suscite des pleurs superficiels, de complaisance pour toi-même, de rage ou d'insatisfaction... mais de véritables larmes qui t'ébranlent tout entier parce que tu es touché dans tes racines, dans la partie la plus intime de ton cœur[9].

Qu'est-ce qui te bouleverse au plus profond de toi ? Est-ce une cause humanitaire, la vision d'une mère de famille accomplissant courageusement sa mission, la rencontre d'un dirigeant humaniste proche des personnes qu'il encadre... ? Un homme, en se posant cette question, évoqua la vie de saint François d'Assise, le dévouement de Mère Teresa, la force de conviction de l'abbé Pierre, les choix et le sourire de Jean Vanier : tous avaient touché son âme. Il comprit que cela réveillait le plus profond de son être. Il ne devint pas moine, ne partit pas pour Calcutta, ne fit pas partie des chiffonniers d'Emmaüs ni de l'Arche de Jean Vanier, mais il intégra cette dimension dans sa vie professionnelle et personnelle, en adhérant à une association d'entraide, et tint compte, dans ses choix, de ce que lui avaient révélé ces quatre modèles.

Et toi, qui t'a ému, é-mu ?

9. Anselm Grün, *Prière et Connaissance de Soi*, Médiaspaul, 1997. (chap II : « Prière et componction du cœur »).

à faire !!!

7

Mai

Qu'admires-tu le plus chez les autres ?

Savoir pour qui on éprouve de l'admiration est l'une des voies les plus directes pour se connaître en profondeur.

Écris le nom de trois ou quatre personnes que tu as admirées à un moment donné de ta vie, qu'elles soient connues ou non, proches ou éloignées, vivantes ou décédées, réelles ou imaginaires. Prends le temps de le faire...

As-tu choisi des hommes ou des femmes, les deux ? Sont-ils de ton propre sexe ? Si tu as évoqué trois personnes appartenant à un domaine identique (sportif, artistique, politique, religieux...) cela n'a pas le même poids que si tu as « panaché » tes réponses. Qu'est-ce que cela révèle-t-il de toi ?

Maintenant, écris pour chacune ce pour quoi tu l'admires, de la façon la plus détaillée possible... Quelles sont les qualités que tu as retenues ? Quelles sont celles que tu as citées plusieurs fois ? Quelles sont celles qui te semblent les plus importantes ?

Tout ce que tu viens d'écrire, c'est toi. Toutes ces qualités, tu les as potentiellement. Si tu as retenu, par exemple, la douceur, la tendresse, la persévérance, le courage, l'optimisme, la gaieté, le fait de réussir en partant de rien... tu possèdes ces vertus dans ta profondeur. Sans doute te reconnais-tu dans certaines, mais d'autres t'étonnent, voire semblent ne pas te concerner ou représenter l'inverse de ce que tu penses de toi. Ne tire pas de conclusions trop hâtives. Réfléchis bien et si tout cela c'était toi, vraiment toi ?

8

Mai

Quels dons, quels talents te reconnais-tu ?

Lorsque tu rends un service, quand tu prêtes un objet…, tu t'étonnes peut-être du remerciement que l'on t'adresse car, pour toi, « cela va de soi ». Tu possèdes des qualités qui te semblent évidentes, dont tu as conscience et que les autres te reconnaissent. Mais tu en as d'autres qui sont cachées, qui existent en toi potentiellement. Les découvrir te permettra de les développer petit à petit.

Pour connaître tes dons, il suffit de t'interroger sur ce qui t'attire chez les autres. Quelles sont les qualités que tu admires ? Si tu apprécies le courage, par exemple, c'est qu'il existe, en filigrane, dans ta profondeur. Peut-être qu'à un moment donné de ta vie tu n'as pas fait face à une situation, tu as eu des peurs que tu n'as pas pu surmonter. Si elles ont fait obstacle à ta vaillance, cela ne signifie pas pour autant que tu en manques définitivement. Si tu admires quelqu'un qui tient sa parole, qui sait être doux et affectueux, ou au contraire très ferme, qui entreprend et mène ses actions jusqu'au bout et que, justement, tu te reproches de ne pas « être tout cela », tu peux t'interroger sur ce qui t'a empêché, jusqu'à présent, de mettre à jour ces qualités qui t'habitent pourtant. Tu ne les admirerais pas chez les autres, tu n'y aspirerais pas, si tu en étais dépourvu en profondeur. Et si tu *étais* autre que ce que tu pensais, et si des remarques désobligeantes de ton entourage, une autocritique trop sévère, t'avaient éloigné de ce que tu *es* vraiment ?

De même admires-tu peut-être un pianiste, un violoniste alors que tu n'as jamais joué de ces instruments. En as-tu vraiment envie ? N'y a-t-il pas là un don qui sommeille en toi ? Comment peux-tu le développer aujourd'hui ? Peut-être est-il trop tard pour devenir un concertiste, mais pas pour t'initier, en apprenant la musique d'une façon plaisante. Et si tu cherchais et trouvais un professeur dont la pédagogie te convienne ?

Découvre avec émerveillement que, dans ton enfant de Lumière, tu es ce que ton psychisme n'arrive pas encore à conscientiser, à mettre en pratique. Le « vilain petit canard » en toi connaît mal le cygne qu'il est pourtant réellement.

9
Mai

Que t'est-il vraiment simple et naturel de faire ?

Tu peux reconnaître ton enfant de Lumière à travers ce qui t'est naturel de faire. Au cours d'une journée, qu'est-ce qui t'est simple d'accomplir et que tu sens positif pour les autres, comme pour toi : travailler avec tes mains, communiquer, échanger, étudier, former les autres, aider les personnes handicapées, visiter les prisonniers, soigner, t'occuper d'enfants... ? Qu'est-ce qui t'est facile de réaliser : écrire, lire, parler, organiser, t'isoler, rencontrer des gens... ?

Les habitants des villages de montagne ont toujours eu l'habitude de se rendre des services, de se soutenir, notamment parce qu'ils se trouvaient isolés dans la neige pendant les longs mois d'hiver. Cette façon de vivre était devenue « normale » pour eux.

En établissant la liste de tout ce que tu fais facilement, tu découvriras certaines lignes de force de ton être. Alors pour toi, qu'est-ce qui coule de source ?

10
Mai

Tu te sens le plus toi-même quand...

T'es-tu déjà demandé : « Je me sens le plus moi-même quand… ? » Aujourd'hui essaie de répondre à cette question. Pour y parvenir, joue le jeu des associations d'idées sans censure ni critique, mais en laissant s'exprimer librement tout ce qui te vient à l'esprit. Livre-toi aussi à quelques interrogations simples comme : « Je me sens le plus moi-même quand je me trouve à tel endroit… ; quand je fais telle chose… ; quand je suis en compagnie de telle personne… ; dans telles circonstances… ; dans telles conditions… ». Tu peux enfin t'inspirer de la règle des cinq W appliquée par les Anglais : « who, when, what, why, where » (qui, quand, quoi, pourquoi, où ?). Si tu ne trouves pas de réponse dans la journée, tu pourras te poser à nouveau cette question les jours suivants, à intervalles réguliers et laisser venir tes pensées. Tu ne trouveras pas de pistes dans ces lignes, afin que tes idées soient vraiment les tiennes. Si tu as du mal à répondre, fais-le avec Dieu, avec un accompagnateur, un thérapeute. Il est en tout cas précieux que tu saches discerner quand tu es le plus fidèle à toi-même.

à faire !!!

11
Mai

Qu’est-ce qui est vraiment original en toi ?

On dit parfois de quelqu’un : « C’est un original ». Dans le passé, cette réflexion avait souvent une connotation péjorative.

Pourtant, chacun de nous est totalement original et spécifique voire atypique. Nous passons une grande partie de notre vie à imiter et à répéter ce que nous entendons, voyons, ce que l’on nous a appris… Si c’est important pour certains comportements mécaniques, c’est souvent très préjudiciable pour notre liberté intérieure, pour la bonne utilisation de nos ressources.

L’une de tes missions consiste à trouver ta spécificité. Tu as sans doute du mal à déployer ton originalité parce que, longtemps, tu la mettais à jour de façon agressive, rebelle, plus ou moins provocatrice… qui heurtait les autres. Depuis, tu l’as peut-être reléguée au fond de toi. Redécouvre-la et sois-en heureux. Tu peux, pour t’aider, interroger ton entourage sur ce qui fait de toi un être différent des autres. Si tu te laissais aller, quelle serait ton originalité ?

12
Mai

Qu'est-ce qui te ressource le plus, te régénère ?

Quand tu es fatigué, stressé, comment te revitalises-tu ? Est-ce en regardant un enfant sourire, en t'isolant un moment dans la nature, en t'émerveillant devant le spectacle de la mer, de la montagne, du ciel… en faisant du sport chaque soir, en chantant, en écoutant de la musique… ?

Qu'est-ce qui te régénère ? As-tu besoin de téléphoner à un ami dont la voix te réchauffe le cœur ? As-tu l'habitude de te rendre dans une église pour prier, de regarder une icône, de penser au voyage que tu as fait en Terre sainte, à Lourdes… ? Plus simplement vas-tu au restaurant, regardes-tu des photos, ta collection de timbres… ? Aucune source de joie n'est ridicule et tu n'as pas besoin d'être exigeant à ce sujet. Chacun a sa manière de se détendre, de se revigorer.

Repérer tes sources d'énergie te permet, d'une part, de mieux te connaître et d'autre part, d'y puiser régulièrement et de les mettre en œuvre immédiatement dans les moments difficiles. De nombreux états dépressifs, de multiples découragements pourraient être évités si l'on savait se revivifier au bon moment. Se ressourcer sur les plans physique, psychologique et spirituel aide à rebondir, repartir, se fortifier…

Tu en comprends la nécessité et tu l'appliques dès maintenant.

13
Mai

Ce qui t'émerveille

À la source de tous tes ravissements, toutes tes joies profondes, tes sentiments de plénitude, se trouve ton enfant de Lumière. Qu'est-ce qui crée en toi l'émerveillement : le sourire d'un enfant, les lignes d'un visage, la beauté d'un paysage, la musique...?

Lorsque tu renais, quand tu redeviens enfant de Dieu, tu entres dans ta véritable dimension et tu vois tout d'une autre façon. Les promenades dominicales en famille ou au pensionnat étaient synonymes d'ennui, d'astreinte. Aujourd'hui, dans ton enfant de Lumière, tu perçois la nature différemment, non plus à travers ton passé, tes obligations, mais telle qu'elle est, d'une manière transfigurée : tu t'éblouis devant un petit caillou, une goutte de rosée, les feuilles des arbres en automne, les bourgeons prêts à éclore, une fleur sur le bord d'un chemin, le moindre ver luisant, le chant d'un oiseau... Tu vois, tu sens et tu entends autrement.

Observer un petit jouer et se satisfaire d'un rien éveille en toi un sentiment de gratitude. Un homme n'a jamais oublié son camarade d'enfance qui, très pauvre, s'amusait des journées entières avec une seule carte à jouer. Il semblait plus heureux que lui. De même, une fillette poussait des cris de joie en montrant quelque chose sur le sol. Des passants s'attroupèrent autour d'elle : « Qu'y avait-il de si extraordinaire ? » L'un d'entre eux haussa les épaules lorsqu'il s'aperçut qu'il ne s'agissait que d'une limace... La petite fille, elle, avait encore le regard de son enfant de Lumière...

Qu'est-ce qui, aujourd'hui, te fera rouvrir les yeux de ton cœur ?

14

Mai

Qu'est-ce que tu sens bouger en toi et qui aimerait vivre ?

Il se produit un mouvement dans ton être, il y a quelque chose qui a bougé tout au long de ta vie, mais que tu n'as pas reconnu. La Voix de Dieu est si petite, bien plus fine que celle du psychisme qui l'étouffe. Elle est comme le grain au milieu des épines. Une partie profonde en toi a essayé de t'appeler, de te prévenir. Mais tu ne pouvais pas l'entendre et elle s'est perdue dans le vacarme des mots, des phrases toutes faites, des « on-dit ».

Comme les bulles en surface révèlent un remous dans l'eau ; comme les petits trous dans le sable de la plage indiquent la présence d'un ver ou d'un coquillage, quelque chose remue dans ton intériorité et tu vas à sa découverte. Tu l'as senti mais, au début, tu l'as refoulé, refusé, tu n'y as pas cru, on ne t'a pas permis d'y croire.

Aujourd'hui, tu prends des temps d'approfondissement pour trouver ce qui a bougé en profondeur, qui voulait parler[10] et tu lui donnes la parole : c'étaient les prémices de ton enfant de Lumière. Maintenant qu'il grandit en toi comme toi en lui, tu reconnais les signes avant-coureurs que tu avais reçus et tu rassembles tous les événements de ta vie pour mieux les comprendre et pour entrer plus complètement dans ce que tu es vraiment.

10. *La Personne et sa Croissance*, P.R.H., 1997.

15

Mai

Ce dont tu as le plus besoin pour être heureux

De quoi as-tu besoin pour être heureux ? Est-ce de la campagne, d'un travail qui te plaît, d'un compagnon, d'une compagne, d'une communauté, d'indépendance, de légèreté, de beauté, de compréhension… ? De quoi as-tu besoin pour te sentir mieux ? Est-ce d'un couple, d'enfants, de silence, de paix intérieure, de la confiance de tes proches… ? De quoi as-tu besoin pour avancer… ? Est-ce d'un confort matériel, de massages, de musique, de relaxation, de la présence de quelqu'un à ton écoute, d'un lieu de paroles, d'une meilleure hygiène de vie, d'un accompagnement spirituel… ? Que réponds-tu, toi qui lis ces lignes ?

16

Mai

Qu'est-ce qui te donne un sentiment de plénitude ?

L'épanouissement de son enfant de Lumière donne le sentiment d'être comblé par ce que l'on réalise car on se sent dans son axe.

Qu'est-ce qui te donne un sentiment de plénitude ? Est-ce l'amour conjugal, fraternel… ? Les découvertes que tu as faites dans le domaine des sciences, sur le monde, la nature, les civilisations, les cultures… ? Tes enfants, ceux dont tu t'occupes à la crèche ? Ton métier d'infirmière, d'enseignant, d'artisan… ? L'art, la musique… ? Est-ce de voir la joie des autres ? Qu'est-ce qui te permet de te sentir bien à ta place, en accord avec toi-même, avec Dieu ?

Quand tu entres dans ton intériorité lumineuse, dans ta liberté d'enfant de Dieu, lorsque tu organises ta vie autour de ce qui t'habite en profondeur, qu'est-ce qui te correspond vraiment, donne sens à ta vie, te procure l'impression de t'ouvrir, de vivre à ta pleine mesure ? Qu'est-ce qui rend heureux ton petit prince intérieur, ton cygne ?

17
Mai

Quels sont les défauts que tu te reproches le plus ?

Si tu te reproches de ne pas donner assez d'argent à ceux qui en manquent, et qu'il ne s'agit pas seulement de culpabilité superficielle parce qu'on t'a dit que c'était « mal », mais que quelque chose de profond en toi le ressent ; si tu t'en veux d'avoir menti... cela indique qu'au fond de ton être, la générosité, le goût de la vérité t'habitent.

Ce sont souvent les peurs qui constituent l'obstacle le plus important à l'expression de nos talents. Certaines personnes refusent, par exemple, de donner de l'argent dans le métro ou de verser à des œuvres, parce qu'elles craignent de manquer à leur tour ou de « se faire avoir », se méfiant de la manière dont l'argent sera utilisé à cause de ce qu'elles ont entendu, ici ou là, ou des différents scandales qui ont défrayé la chronique. D'autres mentent pour fuir une réalité difficile, à la manière des enfants qui falsifient leurs notes sur leur carnet scolaire ou fument en cachette pour ne pas se faire disputer, pour éviter les remontrances de leurs parents.

Par ailleurs, si des traits de caractère ou des comportements t'irritent chez les autres, soulèvent en toi des réactions fortes, disproportionnées, tu peux être sûr que tu partages, au moins en partie, ces mêmes défauts. Ils « retentissent » en toi et font écho à des parties de toi que tu ne veux pas voir. Et si tu t'en libérais en les regrettant sincèrement, en t'exerçant avec patience, mansuétude mais persévérance, à mettre à jour les qualités inverses ?

18
Mai

Tu te sens le mieux compris quand on dit de toi que...

Dans quels termes, te concernant, t'es-tu vraiment reconnu ? Quelles personnes t'ont donné l'impression de bien te comprendre, si bien que tu as pu dire : « C'est bien de moi dont tu parles et non de mon paraître... ; je me retrouve dans ta reformulation, tu n'as ni projeté, ni interprété, tu ne m'as ni idéalisé ni rabaissé... ».

Qu'a-t-on dit de toi qui t'a fait du bien, qui était comme une révélation ? Quelle phrase t'a étonné, dans laquelle tu ne t'es pas reconnu d'abord, puis qui t'a permis, en réfléchissant ultérieurement, de découvrir une partie de ton être que tu connaissais mal ?

Qu'aimerais-tu que l'on dise de toi à ton enterrement et qui te représenterait bien tel que tu es ? Que voudrais-tu que l'on évoque de ta personnalité sans déformer tes intentions, ta motivation, ce que tu es en profondeur... Que souhaiterais-tu que l'on reconnaisse avant tout chez toi ?

19

Mai

À quoi as-tu toujours été fidèle ?

Quel est ton axe personnel de fidélité ? Est-ce l'amitié, l'amour conjugal, filial, le dévouement aux autres, la sincérité... ? A contrario, à quoi regrettes-tu de ne pas avoir été fidèle : à ta vie affective, spirituelle, à une ambition professionnelle, à une forme de respect, de loyauté, à une hygiène de vie que tu t'étais fixée... ? À quoi t'es-tu engagé vis-à-vis de toi-même ? De quoi t'en es-tu voulu le plus lorsque tu t'en es écarté ? Sans doute s'agissait-il d'une valeur profonde à laquelle tu tenais particulièrement et qui te reflète profondément.

Derrière tes regrets, tes aigreurs, en filigrane se dévoilent tes aspirations. Tu n'as pas accepté certains événements de ta vie parce qu'ils étaient en contradiction avec ce que tu es vraiment. Il faut parfois des années pour panser de telles blessures. Un homme restait obnubilé par ce qu'il considérait comme une injustice subie, sur le plan professionnel, six ou sept ans auparavant. Il réalisa plus clairement quelle valeur profonde avait été heurtée en lui : le respect de la parole donnée. Il comprit sa propre intransigeance en la matière, perçut que, lui aussi, avait pu commettre des erreurs sur le même plan, et se souvint de la Parole de Jésus : *« Que celui qui n'a jamais péché lui jette la première pierre ».*

20
Mai

Sur quoi t'es-tu appuyé pour repartir après une épreuve ?

Tu as sans doute vécu des moments douloureux. Sans les ressasser, il est important que tu t'en souviennes pour utiliser au mieux le trésor que tu y as découvert, après avoir reçu, sur tes blessures, le baiser de l'Amour de Dieu. De toute épreuve il y a une leçon à tirer, dans chaque peine se trouve un cadeau.

Dieu ne veut pas notre souffrance. Chaque pierre du chemin peut nous décourager ou, au contraire, nous amener à choisir la vie, à rebondir.

Sur quoi t'es-tu appuyé pour repartir ? Qu'est-ce qui t'a permis de remobiliser tes forces, de croire à nouveau en l'existence, de la rebâtir ? Martin Gray vit mourir tous les siens dans le ghetto de Varsovie. Plus tard, il fonda une famille qu'il perdit à nouveau dans un incendie en Provence. Il reconstruisit une nouvelle vie et écrivit des livres pour aider tous ceux qui traversent de telles épreuves à les surmonter.

Et toi, quel est ton roc, ton ressort ? Qu'est-ce qui t'a remis en mouvement : la foi en l'amour, ton désir d'aller vers les autres, l'aide que tu as reçue de tes proches et la soif que tu as de jouer à ton tour le rôle de soutien, le sens nouveau que tu as donné à ce que tu as vécu… ?

21
Mai

Que disent de toi les choix les plus importants de ta vie ?

Ton enfant de Lumière peut se reconnaître aux choix que tu as faits dans ta vie. Il ne s'agit pas des décisions prises à la légère, en superficie, sous l'influence d'autres personnes, celles que tu as « subies ». Il est question de choix profonds, au moment où tu étais unifié, en plein accord avec la résolution que tu prenais.

Qu'indiquent les choix les plus importants de ta vie ? À quel moment as-tu opté pour tel travail, telle occupation… ; à quel tournant de ton existence as-tu quitté telle personne, telle profession, telle habitude… ? Quelle partie de toi était à l'œuvre quand tu as dit « oui » à tel métier ou « non » au travail où tu te sentais exploité, à la personne qui te critiquait sans cesse, à cette ville où tu étouffais pour partir respirer l'air de la campagne, de la montagne, de la mer…

Tu reconnais les désirs et les besoins de ton enfant de Lumière aux choix importants de ta vie.

22

Mai

Qu'est-ce qui te permet de rebondir ?

Quelle énergie te permet de te lever le matin, de te sortir d'une situation difficile, de prendre des décisions, des résolutions… ? Quelles sont tes ressources intérieures ? Qu'est-ce qui t'a permis de repartir dans les moments les plus difficiles de ton existence ?

Faire le point sur les épreuves que tu as rencontrées dans ta vie, sur la façon dont tu les as traversées, te permettra de saisir avec quelle force vitale tu t'es libéré de la cigarette, de la drogue, des compensations alimentaires, de l'accumulation de possessions, du goût du pouvoir et du prestige… Quelles ressources se sont développées en toi depuis ? Qu'est-ce qui te permet de rebondir : ta foi en Dieu, en l'homme, en une humanité plus juste… ?

Tu as longtemps dit de toi que tu n'étais pas courageux, que tu te réfugiais dans l'inertie, l'apathie. Aujourd'hui, tu sens en toi un nouveau dynamisme. D'où vient-il ? Qu'est-ce qui le nourrit ? Le savoir te fera découvrir ton enfant de Lumière.

23

Mai

Ta vie serait totalement réussie si...

Qu'est-ce qui pourrait te faire penser que ta vie est totalement réussie ? Ton objectif est-il de trouver la paix, d'accepter les conditions de ton existence, d'apprendre à mieux vivre le présent, de découvrir la joie et de la diffuser autour de toi ? As-tu besoin de développer une spiritualité nouvelle qui te donne des ailes ou, à l'inverse, de t'enraciner, toi qui as tendance à t'envoler vers d'autres sphères ? Désires-tu inculquer certaines valeurs à tes enfants, leur donner confiance en eux, les voir réussir dans tel ou tel domaine et en particulier être heureux ? Vises-tu d'abord à accomplir ta vie conjugale en l'approfondissant, en la faisant évoluer, en sachant en goûter le fruit ? Où est-ce au contraire le temps, pour ton conjoint et toi, de vous séparer tout en vous respectant mutuellement et en œuvrant ensemble pour le bonheur de vos enfants ?

Qu'est-ce qui te donnerait une impression de vraie réussite ? Qu'est-ce qui te manque encore aujourd'hui ?

24

Mai

Qui aurais-tu voulu être ?

Tu as adopté une certaine trajectoire professionnelle, amicale, affective… qui n'est peut-être pas celle que tu aurais aimé suivre. Qui aurais-tu voulu être vraiment ? Pour répondre à cette question, tu peux profiter d'une retraite, de vacances, de pauses… non pas pour concevoir de l'amertume, des regrets, mais pour faire le point, pour rechoisir ta vie. Quelle aspiration avais-tu quand tu as pensé : « Voilà ce que j'aurais aimé être… » dans les moments les plus précieux, les plus importants, les plus bouleversants de ton existence, ceux où tu as tout perdu, où tu as reconstruit quelque chose de profond, où tu as failli mourir, où tu as eu un accident ? Certaines personnes, après être sorties du coma, disent avoir rencontré cette Lumière aimante dont la plupart rendent témoignage, et avoir entendu une Voix leur demander si elles étaient heureuses de ce qu'elles avaient vécu, réalisé. Elles auraient alors pris conscience qu'elles avaient négligé tout un pan de leur vie, tantôt sur le plan affectif, tantôt sur le plan professionnel, tantôt sur celui de leur vocation… Tout se passait comme si elles avaient choisi de revenir, même dans un corps handicapé, pour accomplir leur mission.

25

Mai

Si tout était possible, que ferais-tu ?

Tu connais ces contes dans lesquels une fée ou un bon génie propose la réalisation de trois vœux. Si, comme les personnages de ces histoires, tu n'avais aucune contrainte d'âge, d'argent, de résidence, de responsabilité... quelles envies aurais-tu, que ferais-tu de ta vie ?

Ce type de questionnement, à intervalles réguliers, te permettra de découvrir qui tu es. Si tu n'es pas parvenu à accomplir la totalité de tes aspirations, tu peux du moins t'en souvenir, t'en rapprocher, en réaliser certaines concrètement, d'autres symboliquement. Par exemple : des personnes reconnaissant leur désir de tendresse, mais aussi leur incapacité, du moins momentanée, de vivre à deux, comblent leur solitude affective en regardant des films ou en lisant des ouvrages sur le sujet. C'est une compensation, bien sûr, mais qui leur permet de passer un cap difficile, de « tenir le coup ». Cette réalisation symbolique pourrait, ensuite, les faire réfléchir à d'autres façons de se nourrir sur le plan du cœur (amitié, communauté, engagement dans une association humanitaire, cheminement pour lever les obstacles psychologiques à la vie de couple...)

Quels sont les besoins que tu peux contenter dans l'immédiat, à moyen et long terme ? Quels sont ceux auxquels tu as complètement renoncé ? Dans ce dernier cas, parce que tu te rends compte, par exemple, que tu ne peux pas tout faire ni tout vivre, il importe que ton choix, celui pour lequel tu auras opté, soit vraiment libre et unifié, sans regret et sans amertume.

26

Mai

S'il te restait un an à vivre, quelles seraient tes priorités ?

S'il te restait un an à vivre, quelles seraient tes priorités : voyager, demander « pardon » à telle personne de ton entourage, t'occuper davantage de tes enfants, finir un travail, écrire le livre que tu portes en toi, achever une œuvre d'art que tu as commencée il y a longtemps, mettre de l'ordre dans tes affaires, vivre une passion ou quelque chose de totalement nouveau... ?

Que ferais-tu si tu devais mourir ce soir ? Est-ce que tu demanderais au Seigneur de bénir tous ceux que tu aimes, tous ceux que tu as blessés ou qui t'ont blessé ? Est-ce que tu rédigerais un mot, une lettre dans laquelle tu consignerais ce qui a été l'essentiel de ton existence ?

Répondre à ces questions pourrait transformer ta vie, lui donner une nouvelle orientation. Si tu faisais tout cela, dans le cas où il te resterait un an à vivre, pourquoi attendre et ne pas commencer tout de suite...

27

Mai

Qu'aimerais-tu voir inscrit sur ta tombe ?

Si tu devais choisir un blason qui te représente, quel serait-il : un agneau, un lion, un oiseau, une arme, un drapeau, un arbre, une fleur… ?

Qu'aimerais-tu voir inscrit sur ta tombe ? « C'était un ami fidèle… » ; « C'était un homme honnête… » ; « Il a cherché Dieu… » ; « C'était un ouvrier consciencieux » ; « Il était aimé de tous… » ; « Elle a fait du bien à ses proches… » ; « Elle a beaucoup aimé… ». À cette même question quelqu'un a répondu : « Je n'ai pas envie que l'on dise quelque chose sur moi mais, en passant devant ma sépulture, je voudrais que le regard des promeneurs soit attiré par ces mots « Soyez bénis ! »

Toi qui lis ces pages, si tu devais te définir en un mot, en une phrase, quels seraient-ils ?

Peux-tu y réfléchir, l'écrire, voire le dessiner et que ce soit pour toi un sujet de méditation… ?

28
Mai

Quelle trace voudrais-tu laisser sur terre ?

Si tu te trouvais au point ultime de ta vie, quelle trace aimerais-tu laisser sur la terre ? Qu'est-ce que tu souhaiterais léguer qui te donnerait l'impression d'avoir réussi ta vie ?

Certains affirment qu'il faut avoir planté un arbre, écrit un livre, avoir un enfant… Mais ce n'est pas vrai pour tous. Qu'est-ce que tu aimerais laisser derrière toi : une famille ; une entreprise ; une œuvre cinématographique, littéraire, musicale, picturale… ; de l'argent ; une renommée qui te vaudrait ton nom dans un dictionnaire, un bottin mondain ou, au contraire, la fécondité d'une prière simple et discrète à l'insu de tous… ? Quelle est ton ambition profonde ?

Répondre à ces questions te permettra de mieux connaître ton enfant de Lumière, de vivre au plus près de ton axe, de toi-même.

29

Mai

Que souhaiterais-tu vivre au Ciel ?

Un jour, tu te retrouveras face à cette Lumière pleine d'Amour qui te révélera qui tu es vraiment. Et par Amour, tu te détacheras de tout ce qui n'est pas toi pour entrer dans la plénitude de ton être. Cette œuvre d'affinement, de purification, tu peux la commencer dès maintenant.

Toi qui n'es pas content de ton existence, qui regrettes de t'être engagé dans telle ou telle entreprise, d'avoir connu telle situation, qu'aimerais-tu vivre au Ciel ? Souhaiterais-tu jouer de la musique, découvrir la Création, les étoiles, les planètes, comprendre le sens des événements, assister ceux qui meurent sur terre, soigner, guider spirituellement, toi qui as peut-être été guide de musées, de montagne dans ta vie terrestre, aider les autres comme tu le faisais avec tes dons d'ébéniste, de mécanicien d'électricien… ? Sans doute, de l'autre côté du voile, n'y a-t-il pas la même matérialité ni les mêmes besoins, mais sûrement que ce que tu as appris sur terre, toutes les aptitudes que tu as développées et celles que tu possèdes potentiellement te serviront. Cela sera transfiguré, utilisé et utilisable autrement. Désirerais-tu encore rencontrer ceux que tu aimes, qui sont venus à ton secours dans les moments difficiles, pour les remercier et les épauler à ton tour… ?

De quoi voudrais-tu que soit fait ton Ciel ?

30
Mai

Ta nouvelle famille

Dans ta famille d'origine, celle de ta naissance en tant que Alain, Yves, Pierre, Marie, Christiane… tu as été parfois comme le « vilain petit canard » : tu ne te retrouvais pas dans ta nature profonde de cygne. Mais lorsque tu te rapproches de l'instant de ta renaissance, quand ton enfant de Lumière est prêt à voir le jour, tu rencontres des frères et des sœurs qui ont fait le même chemin que toi et en qui tu te reconnais. Certes, ils ne sont pas parfaits, mais quelque chose t'attire en eux : la lumière qui luit dans leurs yeux, une sensibilité, une écoute, une compréhension, une tolérance, une façon de t'aborder qui te touche… Ils sont de la même famille que toi, de la même classe d'âmes. Même si tu ne vis pas auprès d'eux, même si tu ne fais pas partie d'un groupe de prière ou d'une communauté, ils sont une référence pour toi. Lorsque *Emmanuel, Claire, Aimé*, le petit de Dieu en toi sera re-né, tu te sentiras plus d'affinités avec certains qu'avec d'autres. Tu entreras avec eux dans la ronde des petits enfants où tous se reconnaissent issus du même Père et de la même Mère, ayant vécu une expérience semblable, ayant une ouverture du cœur commune, la même sagesse découverte en Dieu. C'est le message de Jésus quand Il dit, en désignant ses disciples : *« Ma mère et mes frères les voici, car celui qui fait la volonté céleste, celui-là est pour moi un frère, une sœur, une mère*[11]*».*

Grâce à sa famille spirituelle, un chrétien n'est jamais seul. Il reçoit les frères et les sœurs que Dieu lui donne, ceux qui se retrouvent sur des chemins semblables ou voisins. Entre tes frères, tes sœurs et toi, il y a à la fois une parenté et une complémentarité.

11. Mt 12, 46-47.

31
Mai

Faisons le bilan

Qu'est-ce qui t'est le plus naturel ? Qu'est-ce qui te vient simplement, spontanément ? Qu'est-ce qui te donne de la joie ? Dans quoi te reconnais-tu vraiment ? Quelles sont les qualités que tu as découvertes à travers les défauts que tu te reproches le plus ? Quels sont tes désirs, tes besoins, tes motivations ? Quel est ton axe ? Quelles sont tes aspirations profondes, qu'est-ce qui te touche, bouleverse ta vulnérabilité ? Qu'est-ce qui t'attire chez les autres, qu'admires-tu en eux, qu'ont-ils de commun avec toi ? Quels jeux, quelles attirances préfiguraient ce que tu allais devenir ? Qu'est-ce qui t'émerveille, qui te donne un sentiment de plénitude, de réussite, d'être vraiment toi-même ? Pour quoi accepterais-tu de mourir, pour quelle valeur, quelle fidélité ? Qu'est-ce qui te ressource ? Qu'est-ce qui te permet de rebondir, de repartir ? Que voudrais-tu que l'on reconnaisse en toi, que souhaiterais-tu que l'on dise de toi ? Qu'aimerais-tu déployer dans le Ciel ?

En approfondissant ces questions, en y répondant, tu parviendras à mieux cerner les caractéristiques de ton enfant de Lumière, tu pourras lui donner un nom qui lui corresponde et tu le visualiseras plus aisément. Tu en auras chaque jour une conscience claire, tu pourras t'y recentrer et il sera, pour toi, une source perpétuelle de joie, d'émerveillement, de gratitude !

Juin

Faire grandir en toi l'enfant de Lumière

1er
Juin

Te rappeler chaque jour qui tu es vraiment

Rappelle-toi chaque jour, par une prière, une phrase, une image, une visualisation, qui tu es vraiment. Au début, cela te demandera un effort. Comme pour tout exercice, il te faudra de la persévérance. Puis, petit à petit, cela te paraîtra simple, naturel. Rappelle-toi qui tu es vraiment : un enfant de Lumière. Tu es aimé de Dieu, tu es enfant de Dieu. Il t'habite, t'aime, vit dans ta profondeur. Il te donne ce qu'Il est, sa Joie, sa Paix, son Amour. Tu le rayonnes autour de toi, tu te laisses traverser par Lui. Tu remplis ton rôle, ta fonction et tu es un serviteur heureux d'accomplir sa mission avec Dieu.

Rappelle-toi chaque jour ton identité de cygne, de « prince ». Tu le feras avec d'autant plus de bonheur que tu n'as vu en toi, jusque-là, que le « vilain petit canard », le crapaud, le « vieil homme ». Tu te sentiras plus jeune, plus dynamique, tout autre. Quand tu te regarderas dans ton miroir, tu discerneras en filigrane une petite fille, un petit garçon radieux, optimiste, plein de gaieté, de courage et qui fait du bien autour de lui. Cet enfant, c'est toi. Tu le sais, tu le vois dans ta profondeur et cela change toutes tes relations avec les autres.

Je t'invite, aujourd'hui et tous les jours suivants, à répéter cette phrase, lentement, en méditant chaque mot : « Je suis un enfant de Lumière tendrement aimé par Dieu. Je suis rempli de sa Paix, de sa Joie, de son Amour et je fais du bien autour de moi ».

2
Juin

Ne jamais quitter l'Être

Ne jamais quitter son être profond des yeux, du cœur. Tu vas apprendre, petit à petit, dans toutes les activités de la journée, à rester centré dans ton être profond. Tu sauras que tu y es parvenu lorsque, à tout instant et quoi qu'il se passe, te reviendra la conscience de ton ancrage en Dieu. Tu exécuteras les mêmes tâches qu'avant, mais d'une manière différente. Tu apprendras à vivre tes gestes, ton métier, une nouvelle difficile, une aile de voiture froissée... sans t'énerver, sans partir dans tous les sens, quitter ton axe, ta profondeur...

En restant centré dans ton être, tu n'oublieras plus celui des autres. Ainsi, dans toutes tes relations, y compris avec une personne hostile ou que tu juges médisante, tu feras bien la distinction entre ce qu'elle est profondément et ce qu'elle a dit ou fait. Tu ne mélangeras plus l'être et le faire. Tu différencieras son être, son cœur et ses comportements de défense, d'agression ou de fuite. Par ailleurs, tu auras conscience que tu es aussi responsable des résonances psychiques que lesdits comportements ont sur toi. L'autre n'est responsable ni de tes blessures d'enfance, ni de tes réactions affectives disproportionnées.

3

Juin

Tout part de l'intérieur

Avant ta renaissance, c'étaient les autres, l'extérieur qui te mettaient, bon gré mal gré, en mouvement. Souvent, tu restais en périphérie de ton être en te souciant de ce qu'ils penseraient, diraient, comment ils réagiraient. Voilà que maintenant le processus inverse se produit, tu t'es retourné, dans un mouvement comparable à celui du bébé avant de naître, celui de Marie-Madeleine lorsqu'elle reconnut Jésus au tombeau, celui de cet homme et de cette femme dont voici l'histoire. Le premier avait une spiritualité très désincarnée. Il voyait tout de très haut, comme s'il était un aigle en train de planer. Au moment de sa renaissance, il se mit à percevoir la nature à l'envers, à partir de la terre, de bas en haut. La seconde dit mettre « ses chaussures de plomb » pour avoir désormais « les pieds sur terre » et voir les choses autrement.

Maintenant, tout part de l'intérieur, de ton centre, de Dieu, de ton enfant de Lumière. Petit à petit, il se constitue, grandit, met à l'unisson les autres composantes de ta personnalité. Il aura fort à faire, car il reste des fragments de tes personnages intérieurs qui sont handicapés, contaminés, blessés, pervertis. Peu à peu ton enfant de Lumière va irriguer d'un sang nouveau ton psychisme et créer une harmonie entre les différentes parties de toi. Ton *parent normatif* qui jusque-là était trop critique te révélera des règles, des valeurs, une autorité saine ; ton *parent nourricier* qui était étouffant, deviendra plein de compréhension, de miséricorde et de respect pour l'autre ; ton *adulte*, trop faible ou trop cérébral, apprendra à bien analyser les situations et à trouver des solutions ; ton *enfant soumis* ne sera plus une victime qui subit mais il aura le goût des choses bien faites ; ton *enfant rebelle*, provocateur dans le passé, saura dire « non » quand c'est nécessaire ; ton *enfant créateur* irréaliste recevra l'intuition de Dieu et proposera des idées ; ton *enfant spontané*, au lieu de se disperser, te donnera la fraîcheur, l'émerveillement, la joie de vivre dont tu as besoin. Partir de l'intérieur pour « évangéliser »[12] les parties psychiques, îlots de résistance et d'habitudes qui ne sont pas encore changées, voilà ce qui te reste à faire : progressivement, toute une conversion de ta psychologie, de ton paraître, de tes « jeux » en société... va se réaliser.

12. Simone Pacot, *L'Évangélisation des profondeurs*, Cerf, 1997.

4

Juin

Savoir trier

Tu as désiré mettre à jour ton enfant de Lumière, tu as vécu toutes les étapes de la grossesse, de l'accouchement, de la naissance, tu t'en es occupé comme d'un nouveau-né... et maintenant, tu peux le visualiser.

Quand tu penses à toi, dans ton identité profonde, tu le vois, lui, ce petit joyeux, rayonnant dans la Beauté de Dieu, dans la Paix, l'Amour, la Joie... Peu à peu, cet enfant va grandir et se développer en toi. Quand Jean-Baptiste déclare: *« Il faut qu'Il croisse et que je diminue »,* il veut bien dire que l'enfant de Lumière prenne progressivement toute la place et que la partie psychique, l'ancienne façon de penser s'amenuise. Le « vieil homme » doit céder le pas à l'homme nouveau, le « vilain petit canard » disparaît, petit à petit, au profit du cygne qui s'épanouit. En croissant, en prenant conscience de son existence, ce dernier va tirer le meilleur de tout ce qu'a connu le « vilain petit canard » : ses expériences, ses souffrances, son hérédité...

Ton enfant de Lumière fera le tri selon son axe. Il saura utiliser, de ta partie psychique, blessée, tout ce qui peut servir positivement. C'est ainsi que tes chagrins seront transfigurés et te serviront à comprendre, à écouter et à trouver les mots pour aider ceux qui en ont vécu de semblables.

5

Juin

T'édifier sur des bases nouvelles

Ta maison est maintenant bâtie sur ce roc qu'est ton enfant de Lumière. C'est ton ancrage en Dieu. Tu t'es retourné et tu vis au niveau de l'être : « Je suis » et non plus de l'avoir : « J'ai… ; je possède… ». Tu t'édifies sur des bases nouvelles, celles que tu as découvertes en tant qu'enfant de Lumière, enfant de Dieu. Tes valeurs changent. Elles deviennent claires, plus souples…, une aide, un moyen et non plus un enfermement…

Désormais, tu fais tout avec Dieu. Tu as conscience qu'Il est en toi, que tu reçois son Amour. Tu vis aussi en communion avec les autres tout en sachant te protéger quand il le faut. Tu dialogues, communiques dans la complémentarité en réalisant, grâce à ton enfant de Lumière, qu'il y a du bien en chacun, que réside en tous la Présence de Dieu.

Tu discernes en chaque personne son enfant de Lumière, tout en tenant compte de ses limites psychologiques, de ses blessures. Tu en vois d'abord le centre, ce qui est bon, ce qui vient de Dieu tout en distinguant le paraître, la façade, la volonté de passer pour forte, gentille, « parfaite » ou au contraire « mauvaise ». Ton regard n'est plus influencé par l'image que l'autre a ou veut donner de lui-même. Tu ne juges plus parce que tu as une vision beaucoup plus profonde, qui respecte tous les niveaux de ceux que tu rencontres, tout en restant fixé sur leur être essentiel.

6

Juin

Développer la vigilance

Vivre l'instant présent, vivre totalement le présent.

Ton enfant de Lumière est ancré en Dieu qui n'est que Présent. En Lui ne réside pas une mémoire du passé qui ressasserait des reproches. De même, Il prépare l'avenir mais ne s'y projette pas. Dieu est l'éternel Présent. Il te permet de croître et de te développer. C'est pourquoi, chaque jour, tu vas t'exercer à revenir au présent.

Donne-toi des objectifs comme ces personnes qui s'appliquent à rester attentives, conscientes, vigilantes tout le long du chemin qui les amène de leur domicile, à leur parking ou encore quand elles marchent, font des courses... Elles se rendent compte que, très vite, elles ont tendance à quitter « l'ici et maintenant » et à se perdre dans leurs soucis, leurs préoccupations professionnelles ou familiales... Elles s'exercent alors périodiquement à revenir à la seule réalité présente.

Quand tu écoutes quelqu'un parler et que ta pensée se met à vagabonder, reviens à ce que l'on te dit. Efforce-toi aussi de prendre conscience de tous les instants où tu quittes le présent pour rêver, ressasser ou imaginer l'avenir. Une autre façon de t'ancrer dans le réel, le présent, est simplement d'observer un objet, une personne, une situation sans aucune critique, sans censure, sans les qualifier de ceci ou de cela, sans chercher à savoir s'ils sont beaux ou non, si tu les aimes ou pas. Concentre-toi uniquement sur les sensations de ton être profond...

Profite de tes déplacements quotidiens vers ta voiture, ton bus, le métro, la boulangerie, le café où tu te rends chaque matin... pour regarder ce qu'il y a autour de toi, ouvrir tes perceptions, découvrir un magasin que tu n'avais jamais vu jusque-là, un édifice que tu vas enfin contempler...

Tu peux également, au moment où tu es assis, prendre conscience de tes sensations physiques, sans les colorer psychiquement, sentir l'appui de ton corps sur la chaise, le canapé..., accueillir l'air de la pièce, les sons qui t'environnent, le goût que tu as dans la bouche... Tu peux enfin vivre la marche consciente, te rendre compte des mouvements de tes pieds droit, puis gauche, de la façon dont tu avances et rester concentré[13]…

En t'entraînant à développer la vigilance, tu seras plus présent au monde, aux choses, aux êtres, à toi-même et à Dieu. Tu sauras alors réagir d'une façon plus pertinente, mieux adaptée, et tu connaîtras un nouveau bien-être.

---

13. Cf. La méthode Vittoz : *Osez la Vie-Vittoz*, Éditions Delachaux et Niestlé, 1991.

7
Juin

Vivre en Dieu

Lors de ta renaissance, tu as rencontré le Tout qui est Dieu et qui t'a comblé. Désormais, tu désires tout vivre avec Lui. Ton enfant de Lumière prend l'habitude d'exister en Dieu, avec Dieu, par Dieu.

Dieu est présent dans tous les compartiments de ta vie professionnelle et personnelle : tes loisirs, tes courses, les moments où tu communiques, ceux où tu te transportes...

Dieu t'inspire dans tous les domaines. C'est bien toi qui auras à agir, mais Il sera là avant, pendant et après, dans ton travail humanitaire, dans ta tâche de soignant, dans ton métier d'enseignant... Dieu est là pour retourner en positif toutes tes erreurs. Au lieu de te les reprocher, de te culpabiliser, Il t'aide à en tirer la leçon et à rectifier chaque fois que c'est possible.

Tout faire avec Dieu signifie qu'il n'y a pas de moment de ta vie où tu n'aies pas conscience de sa Présence. Il t'habite, Il te respecte, Il ne te contraint pas mais tu peux, à tout instant, avoir recours à Lui. Même dans les moments les plus difficiles, ceux où tu es le moins content de toi, lorsque tu reprends cette vieille habitude, cette compensation, Il est là, et c'est en les vivant avec Lui et sous son regard que tu parviendras le mieux à évoluer et à t'en débarrasser. Au lieu de t'en vouloir, de recommencer le scénario *persécuteur/victime* qui t'habitait auparavant, tu vas vivre tes imperfections et tes faiblesses avec Dieu, en Dieu, et y recevoir de plus en plus sa Sainteté, sa Beauté, son Rayonnement, son Amour.

8

Juin

Un petit vitrail

Chacun de nous est comparable à un petit vitrail comme le montre l'histoire de cet enfant qui, pendant la messe, demande à sa mère : « Qui c'est ? » en désignant un saint sur un vitrail. La maman, désireuse de suivre l'office, répond un peu hâtivement : « C'est un chrétien ». Le petit garçon renouvelle sa question à trois reprises et obtient à chaque fois la même réponse. Quelques jours plus tard, au catéchisme, on lui demande : « Qu'est-ce qu'un chrétien ? » L'enfant répond alors sans hésitation : « C'est quelqu'un à travers qui on voit la lumière ».

L'important n'est pas d'être parfait, aucun de nous ne le sera. Mais nous pouvons nous améliorer en allant d'imperfections en imperfections acceptées, en laissant la Perfection de Dieu nous traverser de sa Lumière. Nos peines, nos erreurs font comme des trous en nous. Et si au lieu de nous culpabiliser, maugréer, nous les reprocher, chercher des coupables, nous laissions tout simplement l'Amour et la Lumière de Dieu s'infiltrer par ces ouvertures ? Il n'est pas demandé à un vitrail d'être parfait, il n'est pas toujours propre. Tout comme nous, il est fait de différentes couleurs plus ou moins nettes. C'est la Lumière qui le traverse qui lui donne toute sa beauté.

Quand nous construisons notre maison intérieure, Jésus, le charpentier de Nazareth, vient poser symboliquement des fenêtres et des baies vitrées pour que passe la Lumière là où se trouvent nos blessures, nos manques, les événements que nous avons mal vécus, qui nous ont touchés, là où il y a des trous, des déchirures. Si nous nous enfermons dans nos aigreurs, nos regrets ou nos refus, si nous mettons un cadenas sur nos blessures, notre maison sera plongée dans l'obscurité…

Aujourd'hui, tu laisses la Lumière de Dieu traverser toutes tes ouvertures.

9

Juin

Les deux débiteurs

Nous nous comportons souvent comme le *« débiteur impitoyable »* de la parabole[14]. Ce dernier devait dix mille talents à son maître. Comme il n'avait pas d'argent, il se jeta à ses pieds et le supplia de lui laisser le temps de trouver la somme. Pris de pitié, le maître remit la dette de son serviteur. Ce dernier rencontra, sur son chemin, l'un de ses compagnons à qui il avait prêté cent pièces d'argent. Il les lui réclama violemment et le fit emprisonner, n'écoutant ni ses prières ni ses promesses de remboursement. Dans notre partie psychique, nous avons tendance à agir comme ce serviteur ingrat : nous oublions que Dieu nous a remis toutes nos dettes, nous continuons à en vouloir aux autres, parfois pour des peccadilles.

Ton enfant de Lumière, en revanche, est plein de gratitude. Il sait ce qu'il doit à Dieu, il a ancré Ses dons dans sa mémoire profonde. Ainsi pourra-t-il s'exprimer positivement, dire ce avec quoi il est d'accord ou pas, mais sans amertume ni acrimonie, parce qu'il se souvient de l'Amour et du Pardon divins. Jean Valjean, le héros des *Misérables*, cessa de voler et devint un homme bon parce que l'évêque, à qui il avait dérobé de l'argenterie, l'innocenta auprès des gendarmes en prétendant lui avoir donné ces objets. Dans un surplus d'amour, l'évêque rajouta même deux chandeliers que Jean Valjean garda précieusement jusqu'à sa mort…

Dieu remet nos dettes. Lors de notre nouvelle naissance, nous nous rendons compte avec une infinie reconnaissance du mal que nous avons fait, consciemment ou non, et de l'Amour de Dieu qui nettoie tout et pardonne. Ainsi notre enfant de Lumière perçoit, du moins intuitivement, les blessures et les difficultés des autres : comment pourrait-il leur en vouloir alors que Dieu lui a montré tant de clémence ?

14. Mt 18, 23-35.

10

Juin

Comprendre, toujours comprendre

Comprendre ou juger, il faut choisir. Le « vieil homme » en toi a été souvent formé au jugement, voire à la condamnation. Il est ancré dans une logique de la faute, de la guerre avec des gagnants et des perdants… L'enfant de Lumière n'est pas dans cette logique : il cherche à comprendre, il a de la compassion, il connaît les réactions aux blessures et pardonne, il voit en filigrane la beauté intérieure de l'autre. À l'instar de François d'Assise, il peut dire :

« Je veux regarder aujourd'hui le monde
Avec des yeux tout remplis d'amour,
Être patient, compréhensif, doux et sage,
Voir au-delà des apparences
Tes enfants comme Tu les vois Toi-même,
Et ainsi ne voir que le bien en chacun.
Ferme mes oreilles à toute calomnie,
Garde ma langue de toute malveillance,
Que seules les pensées qui bénissent
Demeurent en mon esprit… ».

Comprendre veut dire « prendre avec soi, en soi ». Il ne s'agit pas de se charger des problèmes de l'autre, mais de l'accepter comme il est et d'être en communion avec lui : chacun de nous a ses qualités, sa couleur… Nous faisons partie de la ronde des enfants de Lumière, ronde où nous sommes au service les uns des autres. Alors, seulement nous pourrons prononcer cette phrase magique qui ouvre les âmes et que chacun de nous aspire à entendre : « Je te comprends ».

L'enfant de Lumière saisit tout avec un peu de la compréhension du Cœur de Dieu. Développe-la, elle te donnera horreur des jugements hâtifs. Elle ne t'empêchera pas de discerner, te poser, t'affirmer sereinement en respectant l'autre, sa différence… mais elle t'évitera de vouloir convaincre, argumenter à tout prix et de chercher, en tout état de cause, à « avoir raison ».

11
Juin

Responsable d'une fleur unique au monde

Comme le Petit Prince, tu es responsable d'une fleur unique au monde. Tu viens comme lui d'une autre planète, mais tu acceptes cette vie sur terre parce que tu as quelque chose à apprendre, donner, recevoir, accomplir.

Tu as en toi une fleur spécifique que personne d'autre ne possède. Si l'on représente parfois les saints avec des roses, des lys..., cela veut dire que chacun a pour mission de développer la fleur, le bouquet... qui lui appartient et qui est unique au monde. L'odeur de sainteté qu'exhalent une icône, un lieu sacré, certains êtres, est celle de leur fleur intérieure. Celle-ci a besoin du Soleil de Dieu pour s'épanouir.

Dans ton psychisme, dans tes cavernes, résident les « bons » et les « brigands ». Il y a aussi des senteurs de toutes sortes. Jésus, venu dans le monde psychique, est né dans une étable où régnait une odeur forte, et Il y a mis celle de sa Sainteté. La fleur de ton enfant de Lumière sent bon.

Certaines parties de notre corps dégagent parfois des odeurs peu agréables. Il en est de même pour notre âme. Nous pouvons bien sûr masquer ces odeurs, nous parfumer, faire illusion. Ne serait-il pas préférable d'accueillir de plus en plus en nous le parfum délicat et raffiné de la Sainteté de Dieu et, comme les parfumeurs, d'extraire l'essence subtile de cette fleur unique au monde qui nous est offerte. Soyons pour elle un bon jardinier, cultivons-la avec infiniment de délicatesse, tendresse, prévenance, précaution pour la préserver et l'épanouir.

12

Juin

Alimenter ce qu'il y a de meilleur en toi

Tu dis parfois que ton passé n'est que « décombres, ratages, échecs... » Cette façon d'envisager ta vie est trop réductrice pour refléter le réel. Il y a du bon et du beau dans ton expérience vécue. À toi d'apprendre à le discerner et le Seigneur t'assistera, Lui qui transforme tout en Bien, qui aide à découvrir la pierre précieuse dans chaque événement. L'huître donne sa perle parce qu'un grain de sable l'irrite, la fait souffrir. Par réaction, elle l'entoure de nacre. Ainsi la perle représente-t-elle symboliquement ce que tu peux tirer de tes souffrances. Tu vas extraire le meilleur de toutes les expériences de ta vie, dans ce qu'elles t'ont apporté de positif, ce dont tu peux être fier, pour en alimenter ton enfant de Lumière.

De même que nous pouvons faire le tri dans notre nourriture, nos habitudes, nos comportements, nos affaires, nos idées, ce qu'on nous a dit, appris, tu vas garder tout ce qui convient à ton enfant de Lumière, tout ce qui est en harmonie avec lui et peut lui permettre d'avancer, d'agir, de penser, d'aimer d'une façon juste...

Tu ne dois pas mettre trop de sel ou de poivre sur tes plats sous peine de les rendre immangeables : juste une pincée. De la même manière, tu vas « saupoudrer » ton enfant intérieur avec les condiments de ton existence, ceux que tu estimes les meilleurs et les plus profitables pour lui.

13
Juin

Te souvenir des beautés de la journée

Au lieu de te remémorer uniquement ce que tu as raté, au lieu de regretter ce que tu appelles tes échecs et de les ruminer, souviens-toi des richesses, des cadeaux de la journée. Goûte-les, savoure-les, fais-en un bouquet, et sois plein de gratitude en voyant en eux un don de Dieu. Tu dormiras mieux et tu te lèveras le matin heureux du jour qui commence. Aujourd'hui, tu cueilleras de nouvelles fleurs, tu trouveras de nouveaux trésors.

Souviens-toi chaque soir de ce qui a été beau, frais, qui t'a revitalisé : un sourire, une attitude, un mot, une pensée qui t'a fait du bien, une marque d'amour, de la tendresse, une découverte, un progrès, une amélioration, une évolution, un petit pas de plus…

Lors de moments difficiles de ta journée, si tu es tenté par le découragement, rappelle-toi des grâces que tu as reçues. À force de te les remémorer, tu en attireras de nouvelles, tu en découvriras d'autres, tu deviendras chercheur d'or, de merveilleux.

14

Juin

Te souvenir des beautés de ta vie

Pour t'ancrer dans ton enfant de Lumière et y demeurer, pour l'alimenter, tu peux mettre à profit la mémoire que Dieu a mise en toi et te souvenir de toutes les beautés de ta vie : les moments importants, les moments forts, les moments pleins ; ceux où tu as aimé et où tu t'es senti aimé ; ceux où tu t'es senti compris ; ceux où tu t'es émerveillé ; ceux où simplement, tu t'es senti en paix ou dans la joie.

Si tu crains que ta mémoire ne te fasse défaut ou si tu observes en vérité que tu te remémores surtout les « mauvais coups » que, selon toi, on t'a faits, les moments les plus pénibles ou douloureux de ton existence, tu peux te servir de supports. Tu vas ainsi prendre l'habitude d'acheter des cartes postales ou de faire des photos qui te rappellent tel ou tel instant béni. Tu auras chez toi un lieu où tu écouteras des musiques qui te parlent ou te portent, tu respireras l'odeur de cet encens que tu as acheté lors d'un pèlerinage, tu contempleras une pierre que l'on t'a rapportée du mont Sinaï, tu feuilletteras un livre de photos de la Terre sainte...

Tu reliras aussi ce cahier des Merveilles[15] où tu auras raconté les péripéties les plus riches de ta vie, où tu auras collé un coquelicot séché, un edelweiss, où tu auras fait des dessins, écrit des poèmes, encadré quelques images. Tu te remémoreras cette main qui a pris la tienne, ce sourire qui t'a fait du bien « quand dans ta vie il faisait froid ». Tu auras près de toi une représentation de Jésus Miséricordieux, une autre du bon Berger entouré de ses agneaux et brebis, une carte où s'étale en grandes lettres « MERCI ». Un ange te rappellera leur ministère auprès de toi. Une statue ou une icône de Marie te parlera de la Maman en Dieu. Si ce n'est pas le cas tu mettras, à la place, une représentation maternelle ou un tableau porteur de cette dimension. Tu auras aussi des moments de recueillement, de méditation, de contemplation où tu ressentiras les émotions profondes qui t'ont bouleversé positivement dans tel ou tel lieu, en compagnie de telle ou telle personne.

Te replonger chaque jour dans l'endroit de toi où se trouve la Beauté va te ressourcer, te régénérer, te faire repartir quels que soient les événements extérieurs.

---

15. *Choisis la Vie,* 16 août, p. 255.

15

Juin

Visionner le but

Il est plus facile d'arrêter de fumer quand on perçoit, plutôt que tout ce qu'on va y perdre, ce qu'on va y gagner : être « bien dans sa peau », préserver sa santé, respirer mieux, faire du sport, retrouver le goût des aliments, ne plus incommoder ses enfants ou ses voisins de table... On ne peut réussir un changement que si l'on a un objectif positif, et que si l'on visionne clairement un but suffisamment motivant.

Ta mission est d'avancer pas à pas en acceptant tes imperfections, en t'améliorant petit à petit, en approfondissant ce que tu es et en te mettant au service des autres. Accomplir ta vocation t'apportera paix et joie. Chaque jour tu as à te souvenir que tu viens de Dieu, tu vas vers Dieu. Il n'est ni une obligation, ni une notion floue, ni seulement un état. C'est Quelqu'un qui t'aime éperdument, et qui peut t'apporter tout ce à quoi tu aspires vraiment. Tu perçois un peu de la pureté de cet Amour lorsque, toi-même, tu aimes un enfant ou une personne pour ce qu'elle est, sans possessivité, domination ou manipulation.

Le but de ton enfant de Lumière inondé d'Amour, c'est Dieu, l'Harmonie, la Paix, la Joie... Il sait qu'un escalier se monte marche par marche. Il ne cherche pas à grimper tous les degrés d'un seul coup, de façon orgueilleuse. Il a appris à aller moins vite, à vivre un temps différent, à accepter ses petites jambes. Peu à peu, il prend conscience de lui-même, il agrège tout ce qu'il y a de bon autour de lui, tout ce qui va dans le sens de la Lumière qu'il porte. Il n'oublie pas que l'évolution est une spirale. Il va graduellement de richesse en richesse, de victoire en victoire. Il avance doucement, un peu comme l'aiguille de l'électrophone qui passait de sillon en sillon sur les disques anciens. Elle allait si lentement qu'elle donnait parfois l'impression de rester sur place. Mais elle progressait petit à petit tout au long de la spirale, sans repartir en arrière pour ne pas répéter les mêmes notes de musique, sans sauter les sillons pour ne pas couper la mélodie.

Ton enfant de Lumière avance pas à pas, avec un cœur vaillant, conduit par une petite lumière intérieure vers la grande Lumière de Dieu.

16

Juin

Un peu chaque jour

Tout le secret du changement est là : un peu chaque jour, pas à pas, marche par marche. La transformation de toute ta personne à partir de ton être profond, « l'évangélisation » de toutes les couches de ta personnalité ne peut se faire que petit à petit par un mouvement continu et quotidien.

Le but que tu t'es fixé, rappelle-le toi chaque jour, écris-le sur un petit carton disposé non loin de toi : dans ta salle de bains, ta cuisine, ton bureau, dans ta voiture ou sur ta table de chevet. Et pour progresser, donne-toi des petits objectifs quotidiens : écouter telle personne, reformuler, exprimer ta compréhension ; dire au moins une ou deux fois dans la journée « merci » ou le bien que tu penses de telle autre ; savoir te taire ; attendre ; oser t'exprimer ; ranger un placard ; écrire une lettre… Le soir, fais le point, valorise tes réussites et tes progrès, analyse tes échecs et redonne-toi un objectif pour les jours suivants.

N'oublie jamais que pour gravir une montagne on avance pas à pas, qu'il y a des détours, qu'à certains moments on semble revenir en arrière et qu'à d'autres on ne voit plus le sommet. Ainsi tu progresses vraiment, lentement mais sûrement, sans découragement, le cœur en fête. La Lumière t'habite, te porte et te transporte, mais c'est toi qui fais les démarches, c'est ta tête qui réfléchit et tes pieds qui te font avancer. Dieu ne peut rien sans toi et tu ne peux rien sans Lui.

17
Juin

Faire le point régulièrement

Comme ce serait profitable de prendre quelques minutes chaque soir pour faire le point. Quelques minutes quotidiennes suffiraient, avec un bilan plus important une fois par semaine, une fois par mois, une fois par trimestre, une fois par an.

Faire le point consiste d'abord à te souvenir de tes objectifs, de ce que tu voulais faire avancer, accomplir au cours de cette année. C'est aussi te rappeler les difficultés rencontrées, les imprévus et chercher des solutions... Visualise tes succès. Remercie tous ceux qui t'ont aidé à les réaliser, félicite-toi : reconnais avec humilité ce qui vient de toi, des autres, de Dieu... Ce que tu appelles tes « échecs », les obstacles qui ont fait barrage à tes projets t'invitent à t'interroger sur les causes et surtout à te donner de nouveaux moyens d'action.

Aujourd'hui, le monde du travail parle de préférence de points d'amélioration ou de progrès plutôt que de points faibles, car beaucoup de démotivations et de conflits viennent d'une pédagogie trop négative : « On ne nous dit jamais quand c'est bien ». Faire le point c'est analyser, en vérité et toujours d'une façon positive, ce qui « a marché », ce qui a moins bien « marché » pour en tirer des leçons et s'encourager à progresser.

Donne-toi de nouveaux objectifs. N'oublie pas que le changement, l'évolution se construisent pas à pas. Planifie les jours, les mois à venir sans t'enfermer dans des cadres rigides, en restant ouvert à l'Esprit saint, à la Providence, à l'intuition qui va te guider.

18
Juin

Savoir te valoriser, t'encourager

L'encouragement est la règle d'or de la pédagogie positive. L'émulation, la motivation, les félicitations produisent de meilleurs fruits que les reproches et la seule mise à jour de ce qui ne va pas. On ne peut pas constamment pointer du doigt le négatif, même s'il est important de le connaître et d'en tenir compte.

Applique cette pédagogie à ta vie. Note tes succès, tes petits progrès. Regarde objectivement, avec l'*adulte*, ce qui ne s'est pas passé comme tu le désirais, non pas pour te le reprocher ou le ressasser, mais pour prendre aussitôt une décision positive. Apprends à te valoriser, t'encourager, te féliciter. Bien sûr, il t'arrive de ne réussir que partiellement certains objectifs. Mais observe quand tu es parvenu à : être vigilant ne serait-ce que pendant deux minutes, reformuler au moins une fois, écouter tel collègue ou ton conjoint pendant cinq minutes… Tu aurais sans doute préféré mieux faire. Mais retiens surtout ce dont tu as été capable et que tu peux encore améliorer : *« Paix aux hommes de bonne volonté ! »*

Mets en lumière ce que tu sais faire, porte ton attention sur tes avancées, même partielles, pour grandir dans la réussite.

19
Juin

Ne plus accumuler

Pour être plus léger, pour te libérer de tout poids, tu vas cesser d'accumuler et t'interroger sur les raisons de cet avoir qui te rassure. Jésus dit à ses disciples de ne prendre avec eux qu'une tunique et un bâton. Nul besoin de bagages pour la vie éternelle, comme l'illustre l'histoire de cette dame qui se plaint de ne pouvoir franchir la porte du Ciel, qu'elle juge trop étroite, mais qui n'a pas l'idée, pour y entrer, de lâcher ses deux énormes valises, l'une pleine de ses mérites et vertus, l'autre de ses bonnes actions[16]. Il faut lâcher les valises pour passer, tout petit, par la porte des enfants, pour entrer dans le Royaume.

Tu n'accumuleras plus : provisions inutiles comme on le faisait après la guerre ; argent utilisé parcimonieusement par crainte de l'avenir ; pouvoir, si tu es amené à en avoir, que tu exerceras avec légèreté ; prestige ; connaissances dont tu te serviras avec humilité ; soucis, culpabilités, récriminations, luttes, rancœurs…

Tu t'allégeras aussi physiquement, psychologiquement, en ne pesant plus sur les autres, en ne cherchant plus à les faire céder, à argumenter, à manipuler. Tu entreras enfin dans la légèreté spirituelle en te détachant de tes fausses sécurités, de ce qui t'a fait entrer dans l'avoir au détriment de l'être.

Ton but : avancer, être toi-même, te libérer au fur et à mesure de ce qui est lourd, de ce dans quoi tu t'empêtres, tu t'enchevêtres. Te délester de tes vieilles habitudes, des idées reçues, de tout ce qu'on t'a appris et qui n'était que des croyances d'une époque, de tout ce qui est étriqué et t'empêche de remplir ta mission, ta vocation. Te détacher des liens qui sont un frein dans ton évolution vers l'Amour, vers Dieu.

Il n'est pas question de rejeter tes proches, les autres, ou de les juger mais, tout en les comprenant, de t'affranchir de leur influence quand elle entrave ta liberté. T'arracher de l'atmosphère parfois pesante qu'ils créent consciemment ou non, faite de jeux psychologiques *persécuteur*, *sauveteur*, *victime* pour entrer dans celle, légère, harmonieuse, sereine, limpide… que désire et connaît ton enfant de Lumière.

16. Une autre version remplit la deuxième valise de culpabilités et de revendications…

Chacun de nous sent bien ce dont il a à se débarrasser, qui est trop lourd et qui le fait revenir vers le « vilain petit canard », le « crapaud », le « vieil homme », le passé...

Chaque jour tu choisis de t'alléger un peu plus tout en renforçant ton adhésion à l'enfant de Lumière que tu es profondément.

20

Juin

La légèreté intérieure

On dit parfois de quelqu'un de superficiel qu'il est léger. On parle aussi d'une femme légère. Il s'agit là d'une fausse légèreté, d'une contrefaçon. Mais si nous creusons les trois niveaux de profondeur qui nous habitent[17], nous comprenons que si nous passons du plus externe au plus interne, de l'extérieur au centre de la cible : nous pouvons à la fois nous montrer très futiles en société, dans nos pirouettes, nos jeux, notre paraître tandis que, à un niveau moyen, nous sommes parfois bien lourds dans notre psychisme et que, encore au-delà, dans notre être profond, nous nous révélons, au bon sens du terme, très légers. Le premier niveau (le paraître) rejoint le troisième (l'être) même s'il n'en est qu'une caricature. La légèreté extérieure est comme une icône de celle qui se trouve au fond de chacun de nous : l'agneau, la colombe sont délicats. Dieu ne s'est pas révélé à Elie dans le vacarme, dans la lourdeur, mais dans un murmure léger. L'Esprit Saint est un souffle. Quand on gravit une montagne, on entre dans un air de plus en plus pur.

Tu vas aller vers cette légèreté intérieure qui est la tienne, représentée par les ailes des anges. C'est sans doute une des raisons pour laquelle les oiseaux nous émeuvent tant. Dans les contes de fées, les héros et les héroïnes sont souvent légers : le Petit Poucet est fragile par rapport à l'ogre, Cendrillon a un petit pied et la Belle au Bois dormant a un doigt très fin... Dans la Bible, David est beaucoup plus petit et aérien que Goliath...

Ton enfant de Lumière est subtil. Il est comparable à la fluidité du corps spirituel, qui habite le corps physique jusqu'au moment de la mort où il s'en détachera. Pars de ta légèreté extérieure, approfondis-toi, incarne-toi, entre dans ta terre, ta sous terre, ton inconscient. Au-delà de cette lourdeur déjà plus intérieure, tu découvriras, encore plus au fond, ta vraie légèreté, préfigurée par celle de ton premier niveau. C'est dans cette profondeur ultime, la Légèreté infinie de Dieu, ton enfant de Lumière, que tu vas maintenant t'affermir, t'ancrer de plus en plus.

17. *Choisis la vie,* 9 janvier, p. 15.

21
Juin

Les murailles sont tombées

Jéricho, c'est faire tomber les murailles, ce béton dans lequel tu t'es réfugié pour ne plus souffrir, pour ne plus avoir mal. C'est faire tomber toutes tes défenses parce que tu as trouvé d'autres protections. Josué, l'un des seuls anciens à avoir connu l'Egypte, dut apprendre, dans le désert, à lutter autrement, à combattre différemment. Il fit le tour de la ville d'une façon que l'on pourrait qualifier d'irrationnelle, tout à fait imprévisible...

Les murailles tombent devant une parole surprenante, inattendue, qui désarçonne... Alors le visage de celui qui écoute s'ouvre, ses duretés disparaissent...

Tu ne t'enfermeras plus dans de nouvelles murailles, dans une autre prison, une citadelle ou une tour bien close. Tu ne veux plus de mur de Berlin, de mur de la honte, d'apartheid. Tu abats tes murailles. En le faisant, tu aides les autres à renverser les leurs. Tu as retrouvé une innocence, une candeur, une façon d'aborder les êtres, les choses qui étonne. Ton enfant de Lumière est désarmé et désarmant.

22

Juin

Vider toutes tes colères

Un mois pour vider toutes tes colères. Si tu veux t'alléger, te libérer, te détacher, si tu désires entrer dans cette petitesse et cette concentration infinie de ton enfant de Lumière, il faut te débarrasser de tes rancœurs, tes ruminations…

Tu exprimes tes colères par des impulsions disproportionnées par rapport aux situations et tu vois bien que tu en veux confusément à quelqu'un d'autre à travers ton chef, ton conjoint, ton berger qui ne sont pas, quels que soient leurs défauts, responsables de ton passé. Ou bien tu te sens subitement « vide », triste, sans énergie car tu as appris, depuis que tu es petit, à refouler tes colères. En effet, chaque fois que tu voulais les exprimer, on t'envoyait te coucher en te disant que tu étais fatigué. Alors aujourd'hui, que se cache-t-il derrière tes coups de fatigue et de dépression ?

Il reste en toi des colères. Elles sont à l'origine de beaucoup de maux. Elles sont comme du plomb qui entrave ton ascension intérieure. Prends le temps de les expulser. Reconnais-les pour mieux apprendre, quand elles arrivent, à ne pas accumuler de griefs, à traiter les problèmes aussitôt, de la façon la plus juste possible. Ce que tu n'as pas réussi à évacuer, fais-le grâce au sport, la marche, le dessin, la peinture, l'écriture… Par exemple, note chaque jour tout ce qui t'irrite, te semble injuste. Tu peux écrire, sans l'envoyer, une lettre incendiaire à ton père, ta mère, tes frères et sœurs, ton mari, tes enfants, ta mère supérieure, ton chef… lettre dans laquelle tu consignes tout ce qui te « reste en travers de la gorge », sans aucune censure, ni tri. Tu te défoules simplement. Tu extériorises sur le papier tes mal-vécus. Tu en rajoutes les jours suivants, chaque fois que tu en ressens le besoin. Certains thérapeutes estiment qu'il faut trente-trois jours pour vider certaines colères, pour tout « nettoyer », retrouver la paix et pouvoir exprimer à nouveau des sentiments positifs. Lorsque la lettre « poubelle » est terminée, que tu te sens mieux, tu peux la brûler, décider plus sereinement des actions à mener, rencontrer éventuellement la personne à qui tu en voulais, ou écrire, sans l'envoyer, une lettre symbolique positive où tu exprimes maintenant le bien que tu penses de l'autre. Cela, tu auras peut-être l'occasion de le lui dire un jour de vive voix…

Si les colères reviennent, purge-les de cette manière autant de fois que nécessaire, tout en les dissolvant par ailleurs dans l'Amour de Dieu. En effet, en se laissant imprégner par son Amour infini, tout paraît beaucoup plus relatif, et la vision que l'on a des gens et des événements se bonifie.

Pour rester dans la légèreté intérieure, tu apprends, au fur et à mesure, à bien te positionner, à dire les choses positivement, de façon juste[18] : tu n'accumules plus de sentiments négatifs.

18. Cf. le 11 janvier.

23
Juin

Refuser l'impasse : reproche, culpabilité, agressivité

Trop souvent, on essaie de chercher la faute au lieu de s'appliquer à trouver des solutions. On commence par exprimer des griefs. On essaie de culpabiliser, on se culpabilise. On déclenche l'agressivité puis la colère.

De nombreuses personnes sont prises en tenailles entre différentes parties de leur personnalité : un *parent normatif, critique* excessif, un *enfant soumis* qui subit et accumule tout ce qu'il a mal vécu, et un *enfant rebelle* qui se révolte, revendique et agresse. Les luttes s'installent au détriment des résolutions.

Pour faire grandir ton enfant de Lumière, veille à ne plus jamais entrer dans l'impasse : reproche, culpabilité, agressivité. À chaque fois qu'un problème se posera à toi, songe immédiatement à la solution appropriée. Chercher un coupable entraîne des mises en compétition inutiles dans un rapport *plus/moins* selon l'Analyse Transactionnelle : on s'agresse mutuellement, chacun veut avoir raison, l'emporter sur l'autre. En définitive, tout le monde perd et se retrouve dans un rapport *moins/moins*, l'un et l'autre repartant avec des sentiments négatifs[19]. Ce qui est vrai avec autrui l'est aussi avec soi-même. On se fait des reproches, on se culpabilise, on s'énerve, on s'en veut et l'on « tourne en rond » au lieu de décider de vrais changements. Combien de jeux psychologiques se créent ainsi entre les personnes avec, comme objectif final, inavoué ou inconscient, que chacun s'en tire mal.

Une partie de toi a peut-être baigné dans une telle atmosphère. Ce n'est pas celle de ton enfant de Lumière. Il vit dans l'harmonie, le *plus/plus*, le *gagnant/gagnant*, le : « Plus tu es heureux, plus je le suis… ; plus je le suis, plus tu l'es… ». Ensemble réjouissons-nous de nos différences. Valorisons-les. Elles nous enrichissent.

19. Alain Cardon et Coll, *L'Analyse Transactionnelle*, Éditions d'Organisation.

24

Juin

De la logique de la faute à une meilleure organisation

« C'est à cause de lui..., d'elle..., c'est moi qui... ». Nous raisonnons bien trop souvent dans une problématique de la faute. Nous voulons des coupables, des boucs émissaires, nous le sommes peut-être à notre tour. Nous recherchons des victimes que nous persécutons. Nous nous persécutons nous-mêmes, nous nous sentons victimes au lieu de réfléchir à des solutions.

Grâce à ton enfant de Lumière, qui fortifie la partie *adulte* en toi, tu n'es plus dans le triangle dramatique : *persécuteur/sauveteur/victime*, ni *parent critique ou étouffant/enfant soumis/enfant rebelle*. Ton *adulte* planifie, décide. Tu apprends, petit à petit, à organiser ta vie autrement. Si quelque chose te déplaît, que mets-tu en place ? Tu n'es jamais obligé de voir telle ou telle personne, de répondre « oui » à une invitation, de rester longtemps à une réunion ou chez des personnes à qui tu rends visite. Mieux vaut réussir une heure ou deux qu'en rater trois ou quatre. Mieux vaut passer quelques heures ou quelques jours agréables avec des parents ou des amis que de rester avec eux plus longtemps dans un climat pesant voire destructeur. Une visite d'une journée est parfois préférable à un séjour prolongé où l'on finit par se disputer. Dire « non » d'une façon juste, prévenir[20], prévoir diverses options en tenant compte des caractéristiques de la personnalité de chacun ; élaborer ce qui a le plus de chance de réussir évite d'entrer dans le jeu des reproches, remords, protestations[21]. Que pourrais-tu mieux organiser dans ta vie ? Quelles solutions trouver à tes problèmes familiaux, professionnels, communautaires ? L'*adulte* en toi ne remontera plus la chaîne des causes pour trouver celui ou celle qui serait à l'origine de tous tes maux. Il va se demander comment résoudre, réparer une erreur, réagir, si pareille situation se présente à nouveau. Ces deux phrases favorites sont : « Que vais-je faire maintenant ? » ; « Comment ferai-je la prochaine fois ? »

---

20. « Je viendrai avec plaisir chez vous ce soir mais, devant me lever tôt demain matin, je partirai à vingt-deux heures... » ou « Je ne pourrai pas rester plus longtemps que... » ou encore « Je peux te parler mais je n'ai que cinq minutes... ».

21. C'est ainsi qu'un couple, ayant invité un autre couple de ses amis, n'osa pas les «mettre à la porte» tandis que les autres ne se donnaient pas le droit de partir. Tous regrettèrent ensuite cette soirée qui s'était trop prolongée et s'en plaignirent.

25
Juin

C'est beau donc c'est vrai

« C'est trop beau pour être vrai » est une expression malheureuse à laquelle trop de personnes croient encore. Certaines d'entre elles sabotent les moments de réussite ou de plénitude comme si elles voulaient donner raison à ce dicton. C'était le cas de cette dame qui, à chaque bonne nouvelle, s'attirait des ennuis, se blessait ou avait un accident dont elle était en partie responsable. Par exemple, le jour du succès au baccalauréat de son fils, succès inespéré selon elle, elle traversa sans regarder la chaussée, se fit renverser par une moto et se retrouva à l'hôpital. Une nouvelle fois, une joie se transformait aussitôt en drame[22]. La répétition dans sa vie de pareils événements l'amena à consulter un psychologue. Témoin encore cet homme qui excellait à retourner toutes ses réussites en échecs en les sabotant aussitôt, en les minimisant, en se ridiculisant lui-même. Cela ne t'arrive-t-il jamais ?

Dieu est la Vérité. Il est Beau. Le vrai est beau. Ainsi, tout ce qui est laid n'est pas vrai. C'est une production humaine, un détournement de ce qui était beau au départ. Ce que crée Dieu, on le voit dans la *Genèse*, est beau et bon. Mais qu'en avons-nous fait au cours des siècles, dans nos hérédités respectives ?

Pour retrouver ton enfant de Lumière, le faire croître, grandir, repose-toi sur cette vérité : « C'est vrai donc c'est beau ». Cherche à mettre à jour, dans ta vie, tout ce qui est bon et vrai. Veille à ne plus utiliser les phrases du « vieil homme », de ton psychisme, qui ne créent qu'un renforcement des tendances négatives, dramatisantes. Ancre maintenant dans ton langage des phrases positives qui te font du bien, qui te mettent en Dieu.

« C'est beau donc c'est vrai ! »

22. Ses croyances étaient : « Qu'est-ce que j'ai fait au bon Dieu pour mériter cela… ? » et : « C'est trop beau pour être vrai… ; je finis toujours par tout gâcher autour de moi. »

26

Juin

Toutes tes richesses retrouvées

Retrouver tes dons, ce qu'il y a de beau et de bon en toi et faire grandir ton enfant de Lumière, voilà ta mission.

Dieu a mis en toi des talents spécifiques. Si tu as à devenir pauvre de toute cette accumulation de fausses croyances qui te détournent de ta route, tu as aussi à entrer dans ta beauté profonde. Ne dis plus que tu ne « vaux rien », que tu ne « sais rien faire ». Tu as une richesse intérieure évidente car tu es enfant de Dieu. Tu possèdes des dons particuliers, originaux. Tu en connais quelques-uns, tu en ignores d'autres, parce que tu ne t'es jamais donné la possibilité de les mettre à jour, ou parce que tu en as douté. Par ailleurs, tu en as utilisé certains pour autre chose que la croissance de ton être, que le bien commun. Hitler, par exemple, avait certainement des talents d'orateur, de rassembleur, des capacités à l'émulation des foules. Il aurait pu réunifier, harmoniser, parler de Dieu. Mais il s'est servi de ses dons à des fins détournées, perverses. Tu as toi-même inversé quelques-uns de tes dons, tu les as utilisés contre les autres ou à tes dépens. Aujourd'hui, tu es appelé à les purifier, les retrouver, les remettre à l'endroit. Par exemple, comment te sers-tu de ta langue, toi de qui on dit qu'elle est « bien pendue » ? Comment te sers-tu de ton oreille, toi qui es à l'affût du moindre bruit de couloir ?

Tu es aussi invité à reconnaître tes limites réalistement, humblement mais pas de façon masochiste. Tu ne peux pas tout. Tu ne sais pas tout. Le perfectionnisme excessif, tu le sais, t'étranglerait et te laisserait constamment insatisfait.

Développe progressivement tes dons essentiels, trouve ton axe. Sois toi, tout toi, pleinement toi, mais rien que toi[23]. Accepte tes limites. Elles sont tes amies car elles te permettent de mieux croître, de ne pas te disperser, de grandir et de réussir.

23. *La Personne et sa croissance*, P.R.H.

27

Juin

L'enfant de Lumière unifie tout

Ton enfant de Lumière trie, il garde ce qui est bon, vrai, tout ce qui va dans le sens du bien, de Dieu. Plus tu seras ancré en lui, plus tu auras la sensation d'une harmonie intérieure. Petit à petit, ton enfant de Lumière unifiera l'Esprit de Dieu en toi, ton âme, ton psychisme, ton corps. Ainsi deviendras-tu transparent à tous les niveaux de ta personne : l'unité entre les différents plans de ton être en sera la conséquence.

Plus ton enfant de Lumière grandira en toi, plus tu te sentiras « un ». Il n'y aura plus ces parcelles de toi qui se combattent entre elles et combattent les autres. Disparu ce « parlement » houleux représenté par les personnages qui coexistent en toi et ne se tolèrent pas. Terminé ce kaléidoscope de pensées contradictoires, d'émotions, de désirs opposés… L'unité qui se forge va te donner la Paix. De toi va émaner une vraie sérénité, celle de ton enfant de Lumière.

L'enfant de Lumière nettoie le psychisme

Le psychisme est comme une combinaison compliquée de traits et de tendances issus de l'enfance, de la généalogie, de l'hérédité. On peut imaginer qu'un ensemble de personnages différents l'habitent.

Ton enfant de Lumière, qui est « un », connaît tes dons et tes talents. Il va nettoyer ton psychisme comme il laverait une sphère en verre afin qu'elle perde son opacité et retrouve sa brillance, comme quelqu'un qui dépoussiérerait sa maison, son appartement, son bureau… Il va mettre d'accord, entre eux, les « personnages » qui le composent pour que disparaissent les conflits les opposant, et dont tu souffres. Ton enfant de Lumière met tout ton psychisme au diapason des valeurs qui sont les siennes. C'est pourquoi il est primordial que tu notes sur un cahier des mots beaux, mélodieux, des mots porteurs de vie, de paix, de joie, d'amour comme : émerveillement, gratuité, transparence, harmonie, tendresse, loyauté, amitié, délicatesse, douceur, gratitude, justesse, compréhension, contentement, épanouissement, légèreté, béatitude, sérénité, bonté… car ce sont ceux de ton enfant de Lumière. Tu passeras toutes les parties de ton psychisme au crible de ces termes ; tu chasseras de ton vocabulaire ceux qui ne te correspondent pas, ceux négatifs ou conflictuels que le « vieil homme » en toi avait appris, pour les remplacer par des mots qui invitent à la Vie. Ils prendront la place des paroles nauséabondes que tu avais l'habitude d'utiliser. Là où tu respirais l'air vicié des **r**ancœurs, **r**évoltes, **r**atages, **r**ouspétances, **r**emords, **r**uminations, **r**ésignations, l'air vivifiant de l'Esprit Saint va te **r**emplir, te **r**essourcer, te **r**égénérer, te **r**essusciter, te faire **r**éussir, **r**ayonner, t'aider à **r**emercier…

Tu changes de « **r** » et d'air grâce à ton enfant de Lumière : il purifie ton psychisme.

29

Juin

L'enfant de Lumière intègre et vivifie le corps

Il ne suffit pas que ton soleil intérieur rayonne sur ton psychisme et le remette en ordre, il ne suffit pas non plus que tout parte de ton centre pour être unifié, il faut encore que cela s'intègre dans ton être de chair.

Ton enfant de Lumière accepte le corps physique qui lui est donné. Petit à petit, il le régénère, le ressource, le vivifie. Par lui, l'Amour guérissant de Dieu irradie toute tes cellules, leur redonne des forces, les restaure… Plus tu seras en harmonie avec toi-même, plus tous les niveaux de ton être seront unifiés et mieux tu te porteras ; plus tu recevras la Sainteté de Dieu et plus ton corps sera sain dans les limites du possible.

Longtemps on a dissocié le physique du psychologique et du spirituel. Aujourd'hui, on sait que l'homme est un tout et que chaque plan de son être retentit sur les autres. Il est temps que médecins, psychologues, prêtres, pasteurs travaillent de concert, chacun s'ouvrant et respectant le domaine de l'autre.

L'épanouissement dans ton corps d'une spiritualité qui tienne compte des mécanismes psychologiques, et qui les oriente positivement, est le signe de la présence en toi de ton enfant de Lumière.

30

Juin

L'enfant de Lumière est inspiré

L'enfant de Lumière est un petit garçon, une petite fille avec une colombe au-dessus de l'épaule. Ciel et terre, il est inspiré par l'Esprit Saint, par Dieu. Il a l'intuition des choses célestes. Sa rationalité vient de la terre. Ces deux aspects se retrouvent dans le cerveau humain entre le côté droit plus affectif et le côté gauche plus rationnel. Toute ton œuvre est d'unifier les deux. Ton enfant de Lumière enroule sans cesse le Ciel et la terre dans sa croissance. Ni trop haut, ni trop bas, ni trop à gauche, ni trop à droite, il est bien au centre comme Jésus, les bras ouverts, qui nous montre la position du juste milieu. Il ne s'élève pas dans des envolées mystiques qui le laisseraient sans force, il ne s'embourbe pas dans la matière, il unifie harmonieusement les deux.

Lorsque soudain tu retrouves comme par miracle un objet que tu avais égaré, lorsque tu te sens guidé au bon endroit pendant que tu fais tes courses, lorsque tu éprouves la joie profonde d'avoir été aidé, alors tu peux être certain que tu as entendu « la parole » inspirée de ton enfant de Lumière.

Les moments d'éclipse où ton psychisme prend le dessus alternent avec la joie confiante et légère où tu sens l'inspiration de ton enfant de Lumière, où tu as conscience que tu fais tout avec Dieu. Un tramway, un trolleybus, un TGV ne peuvent avancer que s'ils se raccordent aux câbles électriques ; ton enfant de Lumière, lui, est toujours « raccordé » à Dieu. Quelle plénitude lorsqu'il remplace l'encombrement de ton psychisme !

Troisième trimestre

Prendre confiance en soi et se ressourcer

Juillet

Penser positivement

1er
Juillet

Rien n'est mauvais en Soi

Peut-être as-tu été élevé dans cette conception dichotomique du bien et du mal, du vrai et du faux, du blanc et du noir. La réalité est beaucoup plus subtile et nuancée : les couleurs se juxtaposent les unes à côté des autres dans l'arc-en-ciel ; le mercure du thermomètre passe d'un degré à l'autre quand la température change…

La vie, entre les extrêmes, comprend toute une gamme de possibles : rien n'est mauvais en Soi car, au départ, toute la Création de Dieu est belle. Mais notre psychisme blessé retourne les dons de Dieu en les utilisant, les manipulant, notamment parce que l'on a vu les autres le faire.

Pour te libérer de ces comportements, pour te ressourcer, efforce-toi de voir le Bien en chaque être, le trésor qui existe en toute situation. Les Hébreux disent que « l'ennemi est l'ami » ; les Chinois affirment que « la crise est l'opportunité » : ce qui abat certains stimule d'autres. Ainsi, apprends-tu à envisager les choses sous un jour neuf, positif, à rebondir, à repartir quelles que soient les circonstances, à ne plus diaboliser, négativiser : tire la quintessence de ce que tu vis et n'oublie pas que Dieu fait de tout un Bien.

2

Juillet

Tu t'ouvres à la vie

La vie est jaillissante, rayonnante. Pourtant tu peux ne pas la voir. Le printemps avec ses premières feuilles, ses premières fleurs, te donne l'impression que la vie renaît et cela te rend heureux. Mais as-tu vu les bourgeons apparaître dès l'automne ; t'es-tu aperçu qu'ils grossissent et rougissent en hiver ? As-tu contemplé la danse des cerisiers, des pommiers, des lilas… qui se préparent bien avant le printemps ? As-tu senti que la vie ne s'arrête jamais ? Quand tu es triste à l'automne devant l'envolée des feuilles mortes si belles après avoir donné tous leurs feux, te rends-tu compte qu'au même moment les bourgeons démarrent ? La vie est là, elle balaie le vieux pour installer le neuf. Elle vibre partout dans l'herbe, les arbres, l'espace, les animaux… La voir si noble, généreuse, jaillissante te ramène au meilleur de toi-même, à ta relation à Dieu.

Tu choisis la vie, tu choisis de la discerner au-delà de la mort qui n'est qu'une transformation, une étape, jamais une fin : une forêt brûlée repousse, le ciel bleu est toujours derrière les nuages, le corps spirituel s'élance dans le Ciel…

La vie l'emporte toujours et partout, tu t'ouvres à elle.

3

Juillet

Être source de bénédiction

Si tu as vraiment conscience que la Vie de Dieu en toi n'est que Beauté, que le désir de Dieu est de tout remettre dans son ordre divin harmonieux, alors tu as confiance. Tu vois tout autrement, d'une façon positive. Tu es en paix : tu sais combien il est important de tout bénir. Telle situation s'est mal passée avec ton employeur, tu t'es disputé avec ton conjoint, tu n'as pas compris la demande de ton enfant, tu as injurié un automobiliste qui t'a fait une « queue de poisson » quand tu rentrais fatigué de ton travail... tu dis : « Seigneur, tu les bénis ». Tu regrettes tes emportements, tu ne t'en veux pas, mais tu prends la décision de défaire ce pli de ta personnalité parce que nul n'est responsable de la lourdeur de ta journée et tu pries ainsi : « Seigneur, je déplore mes réactions un peu vives d'aujourd'hui. Bénis-moi. Bénis particulièrement tous ceux que j'ai blessés ou avec qui j'ai été en conflit ».

Apprends à tout bénir sans exception. Quand tu entres dans une église, tu es saisi parce que le lieu est baigné de prières depuis longtemps. On sent souvent dans les monastères une intensité de recueillement qui vient de très loin et de très profond. Si tu prends l'habitude de prier et de tout bénir chez toi, c'est toute ta maison, tout ton appartement qui s'en trouvera sanctifié. Plus tu enverras de pensées positives, plus tu imprégneras ton environnement de bénédictions, plus cela réfléchira sur ceux qui viendront te rendre visite et plus tu te sentiras bien toi-même. Tu es responsable de ce que tu fais de ton environnement physique ! Ne le néglige pas !

Tu bénis en toutes circonstances et tu demandes à Dieu la grâce de devenir une petite source de bénédiction intarissable.

4

Juillet

Plus de comparaison !

Que ton existence serait belle si tu ne comparais plus ! Depuis ton enfance tu es soumis à la comparaison, en famille, à l'école, en société...

Pourrais-tu avoir pour objectif d'arrêter cette habitude ? Quitte à comparer, alors au moins que ce soit dans un sens positif, pour créer en toi une émulation, pour t'encourager, t'améliorer, te faire avancer, mais pas pour te dénigrer.

N'oublie jamais, par ailleurs, que tu pourrais vivre et que tu as peut-être, que tu as sans doute vécu des situations plus difficiles. Ainsi, lors d'une coupure d'eau ou d'électricité dans ton quartier, au lieu de maugréer contre « ta » malchance, tu pourrais te souvenir que tu as manqué d'eau ou de lumière pendant des semaines dans le passé et que certains, dans le monde, en sont privés pendant des mois voire des années. Lorsque le courant sera rétabli et que l'eau coulera à nouveau de ton robinet, tu auras appris à te réjouir de chaque ampoule qui s'allume, du fonctionnement du plus anodin des objets électriques, de la moindre goutte d'eau. Tu te rendras compte que ce qui te paraissait naturel n'est pas un dû et tu apprécieras pleinement chaque élément de ton confort. Tu t'en réjouiras et savoureras la moindre chose.

Ayant avancé dans le contentement et la gratitude, tu auras la même attitude vis-à-vis des autres et de toi-même. Tu remercieras, loueras et béniras.

5

Juillet

Chaque jour tu te construis

Chaque jour tu te construis. Chaque jour t'apporte ses leçons, ses opportunités.

Vivre pleinement, c'est recevoir les événements d'une journée comme autant d'éléments avec lesquels tu t'édifies. Ils vont t'aider, qu'ils soient faciles ou difficiles, heureux ou malheureux... à t'approfondir, te positionner, te renforcer dans tes capacités à réagir, répondre, te taire, attendre...

Qu'as-tu à apprendre aujourd'hui ? À savoir attendre ? Alors peut-être qu'au cours de cette journée tu seras « bloqué » dans les embouteillages, tu devras patienter parce que le métro s'arrêtera entre deux stations pour un « temps indéterminé », tu feras la « queue » au guichet de la poste... Comment utiliseras-tu ce moment ? Sauras-tu t'approfondir, méditer, organiser ta journée ?

Si cela faisait partie des épreuves d'un concours qui te tient à cœur ou des exercices spirituels proposés lors d'une retraite, tu aurais un but, tu serais motivé. Peux-tu considérer ta vie telle qu'elle est comme une école que tu aurais librement choisie ? Si tu la regardes en ayant conscience de tout ce que tu as à perfectionner, à équilibrer, tu verras qu'elle foisonne de cadeaux, d'invitations. Tu la considéreras comme un enseignement, une formation. Tu réfléchiras à la façon dont tu as réagi, tu aurais pu réagir, et tu te donneras des objectifs.

6

Juillet

Tu franchis les obstacles

Il existe des sports comme l'équitation, le cent-dix mètres haies ou la descente en canoë kayak de certaines rivières où l'on choisit de franchir des obstacles. Naturellement, personne n'y parvient du « premier coup ». Il faut de l'entraînement, améliorer ses performances progressivement. Mais les sportifs éprouvent un réel plaisir à le faire. Tout leur art repose sur le développement de leur compétence, leur force ou leur agilité.

Comment perçois-tu à ton tour les obstacles que tu rencontres dans ta vie ? Les considères-tu encore comme un désastre ? Si c'est le cas, tu risques de te décourager puis de te désespérer devant tant de difficultés. Au contraire, si tu les envisages comme des opportunités et sans t'y complaire, tu apprendras à les surmonter de mieux en mieux, à les franchir autrement, avec plus d'habileté et de détermination.

7

Juillet

Oser avancer

Prendre des risques raisonnés oui, maintenant avec le Seigneur, tu oses le faire. Tu poses un pied devant l'autre avec Lui comme soutien. Il t'accompagne dans toutes les circonstances. Tu comprends maintenant que le drame de ta vie est de stagner, tourner en rond, répéter les mêmes schémas, les mêmes scénarios et de t'en vouloir de ne pas en sortir, de ne pas aller vers autre chose, de ne pas oser...

Alors, petit à petit, tu décides d'avancer, de prendre des risques dont tu mesures les conséquences, tout en sachant que tu pourras ensuite rectifier, prendre d'autres décisions. Tu commences d'abord dans un domaine que tu connais, pour te redonner confiance, pour prendre l'habitude d'adopter une attitude de gagnant, de réussite. Puis, tu choisis un domaine un peu plus difficile pour toi et ainsi de suite...

Toutes les grandes entreprises supposent un apprentissage, des essais et des erreurs, font traverser et surmonter des déceptions ou des « ratages », mais forgent peu à peu un moral de vainqueur.

Si tu ne veux pas être quelqu'un d'apathique ou d'endormi qui rêve sa vie au lieu de la vivre, si tu aspires à t'éveiller comme Dieu nous y invite tous, tu vas maintenant oser, avancer, faire ton chemin, pas à pas, avec le Seigneur.

Sors de chez toi. Vas-y !

De victoire en victoire

Sans faire du triomphalisme excessif ni manifester un optimisme exagéré, il est nécessaire que tu prennes conscience de tes progrès, de tes victoires.

La réussite n'est pas forcément le succès à un examen par exemple. Tu peux, au contraire, tirer une leçon profitable de mauvaises notes ou d'appréciations défavorables, en étant amené à certaines prises de conscience bénéfiques sur ta façon d'étudier et de travailler et, au-delà, à réfléchir sur ton orientation, sur les conséquences engendrées par cet « échec »...

Parler de victoire répond surtout à une tournure d'esprit : il s'agit de franchir un gué, d'avancer pierre après pierre, de terre ferme en terre ferme. On apprend à ne plus négativiser, dramatiser, « voir tout en noir »... mais à mettre en pratique le fait que de tout sort un bien, que *« tout concourt au bien de ceux qui aiment Dieu ».*

Maintenant tu vas de victoire en victoire, de progrès en progrès ! Plus tu adopteras cette façon de penser, plus tu auras une saine confiance en toi, en la vie, en ta capacité de réagir positivement aux événements quels qu'ils soient. Le chômage, par exemple, peut être pour toi l'occasion d'une saine remise en cause, de réaliser quelque chose qui te tient à cœur depuis longtemps, ta vocation. Encore faut-il avoir pris l'habitude de « surfer » sur la vague, de ne pas considérer les événements comme des ennemis, même s'ils en ont l'apparence, de penser que tout est grâce et qu'un obstacle, s'il persiste, peut représenter une invitation à changer d'orientation ou de décision...

9

Juillet

Tu as confiance

Ta confiance n'est pas une confiance béate, ingénue, sans réflexion, sans discernement, sans recul. A contrario, tu n'as pas non plus à faire preuve d'une méfiance excessive à l'image de ce stagiaire qui proclamait que son père lui avait donné trois conseils dans la vie : « Mon fils : méfiance, méfiance, méfiance... ». Jésus nous invite à une confiance raisonnée. Il nous demande d'être *« candides comme des colombes et prudents comme des serpents*[1] » ou ces animaux qui doivent leur salut à leur éveil.

En qui, en quoi accorder ta confiance ? En Dieu d'abord et en son Amour. Cela devrait être une évidence si les hommes n'avaient pas défiguré son Visage et son action au cours des siècles. Lui, de son côté, a une confiance éperdue en toi et pour toujours. Ensuite, tu peux accorder ta confiance à ton enfant de Lumière ; à l'être des autres... En revanche, reste très prudent vis-à-vis du psychisme d'autrui comme du tien car tu en connais les faiblesses : chacun de nous est capable, sous l'effet du stress, dans des moments de fatigue, de tension, dans ceux où l'on interprète mal, où l'on revient à ses scénarios, où l'on se croit victime, de devenir persécuteur. Aie foi en l'être de chacun mais reste avisé vis-à-vis de sa personnalité psychologique qui, parfois, est capable du « meilleur » comme du « pire ». Ne confonds pas les deux niveaux ! Si tu as un enfant qui fait « plein de bêtises », garde espoir, crois en lui. Tôt ou tard, il se libérera de son hérédité, des réactions disproportionnées que ses blessures expliquent, au moins en partie. Il viendra au jour. Tôt ou tard il s'éveillera.

1. Mt 10, 16.

10
Juillet

Tu prends du recul

Longtemps tu as apprécié les événements de ton existence : l'autorité, l'amour, ta famille, ta profession, ton pays, mais aussi l'étranger, les races… à travers le prisme de ton éducation, de tes projections. Aujourd'hui, tu retires tes lunettes déformantes et tu veux percevoir les choses dans leur réalité objective. Ne cède pas à la dramatisation, aux négativités, aux généralisations abusives, aux automatismes de pensée… Prends du recul, relativise, positive. L'*adulte* en toi ne s'identifie pas à un seul état d'âme, ni à l'émotion du moment. Il prend de la hauteur, ne se laisse pas envahir, ne s'emporte pas, garde la « tête froide », s'accorde le temps de la réflexion. Il est le chef d'orchestre qui harmonise tous les instruments et sait tirer le meilleur de chacun.

Tu ne veux plus être écartelé, déchiré, tiré à « hue et à dia ». Tu veux t'unifier, te recentrer, devenir plus *adulte* tout en développant le regard pur et cristallin de ton enfant de Lumière.

11

Juillet

Remettre les choses à leur vraie place

Comme tu irais mieux, comme tu te sentirais plus léger, si tu savais remettre les événements à leur vraie place.

Sans t'en rendre compte, tu as tendance à dramatiser, à juger. Tu le justifies en t'affirmant entier, parfois un peu excessif ou exigeant, mais au moins avec toi c'est clair, tu as des positions bien arrêtées.

Regarde les choses telles qu'elles sont vraiment : apprends à dédramatiser, à relativiser, à positiver. Si quelqu'un te fait, selon toi, un « mauvais coup » ou te dit quelque chose que tu ressens comme particulièrement désagréable, prends du recul. Pour y parvenir tu te dis, par exemple, qu'il a rencontré des difficultés dans la journée, que des soucis cette semaine peuvent expliquer son attitude… Ses mots ont pu dépasser sa pensée. Il a peut-être déjà tout oublié parce que cela n'aura eu aucune importance pour lui, et revenir sur le sujet peut paraître déplacé, dérisoire, inutile…

En prenant le temps de la réflexion, tu vas te rendre compte que, souvent, tu « te noies dans un verre d'eau », que tu as amplifié les choses et qu'il est temps de leur accorder leur juste valeur, de les remettre à leur vraie place.

12

Juillet

Tu vois en filigrane, tu perçois en relief

Chacun a sa propre vision des choses. Une agression verbale peut être interprétée de différentes manières selon les personnes qui la vivent. Certains ne percevront que la dureté des mots, d'autres discerneront la blessure engendrée ou la souffrance de celui qui a attaqué, d'autres « entendront » son cri d'amour, sa recherche de Dieu...

Tu apprends à distinguer plusieurs niveaux chez les autres : le paraître, le psychologique, l'être. Tu vois en relief, sans t'arrêter aux apparences, pour lire les blessures qui s'expriment au-delà des mots, des attitudes, reconnaître le besoin d'être aimé, la Présence de Dieu au plus profond des êtres... Y parvenir permet de faire preuve de beaucoup plus de respect, de compréhension, de tolérance, de patience : tu aborderas ton prochain différemment, avec un regard neuf.

Sais-tu saisir, en filigrane, les différents niveaux des événements ? Sais-tu en découvrir le joyau, le cadeau ? Même quand il y a beaucoup de nuages qui semblent tout masquer, la lumière filtre et se perçoit en transparence. Tu apprends à voir plus profondément comme « à travers », non pas d'une façon inquisitrice, mais pour discerner le beau, le bien qui cherche à s'exprimer à travers les événements, les actes, les êtres.

Tu apprends à voir en relief, en filigrane, ce qu'il y a de meilleur en chacun et tu remercies ton frère, ta sœur, chaque fois qu'ils le font avec toi.

13
Juillet

Tu t'appuies sur des faits concrets

Au lieu de chercher des coupables, de te demander qui « a commencé », efforce-toi, petit à petit, de t'en tenir aux faits objectifs, de bien poser le problème et de réfléchir à la manière de le résoudre. Tes relations avec les autres vont alors changer : il y a beaucoup moins de tensions lorsqu'on s'installe dans une logique « problème/solution », du « comment faire pour… » plutôt que de revenir sur le passé en accusant. Ainsi, à chaque fois que tu critiques quelqu'un dans sa personne au lieu de parler précisément de la situation qui vous oppose ou, à l'inverse, quand on t'attaque personnellement, prends conscience de ce qui se passe et veille à te recentrer sur les faits, rien que sur les faits. Par exemple, si l'on te traite « d'imbécile », la partie *adulte* de ta personnalité, plutôt que de se mettre en colère, demande à l'autre ce qui justifie cette réflexion, ce qu'il veut vraiment te dire. Vous pourrez alors évoquer le différend, échanger bien plus paisiblement que si tu te sens agressé et que tu réagis de façon « épidermique », trouver ensemble ce qu'il convient maintenant de faire.

Deviens de plus en plus précis, concret, centré sur les faits. À chaque problème, il y a une solution…

14

Juillet

Tu te repositionnes

Bien des personnes prennent trop ou pas assez de place par rapport aux autres. Souvent, notre moi psychique hésite entre la domination(+/-), la soumission et la fuite (-/+), entre « manger » et « être mangé », avec des périodes de découragement (-/-) : « À quoi bon… ; on n'y arrivera pas… ».

Maintenant, grâce à ton *adulte* qui prend du recul, grâce à ton enfant de Lumière, tu trouves ta juste place dans l'orchestre, le puzzle…, tu te positionnes dans ta famille, ta maison, ton travail, ta communauté…, par rapport à chacun de ceux qui t'entourent. Tu écoutes l'opinion des autres, tu la respectes, tu donnes la tienne sans te perdre dans d'interminables débats théoriques, tu joues ta partition, tu restes l'instrument que tu es… En termes d'Analyse Transactionnelle, la position de vie que tu cherches à développer au maximum est la position *gagnant/gagnant* (+/+) : « Tu penses ceci ou cela. C'est ton opinion et je la respecte. Quant à moi, voici ce que je pense et je te demande de le respecter… ».

Grâce à ton enfant de Lumière, tu prends la place qui est la tienne, sans exagération ni dévalorisation.

15
Juillet

Vas-y !

Tu as appris à simplifier ta pensée, à ne pas cultiver l'ambiguïté, à ne pas rester dans le négatif... Tu pèses raisonnablement le pour et le contre, puis tu choisis.

Décider, c'est trancher, se responsabiliser. Tu ne veux plus que les autres décident à ta place, quitte à le leur reprocher comme tu le faisais par le passé. Maintenant tu avances...

Alors qu'est né en toi ton enfant de Lumière, tu réfléchis avec Dieu, tu te laisses inspirer par Lui : un problème se résout mieux en prenant un temps « d'incubation » pendant lequel le travail de l'inconscient se fait ou, si l'on est croyant, pour que Dieu aide à la maturation et que la solution lumineuse apparaisse.

Tu y vas, tu y crois et tu agis. Tu tires la leçon au fur et à mesure, tu rectifies si nécessaire. Avec Dieu, tu reprends ta vie en main, tu en tiens les rênes, le gouvernail. Tu vas de décision en décision tout en sachant qu'aucune ne sera parfaite, mais tu progresses.

Aujourd'hui, tu ne veux plus subir, tu ne veux plus être victime, tu ne veux plus que les autres choisissent pour toi, tu y vas, tu y crois, tu décides et tu agis.

16

Juillet

Affirme !

« Je ne suis pas ceci, je ne suis pas cela… » Un sage avait coutume de répéter aux personnes qui venaient le voir : « Quand vous vous décrivez, ne présentez pas ce que vous n'êtes pas, mais dites ce que vous êtes. Lorsque je vous demande votre métier, vous ne répondez pas - je ne suis pas vendeur, transporteur, avocat... Vous déclarez : - je suis secrétaire, médecin… ».

Les phrases négatives compliquent la communication comme le démontre cette devinette. « J'ai deux pièces dans les mains : une dans la main gauche, l'autre dans la main droite. L'ensemble s'élève à vingt-cinq centimes. Pourtant, l'une des deux pièces n'est pas une pièce de cinq centimes ». Quelle est la solution ? De nombreuses personnes reformulent la devinette telle qu'elles l'ont comprise, c'est-à-dire de la manière suivante : « Il n'y a pas de pièce de cinq centimes ». Or, l'énoncé précise seulement que l'une des deux pièces n'est pas une pièce de cinq centimes. Mais l'autre… La confusion est liée à la forme négative. Si l'on avait posé la question autrement, en remarquant que l'une des deux pièces était une pièce de cinq centimes, tout aurait paru simple et clair (vingt et cinq)…

Apprends à affirmer. Pour cela peux-tu modifier ton langage. Par exemple, si tu utilises souvent l'expression : « Je ne dis pas non », pourquoi ne pas dire simplement « oui ». Une affirmation remplaçant deux négations ! Sortir du flou, de l'ambiguïté, améliorera ta relation avec les autres. En effet, seules les personnes ayant plus développé leur « cerveau gauche » (logique, rationnel) que leur « cerveau droit » (affectif, imaginatif) peuvent intégrer positivement et comprendre les phrases négatives !

D'où aussi l'importance de la formulation positive en s'adressant aux enfants qui n'ont pas encore développé leur « cerveau gauche ». Si on leur dit par exemple : « Attention de ne pas tomber ! » ils vont retenir « tomber » qui devient une vraie incitation à le faire. Mieux vaut leur dire : « Sois vigilant ! »

17
Juillet

Tu penses positivement

Les psychanalystes affirment que « l'inconscient est structuré comme un langage[2] ». Les propos négatifs, dramatisants, interprétatifs, viennent du psychisme. Ils ont une influence sur ta vie, ta façon d'appréhender les choses, tes relations avec les autres, ton rapport avec Dieu… Tu retrouves le dolorisme, le pessimisme, de fausses croix ; tu minores, tu es péjoratif… Toutes tes pensées négatives vont s'inscrire dans ton corps comme l'empreinte des coquillages dans le sable. Ainsi apparaissent des somatisations avec leur cortège de troubles fonctionnels au niveau du dos, des extrémités, des viscères…

À présent, prends conscience de toutes tes expressions négatives, arrête-les lorsqu'elles te viennent à l'esprit et retourne-les en positif. Choisis la Vie qui circule en toi, la Parole de Dieu qui est toujours édifiante, clarifiante, vivifiante… Mets-toi au diapason de ton enfant de Lumière qui parle, voit, pense positivement. Désormais tu bannis de ton vocabulaire des phrases comme : « Je suis à bout de forces… ; je n'y arriverai jamais… ; personne ne peut me comprendre… ». Remplace-les par : « Aujourd'hui je suis fatigué et je me repose, je verrai demain… ; la fatigue et le stress font que j'ai tendance à tout voir en noir, je me ressource, je me relaxe… ».

La pensée positive relativise. Elle n'entre pas dans le drame, elle comprend qu'il est important de s'arrêter, de ne pas prendre de résolution lorsqu'on est épuisé et que l'on a dépassé certaines limites.

Repère les moments de la journée où tu es le plus toi-même, où tu réagis le mieux. Est-ce le matin, l'après-midi, le soir ? Cela varie en fonction du rythme de chacun. Évite de prendre des décisions au moment où tu te sens dépressif, dans ton scénario de victime, dans le sabotage, lorsque ton psychisme a le dessus. Attends plutôt de t'être recentré dans ton enfant de Lumière, inspiré par Dieu.

---

2. Jacques Lacan, *Les Écrits*, Seuil, 1966.

18
Juillet

Tu t'exprimes positivement

Tu as conscience que ta façon de formuler les choses est aussi importante que le contenu même de tes propos : ils sont le miroir de la vision que tu as de la réalité. Dire les choses positivement permet, et c'est vrai pour tout le monde, de mieux les faire accepter que lorsqu'on les présente de façon critique, qui juge ou abrupte.

Efforce-toi de t'exprimer selon le modèle +/-/+ dont voici un exemple. Même si ton temps est limité, tu peux au moins aborder la personne à qui tu t'adresses avec un sourire, une attitude d'accueil, une remarque encourageante (+). Puis, tu présentes objectivement ce qui t'a touché ou blessé ou le problème à résoudre (-). Enfin, tu proposes de réfléchir ensemble à des solutions (+). Cette pédagogie +/-/+ consiste à ne jamais commencer ni terminer par du négatif, que ce soit dans les mots que tu utilises, dans ton intonation, ton attitude… Déjà, dans la structure des lettres un peu « convenues » du passé, on plaçait au milieu du texte ce qui était plus difficile ou délicat à exposer et on commençait et terminait le courrier par une formule de politesse : « Cher Monsieur, ou Chère Madame » et « Veuillez agréer cher Monsieur, chère Madame… ».

Aujourd'hui dans les entreprises, lors de l'entretien d'évaluation, on évoque d'abord les réussites, en second lieu les difficultés rencontrées et la façon dont on a réagi et enfin seulement les « échecs ». On parle davantage en termes de « points forts » et de « points de progrès » ou « à améliorer » que de points faibles. Et bien, dans ta propre vie tu t'attacheras à ne plus relever les éléments négatifs que pour les analyser et y apporter des solutions à court, moyen et long terme ; tu n'oublieras pas que tes relations avec tes collègues, tes proches, ton conjoint, tes enfants, les membres de ta communauté… seront tendues si tu ne retiens d'eux que les aspects que tu déprécies sans relever ni valoriser leurs efforts et réussites. Une parole négative ou conflictuelle doit toujours être précédée et suivie d'une parole positive, stimulante, encourageante !

points forts
points progrès plutôt que points faible -

19

Juillet

Semer des pensées positives

Depuis ton enfance, des jardiniers plus ou moins bien intentionnés ou maladroits ont semé en toi des pensées et des croyances négatives.

On les retrouve dans les mots que tu utilises, dans les phrases toutes faites comme : « La vie est dure… ; on n'a rien sans rien… ; tout se paie… ; qu'est-ce que j'ai fait au bon Dieu… ».

Certaines formules viennent de très loin. Elles se transmettent de génération en génération depuis les périodes de guerre où tout se vivait en termes d'agression, de défense, de lutte.

Essaie maintenant de t'en libérer. Naturellement, tu ne vas pas cesser de les utiliser du jour au lendemain parce qu'elles sont ancrées dans ton langage, dans ton inconscient. Dans un premier temps, tu vas en prendre conscience, puis tu vas les arrêter dès qu'elles se présentent à ton esprit : « Stop ! »

Enfin, tu apprendras à les contrecarrer en énonçant un certain nombre de phrases positives inverses : « Je réussirai même si cela demande du temps… ; j'ai le droit d'être heureux… ; je choisis d'équilibrer ma vie et de recevoir les cadeaux de Dieu… ». Ces formules contrepoisons sont comme des semences qui vont germer, grandir jusqu'à ce qu'elles éclosent et deviennent de nouvelles fleurs dans ta bouche.

Cela prendra des mois, peut-être davantage pour te « rebrancher positivement », pour penser autrement. Si tu as des idées toutes faites sur les fonctionnaires, les cadres, les inspecteurs des impôts, les policiers… ou encore les hommes, les femmes… la partie *adulte* de ta personnalité examinera en quoi elles ne correspondent pas à la réalité.

Tu sortiras de toutes ces généralisations abusives pour commencer à décrire les êtres, les situations sans les enfermer dans des catégories. Tu as le droit, même le devoir, de faire et de penser autrement que tes parents, tes grands-parents, tes éducateurs…, aussi « admirables » qu'ils aient été par ailleurs.

Lorsque tu es stressé, angoissé, dis-toi par exemple : « Dieu me protège parfaitement, à tout moment et en toute circonstance ». Rappelle-toi cette Parole adressée à Josué : *« N'aie pas peur, ne crains rien, le Seigneur ton Dieu est avec toi partout où tu vas et dans tout ce que tu entreprends*[3] ».

3. Jos 1, 9.

20
Juillet

Tout repositiver au fur et à mesure

Avoir une autre vision de l'existence, changer de regard, nécessite de prendre du recul par rapport à ce que l'on pense ne pas avoir réussi, et de ne plus accumuler de mal vécus. Ainsi, chaque jour est-il bon de faire le point et de tout repositiver.

Réjouis-toi de ce qui a bien « marché », remémore les bons moments et félicite-toi de tes progrès... En ce qui concerne les « ratés » de la journée, prends du recul, remets les choses à leur place dans ta tête, rappelle-toi que tu es en apprentissage et qu'il faut du temps et beaucoup d'exercices quotidiens pour progresser. Si tu as un conflit à régler avec une personne, au lieu de ressasser, maugréer, accumuler des rancœurs, analyse objectivement ce qui s'est passé pour trouver des solutions, pour envisager comment tu vas aborder le sujet avec elle. Prends le temps de réfléchir à la formule la plus juste, à l'attitude la mieux adaptée. Si tu as affaire à quelqu'un de particulièrement rationnel, logique, qui a une partie *adulte* développée, mieux vaut une explication claire. S'il s'agit d'une personne plutôt affective, un geste d'apaisement et de bienveillance est le bienvenu. Sois bref avec les personnes qui ont tendance à parler peu, qui ont du mal à écouter plus que quelques secondes. Sois drôle avec les *créatifs*... Ainsi, réfléchis à ta façon d'agir, sur quel terrain : chez toi, chez l'autre, au travail, au restaurant... ; et à quelle heure : tôt le matin avec les uns, dans l'après-midi ou la soirée avec les autres...

En te préparant, en ne faisant rien dans la précipitation, en n'agissant pas de la même façon avec tout le monde et en t'adaptant aux circonstances, tu choisis l'harmonie et l'efficacité.

21
Juillet

Tu t'adaptes à tes interlocuteurs

S'il existe en profondeur le même besoin d'amour, de reconnaissance, le même désir conscient ou inconscient de Dieu en chacun, nous n'en restons pas moins très différents les uns des autres au niveau des couches plus superficielles de notre personnalité. C'est pourquoi on ne peut pas s'adresser à tout le monde de la même manière. On tiendra compte de la sensibilité, des réactions de chacun, pour pouvoir adapter son langage à ses interlocuteurs. Il ne s'agit ni d'une attitude de « caméléon », ni d'une stratégie manipulatrice, mais d'une façon de se faire comprendre en respectant la personnalité de l'autre tout en étant fidèle au message que l'on a l'intention de transmettre.

Avec les personnes à dominante intellectuelle, *organisatrice*, la communication sera plutôt fondée sur un dialogue concret, les faits, l'efficacité. Lorsque l'interlocuteur est particulièrement *sensible*, on le rassurera et le valorisera. Avec ceux qui ont une tendance *rebelle*, les *réactifs*, le ton sera celui de l'humour, de la plaisanterie. Le style sobre, pudique, conviendra mieux à ceux qui sont plutôt *rêveurs* ou stoïques[4]. On ne peut pas, par ailleurs, demander la même rapidité, la même compréhension, la même capacité de raisonnement… à son conjoint, ses enfants, ses collègues…

Pour savoir comment aborder l'autre, observe sa façon de se comporter, ses habitudes (est-il toujours à l'heure et précis ou au contraire en retard ; est-il plutôt un « maniaque » de l'ordre ou est-il à l'aise dans un certain « fouillis » ; se donne-t-il le temps de flâner ou agit-il avec vivacité voire précipitation ; a-t-il le sens de l'humour ou non… ?)

Ainsi, c'est apprendre à parler toutes les langues et pas seulement la sienne (cf. les apôtres à la Pentecôte). S'adapter à son interlocuteur, c'est se soucier de ce qu'il est, de ce qu'il ressent, de la façon dont il s'est construit. La franchise, ce n'est pas d'abord se permettre des « pointes » qui peuvent blesser l'autre et auxquelles il réagira mal, c'est être clair, mais tout en sachant dire les choses de telle manière qu'il puisse les entendre, y répondre et les intégrer positivement.

4. Cf. 11 janvier.

22 Juillet

Être en éveil

Beaucoup de nos appareils sont dans une position de veille : télévision, radio, réveil… Il suffit d'appuyer sur un bouton pour les mettre en marche. Toi aussi, reste en « veille », en « stand-by », en alerte… Sois prêt à recevoir. Ne le fais pas en te tendant obsessionnellement car tu ne connais pas le moment où « l'appareil devra s'allumer ». Tu restes simplement en éveil car tu ne sais pas quand tu auras à agir, quand tu recevras l'inspiration… et tu ne veux pas manquer cet instant.

Rester en éveil, c'est être vraiment dans le lâcher prise, dans l'abandon. Pour y parvenir, sois centré en toi-même, laisse tes encombrements, sors de tes énervements, tes préoccupations… Que ton antenne soit toujours branchée et toi, sois prêt à agir, à réagir.

On dit de certaines personnes qu'elles sont éveillées. Elles se sont tirées de l'endormissement dans lequel mènent le psychisme, les habitudes, l'hérédité, tout ce qu'il y a de lourd et de répétitif dans la vie… Elles se sont laissé réveiller par le baiser du Prince Charmant comme Blanche Neige ou la Belle au bois dormant.

Si une partie de toi dort encore, reste au moins en « stand-by ». Ton Prince va venir. Le Marié est proche. Garde ta lampe allumée !

23
Juillet

De nouvelles orientations se précisent

Maintenant que tu es re-né, plus rien n'est déterminé dans ta vie. Tu es sorti de tes scénarios répétitifs et tu es entré dans la liberté des enfants de Dieu.

Ta nouvelle façon de penser et de réagir va générer toutes sortes de situations que tu vas apprendre progressivement à utiliser positivement, comme dans les arts martiaux.

Des orientations se précisent au travers de tes choix, de tes inspirations, des événements qui jalonnent ta vie. Tu les laisses mûrir au jour le jour : ton sentier intérieur se forme peu à peu. Tu relis ton existence d'une façon nouvelle. Ce qu'on appelle « faire la volonté de Dieu » n'est-ce pas découvrir le sens profond de ce que l'on vit, où tout se dessine, petit à petit, à l'image de la vocation qui est la sienne en profondeur et que Dieu aide à accomplir ? Si, par exemple, on a été prisonnier ou si l'on a connu la prison de la drogue, de l'alcool, d'une obsession, d'une idée fixe, on sera à même de comprendre et d'aider tous ceux qui sont aujourd'hui enfermés réellement ou symboliquement.

La vie est belle et féconde. Elle te propose ce qui va le mieux te construire par rapport à ce que tu es en profondeur et que tu as choisi de développer. Saisis les opportunités. Si tu es certain de l'Amour de Dieu et que tout concourt à ton bien, tu découvriras sans cesse de nouvelles richesses, tu n'auras plus peur des changements, tu les réaliseras avec Lui et dans son Temps : ce Temps qui, autrefois, te paraissait trop lent, mais que tu commences, maintenant, à apprécier à sa juste valeur. Tu t'émerveilles de ce qui se profile. Tu peux dire en vérité : « Jamais je n'ai été intérieurement aussi heureux qu'aujourd'hui ».

24

Juillet

Tu aiguises tes sens, tu développes tes sens spirituels

Dieu nous a donné cinq sens : la vision ; l'ouïe développée, entre autres, chez les musiciens, les « écoutants » les personnes intériorisées ; le toucher qui permet notamment le partage, la tendresse, la sexualité, l'intimité ; le goût qui sous-tend, par exemple, l'attrait pour la nourriture, la cuisine ; l'odorat (les parfums, les fleurs, la nature mais aussi l'intuition comme en témoigne l'expression populaire « avoir du nez, du flair »). Ces cinq sens nous offrent une gamme incomparable de perceptions des situations. Selon les époques, tel ou tel d'entre eux a été favorisé au détriment d'autres. Ainsi, longtemps a-t-il fallu contrôler le regard que l'on qualifiait d'accusateur et baisser les yeux…

Chacun de nous privilégie l'un des cinq sens. Quel est celui qui prédomine chez toi ? As-tu limité l'un ou l'autre à cause d'interdits ? Quelles injonctions as-tu reçues à ce sujet ? As-tu découvert que, sous chacun de ces sens il s'en trouve un autre, celui qui lui correspond dans ton corps spirituel ? C'est grâce à cela que certains aveugles parlent de leur « vision ». C'est encore le sens spirituel qui permet d'entendre plus profondément le cri de chacun vers Dieu, le besoin d'Amour, la vulnérabilité de tous…

As-tu affiné tes sens physiques pour atteindre tes sens spirituels ? As-tu spiritualisé tes sens physiques ? As-tu tendu une échelle, comme celle de Jacob, entre ton corps physique et ce que tu as de plus profond en toi ?

« Venez et voyez comme le Seigneur est bon » dit la Parole. Elle renvoie à la sensation profonde du cœur qui s'ouvre à l'Amour de Dieu. Dans le Ciel, dans la vision béatifique, tous nos sens seront ouverts et comblés : visions émerveillées, écoute profonde et amoureuse, ravissement des sens et de la musique, toucher de plus en plus subtil et raffiné, odeurs et goûts exquis, saveurs sans pareilles de la Vie !

25 Juillet

Une saine confiance en toi

La vraie simplicité, la véritable humilité consiste à t'accepter tel que tu es, à t'émerveiller en mettant à jour les dons que Dieu t'a confiés.

Développe une saine confiance en toi. D'abord, reconnais que tu ne peux pas tout, que tu n'es pas « bon » dans tous les domaines. Accepte d'être moins perfectionniste, de placer « la barre » moins haut et de développer tes talents, tes ressources propres. La confiance en toi repose sur la découverte de ta spécificité. De nombreuses personnes ne croient pas en leur intelligence parce que, longtemps, elle a été assimilée à la réussite scolaire au détriment de la dimension relationnelle, artistique, mystique ou simplement du cœur. Aujourd'hui, on sait qu'il existe différents types d'intelligence : celle de l'artisan est différente de celle du musicien qui ressemble peu à celle du médecin, de la mère de famille, du chercheur, du joueur de football… À ton tour, tu t'efforces de te libérer de cette croyance qu'il n'existe qu'une mémoire, une intelligence, une sensibilité. Tu cherches quelles sont tes spécificités. Ta mémoire, par exemple, peut porter sur les faits historiques si tu as du goût pour le passé, sur les aliments, les repas si tu es gastronome, sur ce que les personnes te confient si tu es psychologue…

Chacun a à développer l'intelligence, la mémoire, la sensibilité qui correspond à son axe, à sa vocation.

26
Juillet

Tes pauvretés, une richesse

Oui, tes pauvretés sont vraiment des richesses si, là où tu te sens petit, fragile, malhabile, tu laisses d'autres t'aider, te secourir, sans te présenter comme une *victime*, sans faire d'eux des *sauveteurs*[5].

Tes pauvretés, des richesses parce que, au centre de chacune d'elles rayonne la Tendresse infinie de Dieu : c'est dans le dénuement d'une étable et de la croix que Jésus est venu donner sa Vie pour les hommes.

Tes pauvretés, des richesses parce qu'elles te gardent dans l'humilité : tu ne peux pas tout, tu ne feras pas tout...

Tes pauvretés, des richesses si tu t'émerveilles de la moindre chose comme cette petite fille qui passait des heures à s'amuser avec une coquille d'escargot et un caillou, ses seuls biens ; comme cet homme souriant qui vivait dans une masure délabrée avec juste de quoi acheter quelques victuailles au marché où il se rendait sur un vieux vélo bringuebalant ; comme ce SDF qui, à tout « bonjour » adressé répondait : « Mais je n'ai que des bons jours ». Chacun d'eux était riche de sa simplicité, de sa liberté, de son contact avec la nature, de sa relation aux autres... Chacun avait découvert l'essentiel, voulait vivre l'essentiel. Maximilien Kolbe, franciscain, fut interné dans le camp d'Auschwitz. Il offrit sa vie pour sauver celle d'un autre prisonnier, père de famille. À l'article de la mort, son regard était si pur, si lumineux, son rayonnement était tel que ses geôliers ne pouvaient lui faire face. La Lumière du Ciel traversait déjà son pauvre corps exténué.

5. *Choisis la Vie*, p 286 à 295.

27
Juillet

Laisse-toi aimer

L'envie d'être aimé te déchire le cœur. C'est ton besoin le plus impérieux mais aussi, sans doute, ta souffrance la plus profonde. Une partie de toi y aspire de toutes tes forces, mais une autre le refuse, ne veut pas y croire.

À t'entendre tu as eu tellement d'expériences négatives (on s'est servi de toi..., on t'a fait des promesses que l'on n'a pas tenues..., tu t'es senti trahi, bafoué..., tu as l'impression de t'être fait « avoir » ; l'amour que tu as connu n'était que possession, manipulation ou écrasant, ironique...) que maintenant, tu as peur de t'ouvrir, d'accueillir, de faire confiance.

Laisse-toi aimer ! Laisse rentrer en toi l'Amour de Dieu. Tu t'es enfermé dans ta citadelle, dans ta tour de pierre. Le Seigneur frappe tendrement à ta porte. Ouvre-Lui ! Donne-Lui les clés de ton cœur. Il vient te guérir. Cela va demander du temps... Tu as peut-être, comme le renard du Petit Prince, besoin d'être apprivoisé. Approche-toi peu à peu. Aide le Ciel à venir sur la terre : laisse-toi aimer par Dieu un peu plus chaque jour. Tu ne seras plus jamais seul et tu pourras avec Lui, en Lui, grâce à Lui, vivre une qualité d'amour terrestre : fraternel, amical, conjugal... que tu n'as sans doute jamais connue jusqu'à présent.

28

Juillet

Une prière toute simple

Ton enfant de Lumière prie d'une façon toute simple car il vit dans l'intimité de Dieu. Des prières apprises ou lues permettent à des communautés de personnes de se recueillir et de se tourner ensemble vers Dieu, dans un même lieu et à une certaine heure. Mais, partant de son cœur profond, l'enfant de Lumière dit simplement à Dieu : « Je t'aime. Je sais que Tu m'aimes Seigneur... je me laisse aimer par Toi... ; Tu me bénis à chaque instant de cette journée... ; je Te demande de retourner mes erreurs en bien... Aujourd'hui, je serai peut-être irritable. Je Te demande de bénir ceux après lesquels je me serai énervé, qu'ils comprennent mes limites, et ne soient pas trop blessés par mes paroles, mes emportements. Seigneur aide-moi à réparer mes erreurs au moment opportun... ».

« Seigneur, aujourd'hui, je voudrais être un petit instrument dans ton orchestre. Si je suis le triangle, dis-moi quand j'ai à retentir, si je suis le piano, que je sache jouer mon morceau en harmonie avec les autres...; Seigneur, bénis toutes les personnes que j'ai rencontrées aujourd'hui, celles à qui j'ai pensé, celles qui ont pensé à moi, qui m'ont écrit, téléphoné, celles auxquelles je suis relié au Ciel et sur la terre, celles qui prient pour moi, celles qui m'ont demandé de prier pour elles... ; Seigneur tu bénis toutes les situations compliquées, difficiles que je rencontre, tu les retournes en bien... »

« Notre Père » : « Notre Père à tous, Papa bien aimé »...

« Qui es aux cieux » : « Et les cieux sont au-dessus, autour de nous, mais aussi au-dedans de nous » ;

« Que ton nom soit sanctifié » : « Que ton Nom soit connu et aimé comme Jésus est venu le révéler » ;

« Que ton règne vienne » : « Et que je contribue à la venue de ton Royaume sur terre dans ce qui est ma vocation, ma spécificité » ;

« Que ta volonté soit faite sur la terre comme au ciel » : « Et que ta volonté soit une fête pour chacun de nous parce qu'elle cherche à amener sur terre Paix, Joie et Amour » ;

« *Donne-nous aujourd'hui notre pain de ce jour* » : « Pas seulement notre nourriture corporelle, mais aussi tout ce dont nous avons besoin sur le plan psychologique et spirituel pour agir et être fécond » ;

« *Pardonne-nous nos offenses comme nous pardonnons aussi à ceux qui nous ont offensés* » : « Tu nous pardonnes nos erreurs et nos fautes et nous nous en souvenons. Nous ne voulons pas être ingrats comme dans la Parabole des deux débiteurs. Que ton Pardon coule à présent en nous pour tous ceux dont nous avons estimé, à tort ou à raison, qu'ils nous ont offensés » ;

« *Et ne nous soumets pas à la tentation* » : « Tu nous aides à traverser les moments difficiles, à discerner, à faire de bons choix » ;

« *Mais délivre-nous du mal* » : « De tout mal et de celui que nous nous faisons à nous-mêmes ».

Amen.

29
Juillet

Tu diffuses l'Amour, tu rayonnes l'Amour

Tu as reçu l'Amour de Dieu pour toutes les parties psychiques qui t'habitent et que tu n'arrivais pas à aimer, pour ces pans de ta personnalité que tu refusais, pour cette chambre mal rangée, pour ton corps avec lequel tu avais à te réconcilier...

Quand tu acceptes de recevoir l'Amour divin, Il te traverse, tu Le diffuses et tu Le reçois en retour. Tel est le miracle de l'Abondance divine : plus tu donnes, plus tu reçois.

L'Amour de Dieu est humble et désintéressé. Il ne demande rien. À l'inverse, le nôtre, l'amour psychique, est toujours une forme d'échange, même quand nous venons en aide à autrui et nous avons à le reconnaître humblement. Ainsi un médecin ne peut-il exercer son métier que grâce à ses malades. Il soigne, certes, mais en-dehors de ses études, ce sont ses « clients » qui le forment et sa pratique quotidienne approfondit ses connaissances. Par ailleurs ses soins sont rémunérés, ce qui lui permet de vivre, sa fonction le valorise et lui procure une place estimée dans la société.

Il en est de même pour toutes nos relations d'amour. Voyons le bien en face et il n'y aura plus de *dominant* et de *dominé*, de *sauveur* et de *sauvé*, simplement des personnes qui donnent et reçoivent, qui équilibrent la joie du don et la louange, la reconnaissance pour toute l'aide reçue.

Reconnaître et accepter nos limites, nos besoins, humblement, réalistement, fera de nous de petits frères universels qui se ressourceront dans l'Amour divin et se laisseront traverser par Lui pour mieux Le diffuser, Le rayonner.

30

Juillet

La Lumière qui est en toi

La Lumière de Dieu est en toi. Tu t'es ouvert à son Amour et ton enfant de Lumière baigne dans la Lumière divine. Tu ne l'oublies jamais, même dans les moments les plus difficiles, les plus sombres de ton existence. À tout instant tu restes en contact avec la Lumière qui t'habite profondément. Tu ne choisis pas la perfection, tu te laisses habiter par la Sainteté de Dieu. Tu acceptes que sa Lumière entre dans toutes les pièces de ta maison. Tu as appris à ne plus te réfugier uniquement dans ce petit réduit obscur, sans fenêtre, où tu te complaisais à ruminer, à ressasser. Tu ne t'enfermes plus. Tu ne te blindes plus. Tu occupes maintenant chacune des pièces de ta maison et tu respires l'air à pleins poumons. Tu laisses largement entrer le Soleil divin, tu ouvres tes fenêtres et tes volets pour que la clarté rentre partout, dans les endroits les plus obscurs comme les plus mal rangés. Tu oses mettre à jour ce que, jusqu'à présent, tu avais caché, non pas pour le livrer à n'importe qui, car tu as à être prudent à ce sujet, mais pour l'offrir à Dieu. Si tu as honte, tu te jettes dans ses bras et tu laisses sa Lumière douce, chaude, réconfortante, inonder chaque recoin de ta personnalité.

Quel bonheur lorsque la lumière revient après une nuit trop noire, quand la clarté réapparaît dans des contrées où l'obscurité a duré plusieurs mois, quand on retrouve un doux soleil après avoir été enfermé dans un cachot ou une prison, lorsqu'on sort au jour après avoir travaillé dans des salles fermées...

Tu cs une petite fenêtre à travers laquelle le jour passe. Tu n'as pas à te nettoyer sans cesse. Tu as simplement à être aussi propre que possible, à tenir ta place et à te laisser traverser par la Lumière. Ne La refuse pas : tu n'as rien à « mériter ». Tu La reçois gratuitement : Elle est maintenant, dans ton cœur, ton regard, ton écoute attentive, tes gestes de tendresse... Tu laisses la Lumière de Dieu baigner tous tes sens et, à travers eux, tous ceux que tu rencontres.

31

Juillet

Tu retrouves le goût de la fête

Peut-être as-tu gardé une impression pénible de fêtes bruyantes, enfumées, imprégnées de vapeurs d'alcool, qui avaient lieu dans une ambiance confinée, où chacun s'exaltait dans des émotions exagérées, où éclataient des conflits parce qu'on ne s'était pas compris, parce que l'on avait trop bu… Peut-être as-tu en mémoire des réunions familiales contraignantes, figées, où l'on passait des heures à table… Peut-être as-tu un mauvais souvenir de ton mariage à cause des obligations qui se sont greffées autour de sa préparation et de son déroulement : les invitations, la crainte de froisser des susceptibilités, la difficulté de placer les convives par affinités, les problèmes engendrés par les familles recomposées… Peut-être as-tu encore un goût amer des fêtes où tu te sentais triste, seul, abandonné, étranger à tous les amusements des autres…

Ton enfant de Lumière désire d'autres fêtes, légères, heureuses, dans un sentiment de plaisir partagé où tout le monde est vrai, simple, naturel… Tu as parfois connu cette joie au sein de ta communauté, dans un groupe avec lequel tu étais en communion de pensée, avec de nouveaux amis… quand vous étiez heureux après avoir marché dans la nature et chanté tous ensemble… Tu sens que ces moments précieux, exquis, sont un avant-goût de la félicité céleste. Tu comprends que, si tu as mal vécu de nombreuses fêtes sur terre, c'est parce qu'en toi il y a la nostalgie de quelque chose de plus épanouissant, de plus comblant, qui réponde mieux à tes besoins.

En découvrant ton enfant de Lumière qui te permet de vivre et de grandir, tu retrouves le goût de la fête, de vraies fêtes, en Dieu : « Que ta volonté soit fête ! »

Août

Savoir se reposer et apprécier la vie

1er
Août

Décompresser

Pour préserver ta santé et ton équilibre psychologique, pour rester centré, il est important que tu saches décompresser.

Au cours de l'année, tu accumules fatigue et stress et, lorsqu'arrivent les vacances, tu éprouves le désir impérieux de te relâcher. Avant d'emmener ta famille en vacances, de partir dans un voyage organisé, dans un lieu de stage, de rencontre ou d'approfondissement spirituel, donne-toi quelques jours pour décompresser. Pourquoi te précipiter sur les routes encombrées, dans l'agitation de la circulation ? Si tu préfères partir dès le début de tes vacances pour ne pas « perdre une journée », ta fatigue va ressortir : tu risques de passer par une période d'apathie, d'irritabilité faute de détente.

Et si tu te ménageais des moments de repos au cours de l'année, même courts, quotidiennement comme en fin de semaine, et quelques jours de détente régulièrement[6], plutôt que d'arriver épuisé physiquement et nerveusement aux vacances d'été. Donne-toi le droit d'avoir des instants de silence, d'isolement... Peut-être décompresses-tu mieux dans une atmosphère fraternelle, entouré de tes amis, dans la nature, en marchant, en nageant... alors accorde-toi des temps de rencontre, de communion avec la nature, fais du sport...

C'est à toute une réorganisation de tes temps libres que tu es invité. Penses-y. Trouve de nouvelles façons de t'aérer, te décontracter, te recréer. Fais-toi vraiment plaisir !

6. Les rythmes scolaires partagés, en principe, en périodes de sept semaines en montrent la nécessité.

2 Août

Te faire un sas

Pendant tes vacances, tu parviendras d'autant mieux à te dégager des contraintes quotidiennes, à te délasser, à avoir un peu de temps pour toi que tu te seras accordé des sas de décompression tout au long de l'année.

Des études sur les réactions en fin de journée ont montré que nous sommes nombreux à avoir besoin d'un moment de pause, d'un « break », pour nous détendre après le travail. Cet « entre-deux » permet de « souffler », de « respirer ».

Au cours de ta journée de travail, d'études, de mère de famille, tu as entendu beaucoup de bruit, tu as rencontré des personnes, téléphoné, parlé, tu as beaucoup réfléchi. Tu as peut-être envie de silence, de revenir à ton centre intérieur, à ton cœur. Si tu ne satisfais pas ce besoin, tu ne pourras pas supporter les cris des enfants, le mouvement ambiant... Tu manqueras d'énergie, le soir, pour répondre aux questions de ton mari, ta femme, ton compagnon, ta compagne...

Explique comment tu fonctionnes à tes proches afin qu'ils comprennent que ton attitude n'est pas dirigée contre eux. Dis-leur que tu as besoin d'un temps à toi. Ce temps, soit tu le prends à ton bureau lorsque tout le monde est parti, soit tu vas te promener, nager ou faire de la gymnastique avant de rentrer chez toi, soit tu regagnes ton domicile et tu écoutes de la musique, tu prends une douche... pour refaire ton plein d'énergie et être disponible aux autres.

Te donner des sas de décompression est fondamental pour que ta vie relationnelle, conjugale, familiale... soit harmonieuse.

3

Août

T'aérer

As-tu appris à respirer amplement, profondément ? De nombreux citadins réduisent le volume d'air qu'ils inspirent pour se défendre inconsciemment de la pollution ambiante. Bien des personnes qui travaillent dans une atmosphère enfumée, toxique, comme dans certaines usines, limitent leur respiration pour éviter que trop de produits agressifs ne pénètrent dans leur organisme.

Accorde-toi des moments où tu respireras posément, par vagues, pas seulement avec le haut de ta poitrine, mais aussi avec le ventre, comme on l'apprend dans les techniques de relaxation. N'oublie pas que l'Esprit Saint est présenté comme le Souffle de Dieu !

Bien respirer t'aidera, en particulier lorsque tu affrontes des moments difficiles, quand tu dois parler en public et que tu es stressé, à telle ou telle heure de la journée, pour décompresser… Toutes les fois que tu en ressens le besoin dans la semaine, va dans la nature emplir tes poumons d'air pur. En vacances, c'est le moment de te libérer de tout ce qui t'encombre comme une nourriture trop riche, le tabac… ; savoure l'air de la montagne, de la mer, de la campagne et fais-en des « réserves » pour toute l'année.

Un sage utilisait la formule OAM comme clé de l'équilibre : Oxygène, Alimentation, Mouvement.

Profite de tes vacances pour retrouver une meilleure hygiène de vie. Cet intellect, que tu privilégies constamment, peux-tu, pour l'instant, lui donner moins d'importance ? Toi qui vis enfermé toute l'année, qui te déplaces en voiture ou qui travailles assis dans ton bureau : si tu accordais à la respiration, à l'alimentation saine et au mouvement une vraie priorité !

4

Août

Savoir te reposer

Tu as peut-être eu des obligations professionnelles, familiales ou communautaires qui t'ont obligé à te lever très tôt, à te coucher souvent tard. Ou bien, ayant un surcroît de travail ou trop de sorties, tu t'es progressivement décalé dans tes heures de sommeil, et tu as maintenant du mal à t'endormir ou à te réveiller. Les vacances sont faites pour te remettre physiquement des fatigues accumulées tout au long de l'année. C'est le moment de retrouver un sommeil profond et réparateur. Sans doute vaut-il mieux te reposer et décompresser petit à petit que de dormir d'une seule traite deux ou trois jours d'affilée. Mais toi seul connais tes réactions…

Profites-en également pour réapprendre à te délasser ponctuellement. Les managers, les hommes politiques par exemple, qui ont de longues journées de travail, pratiquent ce que certains appellent le sommeil-minute : ils s'assoupissent environ dix minutes pour refaire leur plein d'énergie. D'autres préconisent une courte sieste. En effet, si tu dors trop longtemps, tu risques de te sentir mal, de flotter « entre deux eaux ». C'est dans cet état « second » que tu es le plus vulnérable aux agressions extérieures. Savoir te détendre, te lâcher, est important pour ton équilibre. Fais confiance à ton horloge interne qui va te réveiller au bout de quelques minutes parce que tu en auras décidé ainsi. Ce temps de repos aura été pour toi salutaire, bienfaisant.

5
Août

Apprendre à bien dormir

De quoi est fait le sommeil ? Il comprend différentes phases. Nous passons par plusieurs niveaux de conscience dont le sommeil profond et le sommeil où nous rêvons.

La nuit, toutes les impressions de la journée, les peurs, les désirs... se réorganisent et s'associent avec des souvenirs anciens, certains événements réels, des productions imaginaires. Tout cela donne lieu à des rêves souvent très intéressants (on rêve plusieurs fois par nuit, que l'on s'en souvienne ou non), mais qu'il faut savoir interpréter et ne pas prendre « au pied de la lettre » ou considérer comme des rêves prémonitoires. Il y a de multiples niveaux d'interprétation possibles, l'un des plus pertinents étant de considérer tous les personnages du rêve comme des parties de soi-même. On peut aussi « retravailler » les rêves, par exemple, en les repositivant à l'état de veille, en leur trouvant un nouveau déroulement, d'autres dénouements.

La nuit, tu plonges, à certains moments, dans un endroit très profond de toi, dans ta « centrale d'énergie » en Dieu où tu refais tes forces : tu te lèves le matin « réparé », avec entrain, vigueur... Tu vas te ressourcer en Dieu, que tu Le connaisses ou non et rencontrer beaucoup de ceux que tu aimes...

Dormir est important pour ta santé psychique et physique mais aussi pour bien vivre ta journée du lendemain. Ainsi supprimeras-tu petit à petit les stimulants que tu as l'habitude d'utiliser dans la journée comme l'alcool, le café, le tabac..., et en réserveras-tu d'autres pour le matin comme certaines vitamines. Tu feras attention à l'heure de ton coucher, à la durée de sommeil qui t'est nécessaire pour te sentir bien, aux trains de sommeil qui sont les tiens et qu'il est important que tu apprennes à connaître. Ceux-ci se répartissent en cycles d'une heure trente environ : si tu manques le premier « train », tu es obligé d'attendre le second environ une à deux heures plus tard...

Tu prendras soin, selon ton vrai besoin et non pas par simple habitude, d'ouvrir ou de fermer la fenêtre ou les volets de ta chambre, d'orienter convenablement ton lit ; tu veilleras à la façon de te coucher... Tu t'interrogeras aussi sur ce qui va t'aider à bien dormir : la lecture, une tisane, la musique… ? Si tu te réveilles la nuit et que tu commences à réfléchir, tu arrêtes immédiatement et tu renvoies le problème à plus tard, tu le notes dans un coin de ta tête et tu n'y penses plus. Fais confiance à ton inconscient, il saura le faire ressurgir en temps utile, et quand tu seras à même de l'aborder sainement !

Tu pourras aussi prononcer cette phrase : « Je dors chaque jour d'un sommeil profond, ressourçant, réparateur, et je me réveille en pleine forme ». Tu la rediras lentement, posément, pendant des mois, jusqu'à ce qu'elle ait imprégné ton inconscient et soit devenue opérante.

6

Août

En finir avec le vagabondage mental !

L'emballement mental représente un danger pour ton équilibre psychique comme pour ta santé physique. Le fait de ne pas savoir arrêter ta pensée est à l'origine d'obsessions, de fixations, de ruminations et d'une fatigue récurrente.

Tu as à dire « stop » à tes tourbillons de pensées, et cela s'apprend ! Certes, ta capacité de réflexion est importante. Mais si tu penses trop, de façon excessive, cela « te bouffe » comme l'ogre qui va dévorer le petit Poucet, comme le loup qui va manger l'agneau, le petit chaperon rouge, ton petit enfant intérieur… Or, tu laisses souvent ton mental t'absorber et prendre toute la place. Désormais, tu vas apprendre à arrêter ton vagabondage mental. Stop ! Stop ! Stop !

Tu peux commencer par te fixer des limites horaires : chaque soir, par exemple, à partir de dix-neuf heures, tu arrêtes de travailler, tu ne penses plus à tes soucis. Tu notes ce qui te préoccupe sur un papier ou ton carnet et tu te fixes des rendez-vous avec toi-même le lendemain pour réfléchir au problème à régler « à tête reposée ». Tu te laisses ainsi un temps d'incubation qui te sera d'autant plus profitable que tu reprendras ta réflexion le jour suivant, renouvelé, avec les idées plus claires. Évite aussi les discussions le soir, quand tu es fatigué, car c'est là qu'il y a le plus de dérapages verbaux. Ce qui est vrai pour toi l'est aussi pour tes proches…

Tu peux aussi faire le vide plusieurs fois au cours de ta journée. Tu t'exerceras d'autant mieux que tu en auras saisi la nécessité, que tu auras mesuré combien ce temps de « gestation » est fondamental. Les grandes découvertes ont souvent eu lieu par une illumination, une intuition qui suivait un temps de lâcher prise où le chercheur « oubliait » le problème à résoudre.

Le vagabondage mental est épuisant pour toi et pour ton entourage qui te le reproche : « Tu penses trop… ; tu ne penses qu'à cela… ; tu es obsédé… ». C'est de l'énergie perdue. Aujourd'hui, tu décides de dire « stop », « ça suffit ! » et de t'y exercer quotidiennement pendant des mois, jusqu'à ce que tu arrives facilement à « débrancher », à « déconnecter » dès que tu en ressens l'envie ou le besoin.

7
Août

Te divertir, te recréer

Prendre des vacances, c'est faire une coupure avec les soucis quotidiens. C'est changer d'ambiance, avoir une vraie re-création. Ton enfant intérieur en a besoin au même titre que l'on donne aux élèves des récréations[7]. Dans la journée, donne-toi le temps de « souffler » régulièrement, alterne et varie les tâches. Profite aussi des fins de semaine pour te donner des « petites » vacances…

Se re-créer, c'est vraiment changer de rythme, faire une pause, se divertir, déconnecter au lieu de penser à toutes les tâches qui ne sont pas faites ou qui restent à exécuter…

Qu'est-ce qui te permet de te délasser vraiment : prendre un bain, marcher, lire, écouter la radio ou regarder la télévision, jouer d'un instrument… ? Personne n'a de conseil à te donner à ce sujet, toi seul sais ce qui te fait du bien et te permet de te changer les idées. L'important est d'oublier, pour un temps, tout ce qui te préoccupe et de te ressourcer.

7. On a montré que peu peuvent soutenir une attention de plus de quarante à quarante-cinq minutes d'affilée.

8

Août

Un corps en bonne santé

« Dieu est saint et sain. Il est en bonne santé » avait l'habitude de dire un pasteur connu. Il est effectivement la Santé parfaite. Jésus aussi avait une santé florissante qui lui permit d'être une expression constante de l'Amour jaillissant et guérissant. Les Évangiles ne parlent à aucun moment pour Lui de maladie...

Es-tu en bonne santé ? Tu n'es peut-être pas en bonne condition physique pour des raisons héréditaires : tu as, par exemple, des prédispositions à telle ou telle affection. Mais ta façon de te construire, de penser ou de réagir, toutes choses égales par ailleurs, ta façon d'évacuer le stress quotidien et de résoudre tes conflits intérieurs joueront une part importante dans l'installation ou non de la maladie.

Tu peux aussi avoir certains dérèglements à cause d'excès : tu ne sors pas assez, tu manques d'air, de mouvement, tu ne te ressources pas, tu ne te revitalises pas, tu es seul, tu travailles trop, tu t'adresses beaucoup à ta tête, tu compenses tes souffrances par la nourriture, la boisson, le tabac, par des déviations qui t'encombrent et te culpabilisent...

Aujourd'hui, tu choisis de préserver ta santé. Dieu t'a donné un corps merveilleux que tu respectes. Si tu recevais un cadeau luxueux comme, par exemple, une bague surmontée de pierres précieuses, un appartement, tu serais plein de gratitude, tu en prendrais particulièrement soin.

Le plus beau cadeau que tu aies reçu, c'est ton corps. Même si tu es souffrant, handicapé, peux-tu avoir pour lui le même respect que pour un présent somptueux car il te permet, du moins en partie, de te déplacer, de sentir, de voir, d'entendre, de goûter, de savourer ? Réponds-tu à ses besoins de mouvement, d'air... d'alimentation saine, de lumière, de nature, de tendresse, de caresses (au moins celles du vent, de la pluie ou du soleil, si tu ne peux recevoir, pour l'instant, celles d'amis ou de proches) ?

9
Août

Écoute ton corps

Ton corps te parle. Il te dit ses besoins de : nourriture, activité, relaxation… Il a un rythme que tu as à écouter.

Tous les corps sont différents. Aimes-tu le tien ? Il t'est donné par Dieu et tu peux Lui en être reconnaissant. Découvre-le au lieu de le critiquer sans cesse. Dans ton éternité, tu auras un corps fluidique, spirituel, de Lumière et, à la Résurrection finale, tu auras retrouvé cette même enveloppe physique glorifiée, transfigurée…

Bénis ton corps, écoute-le, envoie-lui des pensées d'amour. Commence à réparer ce que tu as détérioré par toutes tes compensations : les cigarettes, l'alcool, les excès alimentaires, la boulimie, l'anorexie… Retrouve tes vrais besoins de pureté, d'aliments sains… Les vacances représentent un moment privilégié pour renouer avec ton corps et lui faire du bien. Tu peux déclarer, par exemple, lorsque tu te couches : « Je m'endors dans les bras de Dieu, je vais passer une bonne nuit et me réveiller en pleine forme ». Tu peux t'adresser à tes articulations, les bénir, leur envoyer des pensées positives qui mettront de « l'huile dans les rouages » sans te dispenser de prendre, par ailleurs, des anti-inflammatoires – aussi naturels que possible –, si c'est nécessaire. Tu bénis aussi ta digestion tout en faisant attention à ce que tu manges ; tu fais de même avec ta respiration…

Fais du bien à ton corps en recevant la Paix de Dieu et en prononçant ces mots : « Seigneur, Tu régénères et revitalises toutes mes cellules, Tu me ressources entièrement des pieds à la tête, dans tous les niveaux de moi-même et je reçois la bénédiction de ton Amour plein, bienfaisant, ressourçant et guérissant ».

10

Août

T'alimenter autrement

Tu as peut-être adopté des habitudes alimentaires qui ne te conviennent pas vraiment à cause de déjeuners d'affaires bien arrosés, des repas que tu prépares pour les enfants et où tu grignotes… à cause de compensations qui te poussent à manger un peu trop de gâteaux, de sucreries… Au cours de l'année, tu as pris du poids : ton corps t'indique les excès qui ont été les tiens. Certes, tu peux prendre des médicaments qui vont masquer les désordres de ton organisme. Mais est-ce la solution ? Tu peux aussi, et d'abord, réapprendre à t'alimenter plus sainement. Quels sont tes excès ? Manges-tu trop de sucre ou de graisse ; fais-tu des mélanges qui provoquent des fermentations intestinales ; absorbes-tu beaucoup de produits acides ; consommes-tu de grandes quantités de viande… ?

As-tu découvert d'autres façons de t'alimenter ? Connais-tu les vertus de certains régimes, des produits issus de l'agriculture biologique, du pain complet, du régime crétois à base, notamment, d'huile d'olive et de végétaux ?

Ta manière de t'alimenter a beaucoup d'importance sur ton énergie, ta longévité, les défenses de ton organisme. Or, elle dépend, la plupart du temps, des habitudes que l'on t'a données dans ton enfance, de la façon dont étaient préparés les repas de fêtes, des croyances de ta famille d'origine. Les vacances peuvent être de nouveau l'occasion de longs repas familiaux ou entre amis (plus ou moins équilibrés et souvent trop riches en calories), ou au contraire d'un rééquilibrage alimentaire : tu prends le temps d'apprendre à confectionner des recettes plus légères, de te documenter sur les combinaisons alimentaires bonnes pour la santé, sur d'autres façons de se nourrir, sur les produits qui attaquent l'organisme. Le tabac, il y a une quarantaine d'années, n'était pas perçu comme un ennemi. On connaît maintenant parfaitement les ravages qu'il peut produire sur la santé. Ce qui était vrai du tabac dans le passé l'est, aujourd'hui, de beaucoup d'autres produits. De ce point de vue et sans dramatiser, écoute bien les Informations…Il est important de réfléchir à ton alimentation et de te rendre compte que tu es encore très conditionné par ton hérédité et ta culture. Et si tu écoutais ton corps et ses réactions ? Et si tu te faisais une idée vraiment par toi-même ?

11

Août

Tu recharges tes batteries

Parmi les nouvelles sources d'énergie existent les capteurs solaires. Ils permettent de fournir, par exemple, chauffage et eau chaude aux maisons où ils sont installés.

Ton corps, lui aussi, doit « recharger ses batteries ». Il a besoin des quatre éléments de la nature : le feu avec les rayons du soleil à condition de respecter les règles de protection et de dosage auxquelles nous invitent les dermatologues ; l'air indispensable à la vie ; l'eau que tu bois ou dans laquelle tu te baignes ; l'ancrage dans la terre.

La lumière est indispensable à l'organisme. Dans certains pays nordiques, où les nuits durent plusieurs mois, il existe des établissements qui mettent à la disposition des clients des panneaux éclairants reproduisant la lumière du jour. Les personnes s'installent devant eux régulièrement, environ une heure, pour récupérer leur énergie vitale. On utilise également la lumière pour « redonner le moral » à ceux qui ont tendance à déprimer.

Aujourd'hui, tu « recharges tes batteries » sur tous les plans, tu refais ton plein de forces.

12

Août

Le soleil des âmes

Sais-tu pourquoi tu aimes t'étendre au soleil ? Parce qu'en profondeur tu as besoin d'un amour chaleureux et lumineux qui te fasse du bien. Cet amour, tu peux le rencontrer dans ta vie intime, dans ta vie fraternelle, amicale... Tu peux surtout le vivre en Dieu qui est le Soleil de ta vie. Le fait que tu restes trop longtemps au soleil peut indiquer que tu compenses par l'extérieur ce que tu as à trouver en toi-même : le Soleil de Dieu, des âmes. L'idéal est d'équilibrer les deux en découvrant ton soleil intérieur qui fait du bien, à toi comme aux autres, qui donne de la Lumière et de la Chaleur autour de toi, qui fait rayonner la Présence de Dieu en profitant sainement aussi du soleil extérieur qui te revitalise, te revigore. Trop de bains de soleil exposent la peau à des dangers irréversibles ; trop « plonger » en Dieu, sans contact avec la nature et sans exercice physique, peut te faire perdre le sens de la réalité, te désincarner et nuire à ton corps.

Quelle merveille lorsque profiter du soleil renvoie à la Lumière de Dieu qui habite le cœur des hommes...

13 Août

Te promener

Les médecins nous invitent à marcher au moins une demi-heure chaque jour. Peu d'entre nous le font.

Ton corps a besoin de bouger. Si ton travail t'en empêche, promène-toi le week-end. Tu peux souhaiter marcher avec ton conjoint, en famille, mais l'allure des uns et des autres est différente. Accorde-toi alors des temps de promenade à ton rythme, seul ou accompagné, avec des groupes de randonneurs qui ont le même pas que toi. Marche aussi vite ou aussi lentement que tu en as besoin, aussi loin que tu le désires. Cours ou fais du jogging si tu le préfères. Que dit ton corps aujourd'hui ? Si tu surmontes tes peurs, tes croyances, les moqueries, de quoi as-tu besoin réellement ? De te mouvoir ; de te promener en continuant à réfléchir ; de discuter de sujets sérieux tout en marchant dans la nature ; ou au contraire de te livrer tout entier à tes sensations, de ne plus penser, de t'ouvrir… ?

Tu t'es fermé pendant la semaine à cause des agressions que tu as ressenties de la part de tes collègues, de ta famille ; tu as mal supporté les cris de tes enfants. Promène-toi maintenant au calme et ouvre-toi à nouveau.

14
Août

Te baigner

Le bébé, à l'intérieur du ventre maternel, se développe dans un milieu aquatique.

L'eau est importante dans ta vie, non seulement pour te désaltérer, t'hydrater, mais encore pour te nettoyer, te régénérer, te délasser... Lorsque tu te baignes dans un lac, une rivière, la mer, sens-tu ce bien-être, cette plénitude t'envahir ? Peut-être es-tu, au contraire, confronté à des peurs parce que tu ne sais pas nager ou bien parce que tu revis dans l'eau un étouffement, par exemple le côté trop protecteur, trop possessif de ta mère, d'un proche ou une naissance difficile... Si c'est le cas, peux-tu apprendre à te refamiliariser avec l'eau, par exemple en prenant des leçons de natation avec un moniteur compréhensif. Sur les plages dites « populaires » les gens en maillot de bain s'amusent comme des enfants : ils ont abandonné tous leurs atouts sociaux. Il en est de tous les poids, de toutes les tailles, certains avec des handicaps... Au début, chacun est plus ou moins timide, plus ou moins complexé, beaucoup ont peur du regard des autres. Mais rapidement, une fois dépassées ces appréhensions, ils retrouvent le plaisir simple du bain, les jeux dans l'eau et dans le sable, et leur joie enfantine fait plaisir à voir.

La terre a besoin d'eau, ton corps aussi.

15

Août

Savoir contempler

Pendant les vacances tu as le temps de t'approfondir, de regarder, contempler, savourer la sensation des heures qui passent, ces instants précieux où, libre de toute contrainte, tu délaisses les soucis quotidiens, professionnels… Si toute l'année tu as été très actif, tu vas renouer avec ton côté contemplatif. À l'inverse si, pour diverses raisons, tu as été trop dans la contemplation, c'est le moment pour toi de « remettre la machine en marche ».

Toi qui lis ces lignes, quel est ton excès : l'action ou la contemplation ? On dit de Catherine de Sienne qu'elle était « contemplative dans l'action ». Parviens-tu à équilibrer les deux, à garder le contact avec ton être profond, à vivre la Présence, la Sainteté de Dieu dans tes actes quotidiens ? Peut-être profiteras-tu de tes vacances pour te ressourcer, pour satisfaire ton besoin d'approfondissement spirituel en te rendant à Lourdes, à Paray-le-Monial ou dans un monastère, un lieu de formation psychologique, spirituel ou psychospirituel… ? Alors tu apprendras à retrouver ton intériorité, ta capacité de contempler et, au cours de l'année, tu t'accorderas chaque jour des temps pour rester en contact avec cet endroit en toi qui s'est ouvert à la Paix profonde et à l'Infini de Dieu.

16

Août

Redécouvrir la nature

Les premiers êtres humains vivaient dans la nature. Dans la *Genèse*, l'homme cultive et garde le jardin d'Eden.

De nos jours, nous pouvons passer des semaines, voire des mois en ce qui concerne certains citadins, sans aucune immersion dans la nature. Fais-tu partie de ceux qui vont chercher leur voiture dans un parking souterrain ou prennent le métro pour se rendre au travail dans une salle sans fenêtre, et revenir à la nuit tombée sans avoir vu la lumière de la journée, sans avoir vu le moindre arbre, la moindre végétation ? Si c'est le cas, ton corps va en souffrir. Alors, pendant les vacances, mais également tout au long de l'année, tu vas prendre des bains de nature.

Même si tu vis en ville, tu peux te placer auprès d'un arbre, dans un square par exemple, et le toucher, l'entourer de tes bras, le respirer, recevoir son énergie bienfaisante. Un kinésithérapeute qui sortait d'une dépression nerveuse et un médecin qui avait eu une crise cardiaque, décidèrent de se rendre chaque jour, pour l'un sur une colline, pour l'autre dans un parc, afin de se reposer à l'heure du déjeuner et « refaire » leurs forces. Si tu as un jardin, profites-en pour toucher la terre, cultiver quelques fleurs ou légumes, marcher pieds nus dans l'herbe...

Ton enfant de Lumière a, lui aussi, besoin de respirer, de bouger, de vivre dans la nature. Il est important que tu prennes conscience du décalage qui existe entre l'homme qui baigne dans le cosmos et est beaucoup dehors, en plein air - Jésus et les apôtres étaient rarement « enfermés » - et l'existence qui est peut-être la tienne aujourd'hui, confinée dans ton appartement, ton monastère ou ton lieu de travail. N'oublie pas de sortir chaque jour...

Les animaux familiers ne sont pas pleinement heureux dans un appartement. Ils invitent leurs maîtres à les promener quotidiennement ce qui a, par ailleurs, le mérite d'oxygéner ces derniers. Lorsque des citadins venaient se reposer dans ce petit village de montagne où vivait un ermite, ils ne savaient plus respirer, ils étouffaient littéralement par hyperventilation. Il leur fallait souvent plusieurs jours pour se réadapter au grand air. Ils reprenaient ensuite progressivement des couleurs et réapprenaient simplement à respirer normalement…

Remets la nature dans ta vie. Ton corps t'indique quand il en manque, écoute-le bien. C'est ton meilleur ami, ton plus fidèle compagnon.

17

Août

Changer de rythme

Chacun de nous a un rythme qui lui est propre. Certains auteurs parlent de « biorythmes » : intellectuel, affectif, corporel…

Notre société valorise la vivacité d'action, de pensée, de répartie… Beaucoup de citadins courent dans les moyens de transport pour être à l'heure, pour faire leurs courses…

Il y a un net décalage entre la rapidité de ton rythme extérieur et la lenteur de celui de ta profondeur : ton enfant de Lumière a besoin de temps.

Profite de tes vacances pour rompre avec le rythme effréné ou trop lent qui a été le tien tout au long de l'année. Retrouve une cadence juste, équilibrée entre le jour et la nuit, entre ton corps, ton cœur et ton intelligence, entre le relationnel et le spirituel, le physique et le psychologique… La majorité des conflits, entre amis ou dans le couple, viennent des différences de rythme : l'un est pressé lorsque l'autre « traîne » ; l'un se prépare à toute allure tandis que l'autre n'arrive pas à se dépêcher ; l'un marche vite et l'autre a du mal à suivre ; l'un dort peu et l'autre a besoin de beaucoup de sommeil ; l'un est du soir et l'autre du matin…

Réaccorde-toi, comme tu le ferais avec un instrument de musique, retrouve ton temps personnel, harmonieux, ton tempo… Mais sache aussi t'adapter aux circonstances !

18

Août

Jouer comme un enfant

Se ressourcer, c'est retrouver en soi non seulement le petit enfant de Dieu merveilleusement rieur et plein de vie, mais encore l'enfant psychologique, humain, qui a besoin de s'amuser.

En vacances, tu n'as plus les mêmes responsabilités. Tu réapprends à jouer simplement avec un ballon, à sauter dans l'eau, à construire des châteaux de sable, à inventer des farces, des blagues, à faire des parties de cartes, à participer à des jeux de société, si tu aimes cela. Tu découvres la montagne, la campagne, la mer ; tu t'émerveilles devant une fleur, un paysage, un coucher de soleil et tu les contemples comme si tu n'en avais jamais vus.

Tu retrouves les joies vivifiantes de ton enfance ou tu découvres enfin, grâce à ta renaissance, de multiples plaisirs que tu n'avais jamais connus, savourés. Tu réapprends à rire et à t'amuser.

19

Août

Découvrir de nouveaux horizons

« J'ai besoin d'autre chose..., de changer d'air..., de voir de nouveaux décors..., de rencontrer d'autres gens... » Les vacances sont un temps privilégié pour satisfaire ces aspirations. C'est la période de l'année où l'on peut voyager, visiter tel ou tel pays, telle ou telle région, contempler des paysages différents, découvrir des cultures, des mœurs inconnues ...

Ce qui est vrai pendant les vacances l'est aussi tout au long de l'année. Tu peux t'ouvrir à d'autres horizons par le biais de reportages télévisés, par le truchement de la lecture de livres d'aventures ou de guides touristiques enrichis d'illustrations, de photos qui te permettent de voyager intérieurement... Tu peux, comme le font les adolescents avec leurs vedettes préférées, tapisser les murs de ta chambre de posters de nature ou de lieux que tu aimes particulièrement...

Au-delà de cela, ne te laisse pas enfermer dans ton mode occidental de pensée, garde ton cœur ouvert à d'autres façons de concevoir la vie, à d'autres religions... Par exemple, au lieu de raisonner comme le chercheur, le psychologue, le juriste, l'assistante, la mère de famille... que tu es, apprends à réfléchir comme quelqu'un occupant une fonction différente de la tienne, n'ayant pas le même âge que toi..., cela t'aidera à mieux les comprendre, à t'adapter.

Les groupes de créativité ou de résolution de problèmes sont très féconds parce qu'ils réunissent des personnes issues d'horizons divers ayant des points de vue contrastés. Pour trouver la solution à certains problèmes, il faut sortir de ses cadres habituels de pensée. D'où l'origine très différente des participants et une façon particulière de les entraîner. Cela se fait, entre autres, par de petits exercices dits de « créativité » comme celui qui consiste à placer six allumettes les unes à côté des autres, disposées parallèlement et de demander : « Pouvez-vous réaliser quatre triangles équilatéraux adjacents avec ces six allumettes ? » (c'est-à-dire quatre triangles qui ont leurs côtés égaux et qui se touchent). Si l'on reste dans une façon de penser rigide et conformiste, le problème semble impossible à résoudre jusqu'à ce qu'on prenne conscience qu'on s'est limité au plan horizontal. En changeant de perspective, en faisant intervenir le plan vertical, la solution toute simple apparaît : construire d'abord, avec trois allumettes, un triangle de base et, en disposant en hauteur les trois autres allumettes appuyées sur chaque point du triangle de base, réaliser une pyramide... Comme y invite cet exercice, tu as besoin périodiquement de remettre en cause tes façons de penser et tu as à découvrir d'autres croyances, d'autres visions des choses... N'aie crainte de te confronter au nouveau, au différent. Tu feras ensuite le tri si c'est nécessaire.

De même dans la vie, au lieu d'être toujours sérieux tu peux chercher à t'amuser ; au lieu de t'amuser, tu peux t'entraîner à t'organiser ; au lieu de toujours t'organiser, tu peux apprendre à rêver...

20

Août

Visiter

Tu profites de tes vacances pour bouger, t'oxygéner, avoir une meilleure hygiène de vie… mais aussi pour découvrir un environnement autre que celui dont tu as l'habitude.

Certains aiment les visites organisées. Ils structurent leur temps et planifient leurs activités. D'autres ont un sens plus relationnel et fantaisiste de la découverte. Qu'as-tu envie de visiter : les musées, les villes, la campagne ? Préfères-tu dormir à l'hôtel, chez l'habitant, sous une tente ? Fuis-tu les ambiances citadines et apprécies-tu les paysages plus sauvages ? Que vas-tu ouvrir en toi pendant ces vacances ? Qu'est-ce qui te nourrit vraiment ? Est-ce que tu veux enrichir tes connaissances, te refaire une santé, emplir ton cœur d'émotions ? Quelles sortes de « visites » vas-tu faire cet été ? Iras-tu seul, en famille ? De nombreux problèmes de couples viennent de ce que chacun a des besoins différents : l'un organise et planifie tout tandis que l'autre a surtout envie de se reposer, de se laisser vivre ; l'un veut visiter des édifices alors que l'autre préfère les contacts humains… Pouvez-vous trouver un juste milieu ? Êtes-vous vraiment obligés de prendre toutes vos journées, et toutes vos vacances ensemble ? Savez-vous aussi combler vos besoins chacun de votre côté en ayant ensuite la joie de vous retrouver ?

21
Août

Faire des rencontres

Peut-être que les vacances sont aussi pour toi l'occasion de faire des rencontres. Tu n'y parviens pas pendant l'année parce que tu restes trop enfermé chez toi, parce que tu sors tard de ton travail et que tu rentres fatigué, parce que tu t'occupes de tes enfants jusqu'à une heure avancée de la soirée et que le week-end tu as envie de décompresser...

Le rythme différent de l'été te permet de faire connaissance de personnes autres que celles que tu côtoies habituellement : l'habitant chez qui tu résides, sur le lieu de tes vacances, dans un rassemblement... Accueille-les comme un cadeau que tu auras à faire fructifier et cherche comment tu pourrais, tout au long de l'année, satisfaire ton besoin d'agrandir ton cercle d'amis. Demande-toi aussi quel genre de personnes tu rencontres le plus souvent, s'agit-il plutôt d'hommes, de femmes, d'enfants, de personnes âgées, jeunes, malades, handicapées, superficielles ... ?

À toi d'aller vers les types de personnes que tu désires rencontrer pour enrichir ton espace intérieur.

Si ton souhait est de rencontrer quelqu'un pour une relation d'amour durable, alors interroge-toi sur tes centres d'intérêts. « Qui se ressemble s'assemble ». Tu auras beaucoup plus d'opportunités de rencontres satisfaisantes en participant à des activités réunissant des personnes qui partagent tes goûts. Réfléchis-y et prends des dispositions nécessaires (quoi, où, quand, comment, avec qui ?).

22
Août

La beauté de tous les temps

Tous les temps sont beaux : le bleu cristallin du ciel, les nuages aux dégradés de gris, la pluie bienfaisante, le vent rafraîchissant, l'orage qui gronde… Tu as peut-être peur de la canicule, d'une humidité trop forte, des vents violents, des inondations et de tous les cataclysmes inhérents aux excès de chacun de ces temps. Mais pourquoi dramatiser et voir tout en noir ? Tu as aussi à apprendre à les apprécier tous pour ce qu'ils t'offrent de bon. Prends la douceur de l'atmosphère comme une invitation à sortir. S'il fait trop chaud ou si le ciel est couvert, profites-en pour écouter de la musique, lire, écrire… Chaque temps est propice à une activité différente si tu t'adaptes à toutes les circonstances.

Tous les temps sont beaux : le ciel limpide de l'été, les couchers de soleil qui enflamment l'horizon, le vent qui fait vibrer les arbres, la pluie qui crépite sur les toits, le tonnerre dont les éclairs embrasent la nature…

Ces temps sont à l'image de tes états de conscience, de tes états affectifs, intérieurs. Tu as à les respecter sans t'en inquiéter car, de même qu'un nuage se lève puis s'efface, de même un souci vient et repart. De même que le temps varie, de même tes humeurs changent. Mais tu ne t'identifies à aucune d'elles, car tu sais que ce qui a commencé a une fin et tu t'établis dans ta profondeur stable et immuable. Tu profites pleinement de tous les temps. Tu reçois les cadeaux de chacun pour que ta joie demeure.

23
Août

Le rythme des saisons

Quelle merveille que le rythme des saisons ! Certains préfèrent le printemps, cet appel à la vie ; d'autres sont attirés par l'automne et ses dégradés de roux ; d'autres encore apprécient particulièrement l'été parce que c'est le moment des vacances, d'une forme de liberté retrouvée...

Aimes-tu toutes les saisons ? Sais-tu que la vie se prépare l'hiver ? As-tu observé l'élégance des arbres dénudés qui s'apprêtent, comme des moines, comme notre âme, à la rencontre de Dieu ? Es-tu touché par la sobriété de l'hiver, par ses couleurs ? Te mets-tu au diapason de cette vie souterraine, de cet approfondissement intérieur ? Utilises-tu l'obscurité pour entrer en toi-même et découvrir la Lumière ?

Si tu désires déménager dans une autre région que celle où tu habites, va y passer une semaine ou deux, voire plus, à chaque saison, pour y avoir vécu à toutes les périodes de l'année. Tu sauras alors si tu es vraiment capable de t'y acclimater et d'y demeurer.

Toutes les saisons t'apportent leurs bienfaits. L'une t'invite à sortir, l'autre te fait croître, la suivante t'aide à entrer en toi-même... Dans ta vie, tu as eu le printemps, l'été, tu as ou auras l'automne et puis l'hiver pour te préparer à un autre printemps, un printemps éternel. À l'intérieur de chaque âge se trouvent également le printemps, l'été, l'automne et l'hiver : de ton enfance, de ton adolescence, de ta jeunesse...

Quel ravissement que ce cycle où les saisons se suivent sans se ressembler : la nature change d'une année sur l'autre. Il n'y a pas deux printemps identiques. Regarde le bord du chemin que tu prends habituellement, contemple les prairies, les forêts, la couleur des arbres et des montagnes. Tu t'apercevras que tout change chaque année à cause de la douceur ou de la rigueur de l'hiver, à cause de la densité des pluies, de la température des mois précédents... Cela te donnera un petit aperçu de l'Éternité : un sentiment de plénitude absolue, mais aussi un changement constant.

24
Août

La Source qui jaillit

Comme il est bon, lorsqu'on est en montagne, de découvrir des sources, de se rafraîchir dans des torrents, des ruisseaux, dans toute cette eau jaillissante ! Quel magnifique spectacle que celui de ces cascades bondissantes, revigorantes ! Tu connais aussi les bienfaits des eaux thermales dont les vertus sont appréciées depuis l'Antiquité.

En toi il y a une source qui jaillit, une source de vie, de pureté, de jouvence... Il se trouve en toi un endroit où coule une eau limpide qui n'a pas été troublée par ce que tu as vécu : de même que la blancheur de l'écran de cinéma n'est pas souillée par la projection de films d'horreur, de même ta source intérieure n'est pas polluée par les événements de ta vie. Désaltère-toi à cette eau pure, intérieure, elle te revifiera.

Même si ta vie a été un désert, n'oublie pas qu'il y a en toi une oasis, une source qui ne demande qu'à couler.

25
Août

Un Feu si doux

Il y a au fond de toi un feu très doux, le Feu de l'Amour de Dieu qui ne brûle pas, mais qui dégage une chaleur bienfaisante et constante. Dans ton psychisme, peut-être as-tu un feu violent qui ravage, celui de l'exaltation, de la passion ; peut-être n'as-tu aucune flamme mais un froid polaire..., c'est du moins l'image que tu donnes de toi aux autres. Mais au fond de toi se consume un Feu si bon, si doux..., Celui par lequel Dieu vient à ta rencontre.

Notre corps possède des moyens de défense contre la fièvre ou l'hypothermie pour maintenir notre température constante. Va à la rencontre de ton intériorité, de cet endroit de toi où il ne fait jamais froid, où paissent les agneaux dans une grande douceur, auprès du bon berger.

Cette tendresse, tu vas la trouver et la diffuser autour de toi. Tes yeux, ta voix peuvent témoigner de ce Feu très doux : tu peux brûler telle personne par un regard incendiaire, tu peux refroidir telle autre par une parole ou une attitude glaciale, mais tu peux aussi faire du bien par cette chaleur divine qui caresse, enveloppe...

26

Août

Te réconcilier avec les quatre éléments

Les quatre évangélistes, représentant respectivement l'homme ou l'ange, le taureau, le lion, l'aigle, symbolisent également les quatre éléments. Jésus sur la Croix est au milieu d'eux.

Apprends à te réconcilier avec ces éléments, à saisir l'intérêt de chacun d'eux : la terre te permet de poser tes pieds, de t'enraciner, elle fait tout pousser ; le feu te réchauffe et t'éclaire ; l'air te rafraîchit, transporte les graines qui fécondent les plantes, fait vibrer et chanter les arbres ; l'eau te désaltère, irrigue et fait croître les végétaux...

Dans les quatre éléments se trouve quelque chose de bon pour toi ; ils ont aussi une puissance extraordinaire : tu es en équilibre sur la terre, mais les séismes sont effrayants ; le feu te réconforte, assure la cuisson de tes aliments, mais les incendies peuvent tout brûler sur leur passage ; l'air te caresse le visage, évacue les nuages, mais il arrive qu'il se transforme en tempête violente ; l'eau te rafraîchit, mais les pluies diluviennes peuvent tout détruire... L'excès, toujours l'excès... Penses-y quant à tes humeurs ; penses-y quant à ta joie qui réchauffe et épanouit mais peut aussi éclabousser ; quant à ta tristesse qui évacue le stress mais qui ne doit pas tout inonder ; quant à tes peurs qui te préviennent, cherchent à te protéger mais ne doivent pas te pétrifier ; quant à tes colères qui te donnent de l'énergie mais ne doivent pas blesser inutilement.

Dieu en toi est très doux et très puissant. Son Souffle nettoie tout ce qui, en toi, doit être « balayé », doit se purifier. Il te donne la force, un dynamisme nouveau, la Vie.

27

Août

Bien ancré dans la terre

Pour qu'un arbre résiste à la tempête, il lui faut des racines profondes. Pour être solide, il faut des jambes robustes. C'est ainsi que, dans certaines thérapies de groupe, les participants sont invités à renforcer leurs membres inférieurs, leur contact avec le sol : on les pousse à adopter une démarche plus lourde à l'image de celle des ours, des lions afin de leur donner plus de poids sur terre. L'air, le feu, s'ils manquent de base incarnée, peuvent nous amener à des exaltations mystiques, à « prendre nos désirs pour des réalités », à nous lancer dans des utopies.

Veille à être bien ancré dans la terre. Elle t'offre sa fermeté, son appui. Si les forêts sont si belles, c'est que les arbres sont vigoureux, puissants. Ancre-toi, développe ta solidité, ton appui, pratique la marche consciente, en pensant à tes mouvements, sois ferme sur tes assises. Observe comment certains chanteurs célèbres écartent largement les jambes et maintiennent le dos bien droit pour avoir une meilleure stabilité et plus d'énergie pendant leur spectacle.

Tu as besoin d'une assise solide, non seulement pour toi, mais également pour ceux qui t'entourent, dont tu as la responsabilité, que tu désires protéger.

Il y a en toi une jolie petite fleur, mais il y a aussi un roc sur lequel doit être bâtie ta maison.

28

Août

Pourquoi tous ces soucis ?

Pourquoi te fais-tu tant de soucis ? Est-ce que tout ce qui t'arrive est vraiment si grave, si dramatique ou bien est-ce toi qui te complais à noircir ta vie, à te causer des tracas inutiles par habitude, par imitation de tes parents, de tes proches ?

L'Esprit Saint veut te donner la Paix, tu La reçois aujourd'hui. Pendant tes vacances, tu t'obliges à prendre du recul, à aborder les choses plus légèrement, non pas « à la légère », mais en ne leur accordant pas plus d'importance qu'elles n'en méritent. Rappelle-toi que l'essentiel est la réalisation de ce que tu es, de ta vocation, de recevoir l'Amour de Dieu et de Le diffuser autour de toi.

Alors tu dis « non » aux soucis, tu décides maintenant d'avoir une vie plus douce, plus calme où tu protégeras la vulnérabilité de ton enfant intérieur. Tu fais confiance à Dieu et à sa divine Providence.

29

Août

Le sourire intérieur

Chaque jour tu souris à la vie, ou plus simplement à une personne que tu rencontres dans la rue, à quelqu'un qui en a besoin ; tu souris en pensant à tel ou tel que tu aimes ou qui t'a fait du bien, à ceux à qui tu es relié d'une façon ou d'une autre.

Sourire quotidiennement, même si tu n'en as pas vraiment envie, va réveiller en toi des forces de vie. Il est des saints, des sages, des êtres éveillés, des personnes qui ont réalisé, accompli leur existence... qui ont un sourire si beau, si lumineux ! On a retenu celui du Pape Jean-Paul Ier [8] qui n'est resté que trente-trois jours à la tête de l'Église. Sa mission : témoigner du Sourire divin. Thérèse de l'Enfant-Jésus, et elle n'est pas la seule, a été guérie par un sourire plein de tendresse, celui de Marie...

Si tu t'ancres dans ta profondeur, tu sentiras monter en toi un sentiment merveilleux, tu souriras tout naturellement et cela sera communicatif. Tâche maintenant de retrouver le sourire et de le garder toute l'année.

8. Chaque souverain pontife est porteur d'une qualité particulière : la force de conviction, la bonté, le courage... Jean-Paul II qui, dans le début de son pontificat a manifesté une grande force physique, une énorme résistance, à l'image de celles de Jésus, témoigne dans la fin de sa vie de la Passion du Christ : le don total de soi dans un pauvre corps délabré suite à l'attentat dont il a été victime et à la maladie.

30
Août

Le juste équilibre

Pendant tes vacances, tu rétablis un équilibre entre tes activités, entre le délassement, le sport, les visites, le temps que tu consacres aux uns et aux autres, à tes enfants, à tes proches, à toi-même…

Fais le point sur tes manques : peut-être que pendant l'année tu ne sors pas assez, tu manques de mouvement, tu t'accordes peu de repos, tu négliges ta famille… Tiens compte également de tes excès : tu manges souvent mal ; tu es en permanence « dans ta tête », dans tes lectures, dans ton isolement ; tu accumules trop d'activités, tu vis trop pour les autres…

Ces temps-ci, tu recherches le juste équilibre. C'est le moment ou jamais. L'équilibre que tu auras trouvé pendant l'été, tu auras ensuite à le conserver, dans la mesure du possible, pendant l'année. Tu feras le point régulièrement pour ne pas laisser les habitudes et les déséquilibres anciens revenir. Cela, tu le dois. Cela, tu le peux !

31
Août

Une nouvelle hygiène de vie

Tu viens de vivre sous d'autres horizons, tu as noué de nouvelles connaissances, tu as découvert des coutumes que tu ignorais, tu as observé un rythme différent… Maintenant, tu désires conserver un peu de cette nouvelle hygiène de vie dans ta vie quotidienne, scolaire, universitaire, ton travail…

Tu souhaites ne pas dilapider ce bien précieux que tu as acquis au cours de l'été, tu te le remémores pour bien l'ancrer.

Plus tôt tu prendras la décision de suivre cette nouvelle hygiène de vie et de l'adapter aux contraintes de ton travail, mieux tu y parviendras. Sois vraiment déterminé ! C'est toute ton année qui se joue maintenant…

Septembre

Rebondir : le ressort intérieur

1er

Septembre

Prendre des décisions pour la rentrée

Quelles leçons as-tu tirées de tes vacances ? Quelles décisions prends-tu pour la rentrée ? Est-ce de revenir plus tôt de ton travail ? S'agit-il pour toi, mère de famille, de t'accorder quelques moments privilégiés ? Veux-tu organiser les périodes d'approfondissement spirituel qui t'ont manqué jusqu'à présent ? Envisages-tu de consacrer plus de temps à tes enfants, ton conjoint, ta compagne, tes proches, tes amis… ? Désires-tu faire plus de sport, t'inscrire à un cours de musique, de danse, de chant… ? Quelle nouvelle activité vas-tu choisir ? Quelle est celle que tu souhaites éventuellement abandonner parce qu'elle t'absorbe trop ou parce qu'elle n'est plus féconde… ?

C'est maintenant, dès septembre que tu te décides car, même si tu n'as plus d'enfants en âge scolaire, tu gardes ce rythme annuel de la rentrée. Après, les anciennes habitudes risquent de reprendre le dessus. Ancre tes nouvelles résolutions. Elles te concernent toi et tes proches. Tu te les rappelles, tu décides de tout mettre en place pour les tenir tout au long des mois qui viennent.

2

Septembre

Qu'as-tu éprouvé en revenant de vacances ?

Il y a un moment de vérité qu'il est important d'approfondir : ce que tu as ressenti en rentrant de vacances et en retrouvant tes rituels, ton travail, ton « train-train » quotidien. D'un seul coup, tu as tout perçu d'un regard neuf, rafraîchi par le repos, l'éloignement, la pause, et d'évidents décalages sont apparus.

C'est le moment de faire le point : ton métier est-il en harmonie avec ton être profond ? Quelles concessions es-tu obligé de faire sur le plan professionnel, vis-à-vis de tes collègues, ta hiérarchie, par rapport à ton emploi du temps, la pression que l'on exerce sur toi, vis-à-vis des valeurs de ton entreprise, de ton administration... ? Très vite tu reprends le rythme, les trajets, le « collier » : tu es assis à ton bureau, tu restes debout à ton guichet... Au début, tu te sens dans un état un peu bizarre, tu as le « cafard », tu éprouves une certaine nostalgie parce que tu mesures la différence qui existe entre tes activités estivales et celles de ton quotidien. Tu réfléchis à la façon dont ta vie personnelle s'organise autour de ton emploi : qu'est-ce que ce dernier permet ou ne permet plus avec ta famille, ton conjoint, tes enfants, tes amis ? C'est le moment de la prise de conscience d'où il pourra résulter des résolutions pour l'avenir. Que vas-tu demander lors du prochain entretien d'évaluation, de ta future rencontre avec ta hiérarchie ? Es-tu bien au poste que tu occupes, dans ce lieu, dans cette entreprise ? Aspires-tu à un changement ? Si tel est le cas, définis-le petit à petit, laisse-le mûrir, donne-toi du temps pour réussir ton projet. Quelles décisions prendras-tu pour alléger certaines tâches, en réorganiser d'autres, pour avoir une meilleure gestion du temps ? Vas-tu rentrer plus tôt chez toi, t'aménager un sas de décompression entre tes activités professionnelles et familiales... ? Accorderas-tu plus de temps à tes enfants ? Leur réserveras-tu un instant privilégié tel ou tel jour de la semaine ? Continueras-tu ou commenceras-tu à faire du sport, à t'aérer ?

3
Septembre

Le décalage entre ton quotidien et tes aspirations profondes

Au fur et à mesure que tu mets à jour ton enfant intérieur, tu aspires à faire coïncider de plus en plus ta vie et ton être profond.

Ton enfant de Lumière est baigné dans l'Amour de Dieu. Il veut rendre service, il désire faire du bien, il a des valeurs… Où en es-tu ? Sur quel plan y a-t-il le plus de décalage entre tes aspirations profondes et ce que tu vis dans le quotidien ? Tu peux te satisfaire d'une vie ronronnante, monotone, au rythme du « métro, boulot, dodo ». Tu peux aussi découvrir tes vraies aspirations, t'en souvenir, les ancrer et mettre de plus en plus tes journées en accord avec ton être intérieur.

Prendre conscience du décalage ne doit pas te faire peur. Il ne s'agit pas de tout bouleverser sur « un coup de tête », mais de préparer le changement pour te rapprocher de ton axe. Peut-être as-tu entendu des phrases décourageantes comme : « Tu n'y arriveras pas… ; ce n'est pas le moment… ; jamais tu ne gagneras ta vie avec… ».

Maintenant, tu prends conscience que ta vie est entre tes mains. Plus elle correspondra à ton être profond, plus Dieu pourra t'aider à réaliser, sur tous les plans, ce que tu es vraiment. Cela prendra du temps, cela passera par des étapes nécessaires, mais cela se fera !

4

Septembre

Es-tu bien à ta place ?

Depuis ton enfance tu t'es souvent senti décalé, différent, tu ne te trouvais pas à ta place. La plupart du temps, tu t'es mis là où l'on te l'indiquait, comme le faisait en classe le professeur des écoles. Dans certaines familles, on décidait à l'avance des places sociales occupées par les enfants : l'un des fils devenait prêtre, l'autre entrait dans l'armée.

Il y a une place précise pour toi. Laquelle as-tu à tenir dans la société, dans une civilisation de l'amour pour qu'il y ait une plus grande compréhension entre les personnes… ? Ta place se trouve-t-elle dans la production, la commercialisation, l'encadrement, l'expertise, l'artisanat… ; dans un service, une association humanitaire, dans ton foyer, dans ta commune, dans telle ou telle communauté… ?

Il existe un endroit où tu seras vraiment heureux, une façon d'agir qui te donnera de la joie parce que tu t'y reconnaîtras et que tu diras : « Oui, c'est ici que j'ai à accomplir ma mission… ». Certes, il y a encore cette partie insatisfaite de toi qui veut toujours autre chose, mais il y a aussi celle qui réclame la Vérité, celle qui veut se sentir en adéquation avec ton être intérieur.

Tu trouves de mieux en mieux, et sur tous les plans, ta place dans la société.

5

Septembre

Tu te rapproches de ton projet de vie

Il y a souvent un grand décalage entre tes rêves et la réalité. La distance qui sépare ce que tu veux vraiment et ce que tu vis au quotidien risque de te décourager, de te faire croire que « c'est trop tard », que « c'est fini, il n'y a plus rien à faire ». Et bien non !

Maintenant tu décides de te rapprocher chaque jour d'un petit pas de ton objectif, de ton enfant de Lumière, de tes désirs profonds. Comme on monte les escaliers marche par marche, comme on gravit la montagne pas à pas, tu vas réduire le décalage qui existe entre ta vie et ce que tu es. Tous les soirs, tu feras le point : quelle phase as-tu franchie pour te relier à ton enfant de Lumière, pour atteindre la béatitude intérieure, la Paix qui t'habite ? Tu as bien compris que la meilleure façon de saboter ta transformation (et peut-être même ta vie) consiste à vouloir tout trop vite. Tu sais que l'apprentissage quel qu'il soit : marcher, se laver, écrire, lire, compter, jouer de la musique, pratiquer un sport… se fait progressivement. Alors tu appliques cette règle à ton changement intérieur. Tu décides, aujourd'hui, de te rapprocher chaque jour un peu plus de ton projet de vie.

6

Septembre

Qui tient le gouvernail de ton bateau ?

Es-tu le capitaine du bateau qu'est ta vie ? Qui dirige ton existence ? Est-ce vraiment toi ? Est-ce ton « petit moi » psychique qui a été modelé par d'autres personnes ? Aujourd'hui tu te rends compte que c'est ton père, ta mère, ton grand-père, ta grand-mère, telle ou telle personne de tes proches, de tes amis, de l'Église, de la société... qui tenait, jusqu'à présent, le gouvernail de ta vie. Tu le reprends en main aujourd'hui, avec Dieu qui te rend ta liberté de choisir, d'être. Il te montre le chemin. Laisse le vent de l'Esprit Saint souffler dans tes voiles, choisis bien ta route avec Dieu, mais tiens ferme le gouvernail et décide de sortir ton bateau chaque fois que tu t'y sens poussé et que tu le désires vraiment.

Fini les phrases comme : « Qu'est-ce que fait Dieu ? Il m'a oublié ! » Tu te rends compte désormais que ce sont tous ces déterminismes inconscients qui ont régi tes actes. Ils t'ont empêché de voir clairement que Dieu te propose ce qui te rendra vraiment heureux et correspond à ton désir le plus profond.

Les autres pourront toujours te donner leur avis, des conseils, mais ils ne gouverneront plus ta vie. Tu réfléchis, tu laisses mûrir les choses et tu décides de tout avec Dieu.

7

Septembre

Que vas-tu changer dans ta vie ?

Il y en a des choses à changer dans ta vie ! Tu ne peux pas te contenter de soupirer, ruminer, ressasser, te décourager, te rebeller contre ton sort... Tu prends conscience de ta capacité à changer tout ce qui t'oppresse.

Que dois-tu modifier : ton attitude vis-à-vis de tes collègues, tes amis, ton conjoint, tes enfants, ta communauté... ?

Le fait même que tu te poses cette question est la preuve que tu es un homme ou une femme de bonne volonté, acceptant réalistement ce qui a eu lieu et ne peut être modifié, discernant ce qui ne peut pas changer, mais transformant, au contraire, tout ce qui doit l'être.

Quels changements souhaites-tu réaliser ?

8

Septembre

Ne laisse pas le passé te tirer en arrière

Le passé a comme des tentacules qui te retiennent. La pieuvre, ou l'araignée au centre de sa toile, peuvent le symboliser. Sais-tu qu'il existe d'autres liens invisibles qui te retiennent : les fausses croyances, les regrets, les rancœurs, les pensées que tu ressasses, ce que tu ne t'es pas pardonné, ce que tu n'as pas pardonné…

Ne laisse pas le passé te tirer en arrière. Il t'empêche de t'ouvrir au changement, à la créativité, à la spiritualité…

Hier est derrière toi, hier est dépassé, tu en as tiré la leçon. Aujourd'hui, tout est clair dans ton esprit, tu agis d'une manière nouvelle.

Te libérer du passé, c'est aussi réfléchir à tes façons de penser, à tes habitudes journalières, alimentaires, vestimentaires… ; à tes goûts, à ta façon d'élever tes enfants, d'agir avec tes collègues, tes subordonnés, ta hiérarchie… Chaque fois que tu le peux, pose-toi cette question : « Est-ce vraiment moi qui pense, qui agis ou suis-je encore prisonnier de ce que j'ai appris, d'une image que j'ai reçue, d'un mimétisme qui me conduit à répéter des comportements anciens… ? »

Rester lié à son passé c'est être comme une personne qui se trouve près d'une porte grande ouverte derrière laquelle Jésus est là, prêt à l'accueillir. Mais elle ne peut pas se jeter dans ses bras ouverts parce que des fils élastiques, attachés dans son dos la tirent en arrière.

Quels sont tes fils, tes élastiques ? Tes parents dont tu n'as pas réussi à t'éloigner sous prétexte que tu les aimes ; ton hérédité dont tu épouses inconsciemment les formes mentales ; des amertumes, des vengeances qui te taraudent ; des habitudes, des conventions auxquelles tu te plies…

À présent, retire un à un les fils qui te retiennent à ton passé pour entrer dans le présent de ta vraie vie.

9

Septembre

Accepter de ne pas être compris

Lorsque tu cherches à te démarquer des autres, des membres de ta famille, d'un groupe auquel tu appartiens, de tes collègues, de la société..., quand tu déroges aux habitudes, on risque de te reprocher d'être égoïste, de ne penser qu'à toi. Tu n'es pas compris et tu cèdes peut-être pour te sentir aimé et avoir la paix.

Il est vital pourtant que tu sois fidèle à toi-même, que tu saches discerner, que tu restes proche de ton axe. Tu auras à vivre des changements, certains importants. Tes choix ne seront pas tous acceptés : on essaiera de te brider tantôt parce que l'on ne voudrait pas que tu partes, que se creuse, entre toi et les autres, un fossé intellectuel, affectif ; tantôt parce que tu te libères de ce que certains n'osent pas ou n'arrivent pas à faire. Il arrive souvent, par exemple, qu'une personne qui veut arrêter de boire rencontre une opposition de la part de ses anciens compagnons toujours sous la dépendance de l'alcool. Ceux-ci justifient leur habitude en l'y faisant replonger : « Un verre ne fait de mal à personne... ; tu étais bien plus drôle avant... ; tu nous ignores... »

Laisse-là les façons de penser, de vivre, les valeurs... qui ne correspondent pas à ton être profond. Accepte de ne pas être forcément populaire. Jésus n'a pas été compris par la plupart des siens, par une grande partie du peuple qui attendait un libérateur, un roi guerrier...

En étant de plus en plus fidèle à toi-même tu ne seras pas toujours compris. N'en veux à personne. Mais vas-y ! Libère-toi !

10

Septembre

Savoir te détacher

Savoir te détacher des climats affectifs que tu as connus et que tu recherches inconsciemment même s'ils étaient nuisibles, destructeurs[9] ! Savoir te défaire de ce à quoi tu es trop attaché par confort, par habitude… !

Se libérer de son passé, c'est aussi se dé-tacher, retirer ses « taches » : se confesser, pardonner, se pardonner, se réconcilier…

Tu ne peux pas revenir indéfiniment sur une erreur du passé. Confie-la au Seigneur qui a dit : « Cette tache, je la retire aujourd'hui si tu veux bien me la donner ». Dieu est le meilleur « dé-tachant ». Laisse agir l'Esprit Saint, Il te fera intégrer tout ce qu'il y avait de bon dans ton hérédité et, en même temps, Il te fera innover, Il te montrera une voie nouvelle dans laquelle d'autres personnes pourront te suivre, Il retirera toutes tes taches pour que tes culpabilités ne te fassent pas répéter les mêmes scénarios…

Les marques que tu n'as pas lavées peuvent t'amener, inconsciemment, à des actes négatifs que Dieu ne veut pas pour toi. Fais le tri, regarde les liens qui te retiennent à un passé révolu, lourd, qui n'a pas toujours été juste, loin de là… C'est maintenant que tout se joue. Détache-toi pour mieux te détacher.

9. Cf. 3 janvier.

11

Septembre

Sortir de tes prisons, de tes dépendances et de tes compensations

Certains prisonniers vivent une succession de périodes de liberté et d'incarcérations jusqu'à ce qu'ils trouvent la vraie liberté, celle de construire enfin leur vie.

De même il y a en toi des prisons dans lesquelles tu t'enfermes régulièrement. Compenses-tu sur le plan alimentaire ? Peut-être accumules-tu trop de choses ? Peut-être prends-tu des médicaments pour dormir parce que tu as des insomnies, des calmants parce que tu te sens en dépression ? Peut-être encore es-tu dépendant de certains produits qui te dopent comme le tabac, le café, l'alcool, le chocolat, le sucre ? Ce sont des béquilles qui ne résolvent pas le problème de fond, tu le sais. Mais une partie de toi pense ne plus pouvoir s'en passer.

Pour te « rééduquer », pour retrouver une marche autonome, identifie tes prisons, tes compensations, tes « glus ».

Ta motivation : être vraiment libre, être toi-même, avoir envie de rentrer dans la vraie Vie. Tu vas donc d'abord fortifier ton désir de réussir, d'entrer dans la lumière, d'être avec Dieu, de vivre le Royaume. Ainsi, le poids des habitudes sera-t-il contrebalancé par une soif plus grande encore de t'en libérer. Tu aspireras à être léger, à te débarrasser de tout ce qui t'encombre, t'alourdit, t'obstrue... : tu voudras ressembler à ces personnes apaisées, délivrées, de qui émanent une joie intérieure, une paix profonde et tant d'amour.

Au début, tu seras un peu timide : si tu quittais tes béquilles brutalement, au lieu de te mettre à marcher librement tu serais hésitant, tu chuterais lourdement.

Quitter ta prison, c'est aller vers l'inconnu. Quelqu'un élevé depuis son enfance dans une chambre close et obscure, ne se précipitera pas dehors, ivre de joie, si on vient le délivrer. Il se tapira d'abord dans un coin de la pièce, aveuglé par la lumière, apeuré par l'extérieur. Il lui faudra tout un réapprentissage...

Apprivoise tous tes sens, apprends à diminuer les produits dont tu es dépendant, avec l'aide d'un médecin, d'un nutritionniste, d'un thérapeute ; vise à t'alimenter autrement, à respirer un air nouveau, à avoir d'autres sensations, à ressentir cette grande Lumière qui t'habite profondément. Elle fera tomber toutes tes murailles, toutes tes prisons ! C'est elle que tu retrouveras pleinement lors de ton « enciellement » après la mort.

12
Septembre

Plus de fausses croyances !

« Les hommes sont… ; les femmes sont… ; les ados sont… ; les cathos sont… ; les juifs sont… ; les Africains sont… ; les Français sont… ; les fonctionnaires sont… ; les artistes sont… ». Autant d'idées toutes faites, de fausses croyances qui réduisent et déforment la perception des personnes, de la vie, du monde…

Les fausses croyances s'installent au fil des événements, des époques. Elles résultent d'affrontements, de guerres qui ont opposé les peuples et ont favorisé le racisme. Elles naissent de déformations progressives : ce merveilleux joyau qu'est le christianisme a donné aussi les guerres de religion, les querelles de chapelles et un certain dolorisme. Les notions de joie, de bonheur en Dieu et de compréhension des peuples n'ont été retrouvées que récemment, même si des pionniers comme François d'Assise les vivaient, il y a longtemps déjà, et si Jésus nous y a invités il y a deux mille ans !

Te reste-t-il des fausses croyances ?

Une simple parole critique peut changer la vision que l'on a d'une personne. Jésus a bien insisté sur le fait de se méfier de ce qui sort de la bouche de l'homme et de ne pas juger.

Prends conscience à quel point certains mots que l'on t'a dits ont réduit ta perception. Il est temps de t'en libérer !

13
Septembre

Être soi-même n'est pas de l'égoïsme

De nombreuses générations ont entendu cette phrase terrible : « Tu es égoïste ». Elle réduisait indûment la richesse d'une personne au « petit moi » psychique. Cela découlait d'une part d'une spiritualité qui trop souvent ignorait la psychologie et, d'autre part, des exigences liées aux guerres où chacun devait être capable de sacrifier sa vie pour la nation... C'est ainsi que beaucoup sont entrés dans des positions de *sauveteurs*, donnant énormément, souvent trop et, en retour, ne sachant pas recevoir, s'arrêter, se reposer, se ressourcer. L'activisme ne va-t-il pas à l'encontre de l'humilité d'une construction progressive de soi ? Peut-on oublier que recevoir procure à l'autre la joie de donner ?

Être soi-même n'est pas être égoïste. C'est une nécessité. Pour que ta main puisse offrir et recevoir, il ne faut pas que l'éducation t'ait amputé. Dieu t'a donné des mains pour accueillir son Amour. Plus tu te sentiras aimé, plus et mieux tu donneras, sans rapports de force, sans te mettre au-dessus des autres, sans légalisme, mais avec ton cœur.

Laisse-toi aimer par Dieu, par ceux qui posent sur toi un peu de son Regard d'Amour. Ils sont des révélateurs...

Toi aussi tu es un miroir qui renvoie à autrui une image plus ou moins juste, plus ou moins déformée. Nettoie en toi tout ce qui vient la brouiller : si ton ego est atrophié ou hypertrophié, tu risques de critiquer, de juger ou de te dévaloriser aux yeux des autres... Tu peux utiliser ce miroir pour leur montrer leurs déficiences, pour les aveugler ; mais tu peux aussi t'en servir pour refléter la beauté qui les habite, pour réanimer en eux la Vie divine, favoriser l'expression de l'enfant de Dieu qu'ils sont profondément.

14

Septembre

Finis les jeux psychologiques !

Il y a en toi un *sauveteur* quand tu cherches à t'impliquer trop fortement dans une situation, quand tu penses que les autres n'y arriveront pas sans toi, quand tu te fais du souci pour eux d'une façon exagérée. Tu t'aperçois également que tu peux être *persécuteur* en critiquant, jugeant, reprochant. Tu as enfin une partie de toi qui joue facilement à la *victime soumise* ou *rebelle*, partie dans laquelle tu peux te sentir bien parce qu'elle te permet de te plaindre des autres, de Dieu, sans voir ta part de responsabilité, sans agir ni faire changer la situation.

Non à ces jeux psychologiques[10] ! Tu ne veux plus être ni *sauveteur*, ni *persécuteur*, ni *victime*. Tu ne veux plus de ces jeux de balançoire entre toutes les parties de ta personnalité, de ces répétitions, de ces relations qui commencent bien et qui se terminent mal parce que : « Comme d'habitude on ne se comprend pas… ; il n'y a pas moyen de parler avec lui… ; elle s'énerve toujours… »

À présent, tu recherches la complémentarité, la coopération, la synergie avec les autres où chacun a sa place, et donc toi la tienne.

10. *Cf. Choisis la Vie* : 14 à 20 septembre.

15
Septembre

Le « non » libérateur

Tu as peut-être reçu une éducation qui t'a appris à dire « oui » en toute circonstance, par gentillesse, pour rendre service... et tu te rends compte que, bien souvent, ton « oui » cache un « non » que tu n'oses pas exprimer. Au contraire, tu t'es peut-être braqué dans des refus catégoriques, de rébellion, de rejet contre toute autorité.

Tu as à découvrir le vrai « non », libérateur, celui de l'*adulte*. Dis « non » à ton vagabondage mental, à tes idées fixes, tes obsessions, ta culpabilité excessive, tes scénarios, les jeux psychologiques ou de pouvoir dans lesquels on voudrait te faire entrer... Il est important que tu saches aussi t'opposer à une autorité qui outrepasse ses droits.

L'expérience suivante, réalisée par Milgram en 1974, l'illustre clairement. On constitue des binômes comprenant un expérimentateur et un sujet. Ce dernier est un comédien, ce que l'expérimentateur, recruté par petite annonce, ignore. Un instructeur en blouse blanche veille au bon déroulement des opérations. Il s'agit, pour l'expérimentateur, de faire apprendre au sujet des associations de mots, lui demandant d'abord de bien les écouter et de les mémoriser, lui indiquant ensuite qu'il aura à retrouver, pour chaque mot proposé, celui auquel il avait été associé au départ. À chaque erreur l'expérimentateur envoie un choc électrique au sujet, faible d'abord, et de plus en plus fort au fur et à mesure des erreurs, cela pouvant aller jusqu'à des chocs quasi mortels puis mortels, selon les instructions que l'expérimentateur a devant lui. Le comédien se trompe assez rapidement, il reçoit un choc de faible amplitude et sursaute ; il se trompe à nouveau, reçoit un choc plus important et gémit ; progressivement il va se plaindre, crier, hurler, supplier et enfin râler comme s'il agonisait... Devant une telle souffrance, qu'il ne sait pas simulée, l'expérimentateur se tourne plusieurs fois vers l'instructeur et lui demande d'arrêter. Ce dernier répond invariablement que cela fait partie de l'expérience et l'enjoint de la poursuivre jusqu'au bout...

La plupart des expérimentateurs dépassèrent largement les cent trente volts que prévoyaient, au départ, ceux qui ont mis au point l'expérience : la moyenne fut de trois cent soixante volts et soixante-deux et demi pour cent des expérimentateurs allèrent jusqu'à quatre cent cinquante volts, le choc mortel… Cette expérience sur l'autorité et l'obéissance a fait couler beaucoup d'encre. Elle montre qu'un homme en blouse blanche représentant l'autorité, le savoir, peut, dans certaines conditions contraignantes, amener « d'honnêtes gens » à devenir malgré eux des bourreaux. Les expérimentateurs, en effet, sont tiraillés entre la conscience de mal agir en torturant et le respect de l'engagement qu'ils ont pris vis-à-vis de l'instructeur à qui ils se soumettent. Selon certains, cela expliquerait en partie le comportement des nazis pendant la dernière guerre : l'autorité, le cadrage, la manipulation mentale et l'émiettement des tâches qu'on leur confiait les amenaient à un véritable aveuglement. Il en est de même pour les sectes…

Il est important de savoir dire « non » à tout ce qui t'enchaîne et t'enlève ta liberté de jugement. Vois-le bien car c'est souvent très subtil : les pressions de toutes sortes, les manipulations affectives, les obligations qui te lient indûment, mais aussi les habitudes, les conditionnements, les compensations… Non, non et encore non !

16

Septembre

Te concentrer

Certaines personnes, lorsqu'elles travaillent, lisent, réfléchissent… se concentrent profondément sur leur tâche au point d'oublier ce qui les entoure. Cette attitude peut parfois les enfermer dans leur monde intérieur. Mais elle traduit aussi une grande capacité de vivre totalement le présent, de ne pas s'éparpiller, pour se concentrer sur ce qu'elles ont à réaliser.

Et toi, où en es-tu ? Apprends à t'abstraire, à t'isoler mentalement, à ne plus t'identifier à tes émotions, à prendre de la distance, du recul. L'*adulte* vit le présent, raisonne, choisit, sélectionne… Il n'est pas dans la soumission, la contestation… Il est dans la résolution positive et efficace des problèmes.

Peux-tu, de la même façon, développer ta concentration intérieure pour te ressourcer, te régénérer, mieux réagir et rebondir… ?

17

Septembre

Mettre de l'ordre dans ta tête et dans ta vie

Il y a des choses à réorganiser dans ta vie. Tu peux commencer par ton courrier qui s'entasse et que tu pourrais trier et classer suivant l'urgence, par ton armoire où tes piles de linge se mélangent, par tes placards mal rangés, ton bureau envahi de papiers souvent inutiles, ton budget…

Mettre de l'ordre dans ta vie, c'est aussi mettre de l'ordre dans ta tête. Si tu le fais, cela te permettra de mieux fonctionner car ton esprit sera clair, tu sauras comment agir, à quel moment, avec qui…

En t'organisant bien, tu ne seras plus dans le mental, dans le flou ou dans le questionnement. Tu ne te demanderas plus : « Qu'est-ce que j'ai à faire aujourd'hui ? » parce que tu sauras choisir et gérer les priorités, les nécessités, tout en disposant de plus de temps pour toi. Tu auras la sensation d'avoir une vie plus riche, plus passionnante étant donné les objectifs que tu auras remplis. Tu seras plus content de toi.

Peut-être es-tu fâché avec les chiffres, avec l'organisation, parce que l'un de tes parents était trop méthodique, trop perfectionniste… ou, au contraire, parce que tu as vécu dans une famille qualifiée de bohème, d'artiste où la rigueur n'était pas ce qui comptait le plus… Aujourd'hui, tu t'aperçois que l'une ou l'autre de ces éducations t'a déformé : tu en vois les inconvénients car tu as du mal à entrer dans ta chambre où toutes tes affaires traînent, tu n'oses plus inviter personne chez toi parce que tu as honte du désordre qui y règne, tu oublies de régler tes factures et tu reçois des lettres de rappel, tu as des amendes…

À partir de maintenant, tu mets de l'ordre chez toi, dans ta tête car tu veux être le chef d'orchestre de ta vie, en accord avec le Seigneur, et bien connaître la place de chacun de tes instruments. Tu commences tout de suite…

18
Septembre

Savoir clairement ce que tu veux

Plus tu auras mis de l'ordre dans tes affaires, dans ta maison, plus ta pensée sera nette et plus tu sauras vraiment ce que tu veux : tu auras des desseins précis et tu pourras renaître, grandir, t'épanouir, entrer progressivement dans la Vie éternelle.

Sais-tu vraiment ce que tu veux, à tous les niveaux de ta vie ? Il y a en toi un désir à découvrir. Mieux tu le connaîtras, mieux tu le réaliseras. Cela va te demander du temps. Fixe-toi des objectifs comme : aller davantage vers les autres, les écouter, exprimer plus clairement ta pensée, passer plus de temps chez toi, te former, adopter une meilleure hygiène de vie, prier quotidiennement…

Penses-y chaque jour et, petit à petit, tu parviendras à atteindre ton but.

19
Septembre

Tu décides, tu tranches

Peut-être as-tu mal vécu une autorité trop stricte, trop pesante, qui laissait peu de place à l'initiative personnelle. Peut-être as-tu refusé d'entrer dans les cadres que l'on t'imposait. Maintenant, tu as du mal à choisir, à trancher.

Si tu continues ainsi à te résigner ou à te révolter, tu risques de te priver d'un atout majeur de ta personnalité. Restaure en toi la partie *adulte* qui a une vision claire et décide, et la partie *normative* qui est capable de trancher.

Tu commences par des petites choses. Quand tu vas faire tes courses, par exemple, tu apprends à ne plus hésiter « pendant des heures » devant tel ou tel produit, à ne plus tergiverser inutilement. À l'inverse, n'achète pas non plus n'importe quoi sur un « coup de tête ». Si tu dois engager une somme plus importante, pour une voiture ou quelque chose de ce genre, informe-toi sur les prix, fais jouer la concurrence, compare puis décide !

Si tu pèses trop « le pour et le contre », tu risques de ne jamais passer à l'action…

20 Septembre

Maintenant tu agis

Certaines personnes agissent trop vite, « foncent » sans réfléchir. D'autres, à l'inverse, restent dans un état de passivité et subissent sans réagir.

Aujourd'hui tu comprends l'importance de l'action : ce n'est pas en ressassant, en maugréant, en regrettant..., que les choses vont changer, mais en agissant autrement dans telle ou telle situation dont tu te plains habituellement. Quels actes peux-tu poser ? Commence par de petites réalisations, elles vont en entraîner bien d'autres à leur suite.

Tu agis ! Tu n'oublies pas que toute action aura des conséquences. C'est d'ailleurs la raison pour laquelle tu es souvent hésitant. Tu vas agir progressivement et tu rectifieras toutes les fois que ce sera nécessaire.

Pour te donner confiance en toi, répète régulièrement : « Mon Dieu, aide-moi à voir aujourd'hui les actions nécessaires, celles qui vont me faire sortir de ma passivité, de mon côté *victime*, celles qui vont me faire entrer dans un monde qui bouge, qui vit, un monde du changement, de la nouveauté, de la Création tel que Toi, Seigneur, Tu le proposes. Maintenant je veux agir avec Toi, par Toi et en Toi ».

21
Septembre

Tu ne sabotes plus tes décisions

Tu as peut-être du mal à choisir et, quand tu prends une décision, tu la regrettes, tu reviens en arrière, tu crois qu'une autre aurait été meilleure, plus salutaire et tu te rétractes, tu te retrouves, selon tes dires, dans « le potage » ou « la semoule ». Tu sabotes tes décisions : lorsque tu adoptes enfin une résolution, tu la remets en cause sous prétexte que « ce n'est pas possible, jamais je ne pourrai y arriver... ; on voit bien que les autres n'ont pas les mêmes problèmes que moi... ; avec toutes les souffrances que j'ai eues c'est bien normal que... ».

Il y a en toi un petit saboteur qui ne cesse de bloquer ou de faire rater tous tes projets. Quand quelque chose d'heureux t'arrive, dès le lendemain tu le sabotes en provoquant une situation malheureuse comme si « le bonheur se paie toujours », comme si tu n'avais pas le droit de réussir, d'être heureux. D'ailleurs, dans tes fausses croyances tu te dis que « tu as mangé ton pain blanc, il te reste le noir...» et tu te demandes ce « qui va t'arriver maintenant... ».

Prends conscience de tes sabotages comme : ne pas prendre de décisions, ne pas les noter, les oublier rapidement, ne pas les tenir quand tu les as prises, les dévaloriser, vouloir tout trop vite et te décourager, être trop perfectionniste... ; analyse-les pour mieux les prévenir.

Désormais, tu ne sabotes plus tes choix, tu ne sabotes plus le bien-être, la Paix, la Joie, l'Amour que Dieu te donne. Tu acceptes de rentrer dans la douceur du fleuve qui coule et où tout est bon, tout est bien.

22
Septembre

Comment fais-tu d'habitude pour ne pas changer ?

S'il est important pour chacun de nous, comme le démontrent les stages de formation en entreprise, d'évoluer en suivant des objectifs précis, ciblés selon une progression dans le temps, il faut aussi tenir compte de la façon dont nous allons les « saboter ».

Comment as-tu fait, dans le passé, pour contrarier les éventuels changements de ta vie, pour ne pas mener à bien tes décisions ?

Il y a, en effet, différentes manières de contrecarrer un projet. Tu peux : te décourager, te réfugier dans la passivité et penser que tu « n'y arriveras jamais » ; te dévaloriser et te persuader qu'avec toutes tes obligations familiales tu as manqué de réalisme et te dire que « c'est impossible »... Quels sont les obstacles que tu as mis en place ? As-tu cherché à prouver inconsciemment aux autres que tu as été trop blessé et qu'aucune transformation ne peut plus advenir dans ton existence ? T'es-tu évertué à faire échouer tes thérapies ? As-tu essayé de rendre tes parents responsables de tes souffrances actuelles pour ne pas « en sortir » ? Veux-tu leur prouver, même après leur mort, qu'ils t'ont détruit pour de bon ? As-tu plus simplement tenté d'oublier tes décisions de changement ? Tu as pu, pour cela, t'encombrer de travail au point que tu n'as plus le temps de penser à ton objectif, ni de faire le point. Tu peux encore, comme certains sportifs « démarrer » très vite et t'essouffler, t'enthousiasmer puis déchanter, ou avoir du mal à partir, remettre toujours au lendemain, puis tout faire d'un seul coup et trop vite...

Connaître ses « sabotages » et y remédier favorise considérablement la réussite. Un homme averti en vaut deux!

23

Septembre

Choisir avec Dieu

Devant une décision à prendre, quelle qu'elle soit, petite ou grande, as-tu pris l'habitude de discerner avec Dieu, d'agir avec Lui et de te laisser éclairer par Lui ?

Souvent nous hésitons, nous ne pouvons voir, à notre niveau, toutes les conséquences des choix que nous allons faire : choix professionnels, choix d'orientation pour nous ou nos enfants, choix sentimental ou amical… Dieu, Lui, le peut.

Mais comment peut-Il te parler, comment peut-Il à son niveau te faire sentir s'il y a un danger, comment peut-Il allumer un feu vert, un feu orange, un feu rouge devant une situation donnée ? Comment Lui donnes-tu la possibilité de te guider : par un sentiment intérieur de joie spirituelle ou, au contraire, de malaise ; par des obstacles qui s'accumulent ; par une réflexion d'un proche que tu sens inspiré ? Interroge-toi…

Plus tu pourras discerner comment, par le passé, vous avez fonctionné Lui et toi, ce qui a plus ou moins bien marché dans votre collaboration de par ta propre responsabilité, plus tu auras analysé les « ratés » où tu n'as pas entendu ta petite voix intérieure, où tu n'as pas tenu compte des signes avant-coureurs, plus tu auras des critères de discernement pour les choix à venir.

Tout faire avec Dieu, tout. En as-tu vraiment envie ? Le décides-tu ?

24
Septembre

Le déclic

Un jour, tu entends ce que tu n'as jamais entendu, tu vois ce que tu n'as jamais vu. Tes oreilles, tes yeux s'ouvrent : tu as le déclic. Il est la clé du changement.

Tu as le déclic pour accepter une situation que tu refusais jusque-là, pour dire « oui », pour repartir, rebondir. Tu retrouves une énergie qui te permet de mettre en place ce que tu désires au plus profond de toi. Si tu n'y arrives pas, fais-toi aider par quelqu'un, un accompagnateur par exemple qui, grâce à un mot, un regard, son écoute, pourra déclencher en toi ce déclic.

Avant, tu pensais : « Ce n'est pas possible… ; ce n'est pas pour moi… » mais brusquement, tu perçois tout autrement.

Souviens-toi du « déclic ». Il va faire jaillir la Lumière, il va t'unifier, te faire avancer. « Déclic » : que ce mot te porte et t'habite tout au long des semaines qui viennent !

25
Septembre

Rebondir : le ressort invisible

Tu crois peut-être que tout ce que tu as vécu t'a laminé, que tu ne pourras plus jamais « t'en sortir »... Pourtant, il y a en toi une espèce de ressort invisible, capable de se tendre et de te faire repartir en toute occasion, en toute circonstance. L'important est d'en prendre conscience, de le reconnaître, de l'identifier.

L'éducation ne prépare pas au changement. Dans le passé, la plupart du temps, on se mariait, on vivait, on mourait dans le village où l'on était né. Aujourd'hui, on travaille rarement toute sa vie au même endroit. Par ailleurs, bien des familles connaissent des changements, des recompositions...

Qu'est-ce qui va permettre de faire face à tous ces bouleversements sinon ce ressort profond qui existe en chacun de nous : ressort renforcé sans cesse par Dieu. Rien ne peut arrêter le mouvement de Vie de Dieu si nous le Lui permettons. Nous avons donc à apprendre à vivre avec Lui, par Lui, en Lui pour nous adapter à tout ce qui peut nous arriver dans notre existence. Certains ont traversé des guerres, ont connu l'horreur des tranchées, des camps de concentration, d'autres ont été prisonniers, enfermés pendant des années dans de minuscules cellules, d'autres encore ont perdu plusieurs fois leur famille comme Martin Gray[11]... Beaucoup s'en sont sortis et ont insufflé l'espoir aux autres en leur disant : « C'est possible ! » C'EST POSSIBLE !

Aujourd'hui, tu prends conscience du ressort qui est en toi et qui t'aide à rebondir. Tu ne baisses plus les bras, tu ne te décourages plus, tu ne te dis plus que « le bonheur, c'est pour plus tard... » Dès maintenant tu vis pleinement ta vie et tu considères les changements qui se présentent comme les kayakistes envisagent les obstacles, en apprenant à les négocier le plus habilement possible. Ce sont des amis qui vont te permettre de repartir autrement. Tes « chutes » vont t'aider à évoluer, à te transformer, à t'approfondir et à rentrer de plus en plus dans l'Amour universel[12].

11. Cf. 20 mai.

12. Anselm Grün, *L'Échec, une chance (quand nos projets de vie s'effondrent)*, DDB, 2004.

26
Septembre

La vraie réussite

Quelle est la réussite de ta vie ? Être riche, célèbre, avoir une famille, accomplir de mieux en mieux ce que tu portes en toi ? *« Tout est accompli »,* dit Jésus sur la Croix. Et toi, que veux-tu accomplir ? Un homme avait beaucoup travaillé toute sa vie. Il transmit sa fortune de son vivant à son fils unique qui la dilapida en quelques années. Amer, le père demanda qu'à sa mort on inscrive sur sa tombe cette épitaphe poignante : « Pour rien ». Ce qui était apparemment une réussite était devenu, pour lui, un échec.

Dans un village vivait un sage, lui aussi père d'un fils unique. Il n'avait pour tout bien qu'un cheval. Un jour, l'animal se sauva. Les voisins vinrent le voir et lui dirent : « Tu n'as vraiment pas de chance. Qu'est-ce que tu as fait au bon Dieu pour être puni ainsi ? » L'homme ne répondit rien. Quelques temps plus tard, le cheval revint suivi d'un troupeau de chevaux sauvages qu'il ramena à sa suite. Les villageois retournèrent chez le sage et déclarèrent : « Tu as vraiment de la chance, quelle réussite, le bon Dieu te récompense ! » Une fois de plus l'homme ne répondit rien. Puis, le fils se cassa les deux jambes en montant sur l'un des chevaux sauvages. Alors les voisins plaignirent le sage : « Tu n'as vraiment pas de chance, pourquoi le bon Dieu… ? » L'homme se tut. Enfin, la guerre fut déclarée. Tous les hommes partirent au front sauf le fils unique du sage qui était handicapé. Alors, on envia le père : « Tu en as de la chance, tu es béni des dieux ! » Ce dernier ne prononça pas une parole…

Que tu aies des soucis ou des imprévus, tu peux tout transformer en réussite selon ta façon d'appréhender les choses : certaines séparations, douloureusement ressenties, se sont avérées bénéfiques sur le plan de l'autonomie, de l'amour véritable, de la vocation retrouvée…[13] ; au contraire, des personnes ont gagné beaucoup d'argent mais ont perdu leur tranquillité et leur simplicité…

C'est toi seul qui feras de tel ou tel événement une réussite ou un échec. À partir de maintenant, tu veux la vraie réussite, c'est-à-dire l'accomplissement de ce que tu es, dans la Paix, la Joie, l'Amour…

13. Voir note 12.

27
Septembre

Retrouver ta créativité

La créativité se caractérise par une capacité de sortir du cadre dans lequel on s'enferme habituellement, de relier des éléments qui, apparemment, n'ont pas de rapport entre eux. Le créateur quitte l'objet de sa recherche, s'abstrait, pense à autre chose et finit par trouver la solution au problème. On cite fréquemment Archimède qui a résolu le principe de la flottabilité en prenant son bain, ou le cas de Kækulé qui trouva la structure fermée du benzène dans un état de rêverie où il regardait les pieds d'une chaise qui se transformèrent, dans son imagination, en deux serpents se mordant la queue.

Chacun de nous possède un grand potentiel de créativité qui a été souvent réprimé par des remarques critiques ou dubitatives comme : « Prouve-le… ; tu n'y penses pas… ; tu dis n'importe quoi… ». Celles-ci ont coupé l'élan d'inventivité chez les enfants qui les ont entendues. Pour retrouver ce potentiel, il faut maintenant apprendre à séparer la phase d'ouverture, d'émission d'idées sans critique ni censure, phase d'associations libres (feu vert) de la phase suivante d'organisation des idées (feu orange) et de la phase finale du tri et de la sélection des idées émises (feu rouge). Trop d'entre nous, dès qu'ils ont une idée, la critiquent aussitôt et, ainsi, en empêchent l'élaboration (que ferait le conducteur d'une voiture devant un feu tricolore où les feux vert et rouge seraient allumés en même temps ?)

On forme les groupes de créativité ou de résolution de problèmes en proposant des exercices, comme la réalisation de quatre triangles équilatéraux et adjacents avec six allumettes[14], visant à découvrir une façon de penser différente, nouvelle, sur un autre plan. Il en est de même de toutes les devinettes ou les figures ambiguës qui permettent de distinguer plusieurs objets ou visages. L'histoire de Jean Dupont en est aussi une illustration. « Un cambrioleur entre dans la chambre de Jean Dupont. Il vole un objet précieux. Jean Dupont voit la scène. Pourtant, le lendemain, il est incapable d'en parler à la police. Pourquoi ? » Les personnes à qui l'on pose cette question répondent généralement : « Parce que Jean Dupont avait lui-même volé l'objet dérobé… ; parce qu'il rêvait… ; parce qu'il était mort… » Quantité de solutions inté-

14. Cf. 19 août.

ressantes, mais qui toutes partent d'une idée reçue, celle que Jean Dupont est un adulte. Et si Jean Dupont était un bébé à qui on avait volé son biberon, objet particulièrement précieux pour lui... ? Arriver à ce genre de solution oblige à un détour de la pensée, à prendre conscience des a priori et à chercher délibérément en-dehors du cadre initial.

Es-tu capable de changer de plan, de t'abstraire des façons de penser traditionnellement admises ? T'ouvrir à la créativité, c'est élargir ton horizon, sortir de tout racisme, ne plus cataloguer et donc mieux comprendre les autres dans leurs différences.

28

Septembre

Changer de plan, changer de niveau

Si tu restes dans ton scénario, dans l'idée que tout est déterminé à l'avance, tu ne tiendras pas le gouvernail de ta vie, tu risques de ne pas être heureux.

Changer de plan, changer de niveau, c'est d'abord te dégager du psychologique, des façons de penser ou d'agir que l'on t'a inculquées… ; c'est entrer dans ton être spirituel, c'est sortir de ton « vilain petit canard » pour pénétrer dans ton cygne… ; c'est abandonner ton quadrupède enfermé dans sa forêt pour entrer dans l'oiseau qui a une vision plus globale. Bien sûr, il est important que tu aies les « pieds sur terre », mais il est nécessaire aussi que tu aies le recul de l'oiseau qui voit les choses de plus haut.

Si tu demandes à plusieurs personnes de relater le journal télévisé de la veille, tu t'apercevras rapidement que chacune aura regardé et retenu ce qui l'a intéressée, touchée et que bien peu sont capables d'en faire un résumé fidèle, objectif, exhaustif. À entendre les réponses, on a parfois l'impression qu'elles n'ont pas regardé le même journal ou, en tout cas, pas le même jour…

Et que dire de ce que l'on appelle le « téléphone arabe », cette déformation de l'information avec interprétations successives qui fait qu'au bout du compte, ce qui est rapporté n'a plus aucun rapport avec ce qui a été dit au départ.

Ayant souvent pratiqué, dans des groupes de formation de dix à douze personnes, un exercice de transmission où chacun entrait dans la salle, à tour de rôle, pour entendre et répéter au suivant, le plus fidèlement possible, l'information qu'il avait reçue, nous avons pu observer, sur des centaines de cas, que nous n'avons jamais reçu deux messages finaux identiques, loin s'en faut ! L'exercice étant filmé, le visionnage de cette transmission en chaîne a toujours donné lieu à de grands éclats de rire tant les déformations, en toute bonne foi, chez des gens pourtant prévenus de bien écouter et d'être vigilants, étaient variées et cocasses ! Voilà le psychisme !

Change de plan, change de niveau. Sors du mental subjectif et compliqué. Quelles que soient les difficultés de ta vie tu peux revenir à un essentiel en Dieu, t'ancrer dans ta profondeur où tout est Bien, où tout est Lumière, Amour. T'ouvrir à la créativité c'est déjà ne pas rester tout le temps dans la même partie de toi, dans ta jungle psychique, dans « ton monde ». Apprends à vivre dans le Monde, dans Celui de Dieu. Au fond de toi, il y a la Beauté divine. Entraîne-toi à y retourner constamment…

29

Septembre

Innover, être un pionnier

Dans toutes les familles quelqu'un, à un moment donné, sort des scénarios habituels, pense, agit, ressent différemment des autres, ouvre une voie nouvelle… Peut-être es-tu l'un de ceux-là ?

Tu ne peux pas continuer à répéter les mêmes comportements, les mêmes scénarios, à exprimer tes émotions comme on t'a appris à le faire. Tu as à être pionnier dans le domaine qui correspond à ton axe, à tes dons, tes talents… Laisse l'innovation, la créativité entrer dans ta vie.

Sur quel plan es-tu un pionnier ? Est-ce dans la découverte des mécanismes psychologiques qui sont méconnus de ta famille ; dans le fait de ne plus entretenir des relations conflictuelles avec les autres ; dans ta manière de te poser, de savoir t'affirmer sereinement ; dans un engagement librement choisi ; dans un changement de perspective, de vie… ?

Les petits enfants qui meurent en bas âge (et l'on sait combien c'est douloureux pour leur famille et combien cette douleur touche le Cœur de Dieu) sont des pionniers. Ce sont des premiers de cordée qui atteignent le sommet de la Montagne, et vont ensuite tirer toute leur hérédité. Qu'ils soient bénis !

Il y a un pionnier, un innovateur en toi, découvre-le !

30
Septembre

As-tu fait le point ?

Le 17 juin te proposait de faire le point régulièrement, d'y consacrer quelques minutes par jour, et de renouveler l'exercice une fois par semaine, une fois par mois, une fois par an ; au moment des grands tournants de l'existence, d'un anniversaire, de la nouvelle année, des vacances... L'as-tu fait ?

As-tu noté tes objectifs sur ton agenda ou sur un papier que tu relis quotidiennement pour t'en souvenir : être plus positif, valoriser tes progrès, t'encourager, oser parler et donner ton avis, faire des propositions constructives plutôt que des critiques négatives, écouter vraiment, reformuler, trancher tout en prenant le juste temps de la réflexion, être proche tout en sachant s'isoler, savoir dire « je te comprends », établir des rapports *gagnant/gagnant*, te souvenir que tu es tendrement aimé de Dieu...

Fais le point pour garder tes objectifs présents à l'esprit et voir ce que tu as mis en place pour les atteindre. Tu y parviendras d'autant mieux que tu as été réaliste et que tu ne t'es pas donné plus de deux ou trois objectifs à la fois, mais qu'ils sont clairs dans ta tête...

Quatrième trimestre

S'ouvrir à la vie éternelle

Octobre

Se transformer et se laisser transformer

1er
Octobre

La Paix des profondeurs

La paix retrouvée, la sérénité, la Paix des profondeurs… La paix est l'une de nos plus grandes aspirations. Quel bonheur lorsqu'une guerre se termine ! Quelle joie quand on se réconcilie vraiment après une dispute ! Quel calme lorsqu'on arrête de se faire du mal ! « Je voudrais vivre en paix… ; je voudrais un peu de paix… ».

Tu as perdu ta Paix à cause de tes scénarios, tes jeux psychologiques. Aujourd'hui, redécouvre-La simplement. Ceux qui ont traversé des épreuves douloureuses retrouvent la Paix, une fois leurs souffrances acceptées, après la phase que l'on dit de « deuil », parce qu'ils n'en veulent plus à personne, ni à eux-mêmes, ni aux autres, ni à Dieu. Voilà le secret : ne plus en vouloir à qui que ce soit !

Te reste-t-il des vengeances, des « livres de comptes cachés », pour reprendre les termes du psychosociologue Jacques Salomé ? « Après tout ce qu'il m'a fait… ; tout cela se paiera un jour… » Tu peux continuer à souffrir, voire à t'autodétruire, comme pour dire à tes parents, ton mari, ta femme… : « Regardez ce que vous avez fait de moi ! » Et cela peut se poursuivre même après la mort de ceux dont tu estimes qu'ils sont la cause de tes maux : « Ils ne l'emporteront pas au paradis ! »

Continues-tu par mimétisme, par « fidélité » – scénario de répétition – à te faire mal, à vivre la même vie pénible et angoissante que tes pauvres parents et grands-parents qui ont connu la guerre, la privation, les séparations…

Veux-tu vraiment t'en sortir ? Veux-tu vraiment vivre en Paix ? La Paix - la Joie - l'Amour infini de Dieu. L'amour universel… Dieu est Paix. Il t'habite ! Comme le ciel bleu se trouve sans cesse au-delà des nuages, sa Paix est en toi.

2

Octobre

Tu choisis la joie

Chaque jour, en te levant, tu choisis la joie. Non pas celle qui est liée au plaisir du moment, superficielle, ostentatoire, mais la Joie profonde qui t'habite constamment. N'attends pas tout des autres. N'attends pas davantage tout de Dieu. Tu pourrais, à tort, Lui en vouloir de t'avoir soi-disant oublié. Ne rentre pas non plus dans un volontarisme excessif dans lequel tu risques de t'épuiser : tôt ou tard, tu t'apercevrais que tu ne peux pas tout par toi-même. Prends la responsabilité de ta vie, mais fais toutes choses, grandes ou petites, avec Dieu.

Choisis la joie ! Tous les soirs en te couchant, repasse dans ta tête les beaux moments de ta journée et remercie Dieu pour cela. Le matin, choisis une pensée, un acte positif qui illumineront ta journée. Quel que soit ton état, tu peux toujours te promener, lire, écouter de la musique ou le chant des oiseaux, regarder par la fenêtre une fleur, un arbre, un rayon de soleil, la pluie qui caresse les carreaux… Il y a toujours un sourire à donner, quelqu'un à aider, à qui téléphoner. Il y a toujours plus malheureux que soi…

« Heureux ceux qui pleurent, ils seront consolés » (Mt 5). La joie s'apprend. Celle du chrétien est d'entrer dans la vraie béatitude qui retourne les situations en bien, permet de dépasser l'enveloppe pour atteindre le cœur et y découvrir le Cadeau de Dieu.

3

Octobre

Que ta joie soit parfaite !

À trois reprises, dans l'Évangile de saint Jean, il est question de *« joie parfaite »* : *« Celui qui a l'épouse est l'époux. Quant à l'ami de l'époux, il se tient là, il l'écoute et la voix de l'époux le comble de joie. Telle est ma joie, elle est parfaite*[1] ». Plus loin Jésus dit : *« Je vous ai dit cela pour que ma joie soit en vous et que votre joie soit parfaite »*[2] . Et encore, s'adressant au Père : *« Maintenant je vais à Toi et je dis ces paroles dans le monde pour qu'ils aient en eux ma joie dans sa plénitude »*[3].

Sommes-nous des chrétiens joyeux ? Avons-nous atteint cette joie parfaite dont parle saint François d'Assise, et que l'on connaît lorsque l'on est détaché de tout et que l'on parvient à l'essentiel ? Celle que l'on retrouve dans les Actes des Apôtres : *« C'est lui qui pourvoit à votre subsistance et qui remplit vos cœurs de joie »*[4] ou dans les épîtres de Paul : *« Car le règne de Dieu... est justice, paix et joie dans l'Esprit Saint »*[5]. *« Voici le fruit de l'Esprit : amour, joie, paix, patience, bonté, bienveillance, foi, douceur, maîtrise de soi... »*[6] ; et encore *« Soyez toujours dans la joie, priez sans cesse, rendez grâce en toute circonstance, car c'est la volonté de Dieu à votre égard dans le Christ Jésus... »*[7] ; enfin : *« Aussi tressaillez-vous d'une joie ineffable et glorieuse, en remportant, comme prix de la foi, le salut de vos âmes »*[8].

Revivifie-toi en parcourant tous les passages du Nouveau Testament qui évoquent la Joie. Relis-en un chaque jour pour redécouvrir ce qu'est la Joie parfaite, qui ne dépend de rien, ni des circonstances. Elle est comme le soleil, comme l'Infini, comme la Vie éternelle. Elle te remplit totalement : la Joie parfaite est la tienne, en profondeur, réalise-le.

1. Jn 3, 29 à 30.
2. Jn 15, 11.
3. Jn 17, 13.
4. Ac 14, 17.
5. Rm 14, 17.
6. Ga 5, 22.
7. 1 Th 5, 16.
8. 1 P I 8, 9.

4

Octobre

Pleurer et entrer dans la béatitude

Selon les Pères de l'Église, l'homme pleure pour différentes raisons : par exaspération, par dépit, sur lui-même, quand il se sent victime… Mais il y a d'autres larmes qui coulent, chaudes : des larmes de regret, de repentir, de contrition, de gratitude, de vraie humilité… qui viennent de la profondeur, la creusent et ouvrent à la béatitude.

As-tu su pleurer aux moments les plus difficiles de ta vie, lors de tes erreurs les plus graves ? Si tu n'y es pas arrivé, il n'est pas trop tard. C'est pourquoi, lors de célébrations, de retraites, dans une communauté… des larmes peuvent te monter aux yeux, poussées par une vague d'émotion ; laisse-les déborder doucement, abondamment, elles te libèrent…

N'aie plus honte de pleurer ! Tes larmes te permettent d'entrer dans la vie éternelle, dans un espace-temps autre où tu seras envahi par une joie profonde. Accueille-les avec reconnaissance. Elles traduisent tes imperfections, tes regrets, mais aussi l'Amour de Dieu pour toi ; elles te nettoient, elles te recréent comme la pluie qui humidifie la terre et permet aux plantes de pousser. Heureux ceux qui pleurent ! Que de nouvelles graines vont germer et grandir en toi !

5

Octobre

Mets ta tête dans ton cœur

Quitter la tête qui ressasse, rumine, contrôle avec excès pour entrer dans le cœur profond et se mettre à son service !

Si ta tête réfléchit trop, si elle domine, ton cœur devient sec. Si ton cœur blessé prend le dessus, ta tête ne raisonne plus posément : tu es tiré à hue et à dia par des réactions émotives disproportionnées.

Maintenant que tu as découvert ton être profond, ton enfant de Lumière, écoute ce que pense sa petite tête, ce que dit son cœur. As-tu appris à différencier les moments où ton mental autoritaire raisonne, de ceux où tes idées semblent venir « du milieu de ta poitrine » comme si ton cerveau formalisait ce qu'il y a dans ta profondeur ? Réunifie ton esprit et ta sensibilité, entre dans la sagesse du cœur. Jean-Baptiste a préparé les chemins de Jésus qui amenait une nouvelle façon d'appréhender les choses : l'intelligence du cœur. Jean-Baptiste, l'ancienne façon de penser, a eu la tête tranchée et le jeune Jean, futur évangéliste, mit sa tête sur le Cœur de Jésus, ce qui lui permit de si bien entendre et comprendre l'Amour de Dieu.

Mets ta tête dans ton cœur. Voilà une manière de revenir au Père, de repartir de là où tu l'as quitté, de pouvoir, cette fois, manger de tous les fruits des arbres du Jardin, y compris de celui de l'arbre de la connaissance du bien et du mal, mais progressivement, en son temps, lorsque Dieu te le dira et le cœur toujours ouvert.

6
Octobre

Reconnaître la Voix de Dieu

Si tu es vraiment rentré dans ton cœur profond, dans ce Ciel qui t'habite déjà, dans ce jardin d'Éden qui est en toi, tu entends la Voix de Dieu. Tu la perçois plus à l'intérieur, au-delà de toutes ces voix psychiques qui parlent haut et fort. Mais elle est petite, fine, légère, comme une voix d'enfant. Sois attentif ! Apprends à la reconnaître entre toutes, comme une maman à la maternité reconnaît de loin la voix de son bébé, comme ensuite elle entendra, la nuit, le moindre de ses appels.

La Voix de Dieu résonne en toi : tu te sens calme, plein d'Amour… Elle est lumineuse, simple, Elle te guide, respecte le Temps divin, Elle dilate ta poitrine. L'agneau, la brebis en toi reconnaît la voix du bon berger. La « fiancée » reconnaît son « fiancé ».

C'est la Voix de Jésus, son ami, qui a fait sortir Lazare du tombeau. Toi aussi, entends sa Voix.

7

Octobre

Des temps d'Amour avec Dieu

Ceux qui s'aiment se réservent des moments de tête-à-tête et de cœur à cœur pour pouvoir échanger, partager, se taire, être bien ensemble...

Des temps pour ton couple, pour chacun de tes enfants, pour ton enfant de Lumière afin qu'il grandisse, des instants de solitude habités par l'Amour de Dieu ! Quand tu pries, tu es avec Lui, en Lui et Lui en toi, dans un Amour infini, une Joie qui transporte ; dans la reconnaissance, la gratitude, le ravissement... Dis-Lui des mots de tendresse comme le fait un petit enfant à sa mère, une fiancée à son fiancé. Retrouve la vraie simplicité et ne te demande pas si c'est possible, si tu en es digne ou non... Exprime simplement ton amour de petit enfant, de fiancé, et Lui te répondra en t'ouvrant les bras... Laisse-toi aimer, laisse-toi remplir de cet Amour et transformer par Lui.

Que ne donnerions-nous pas pour vivre de tels temps d'émerveillement, de paix et de joie profondes, un tel amour limpide avec quelqu'un ?

Ces temps précieux de plénitude divine te sont donnés. Les as-tu vécus dans une église, dans la nature, en présence d'un petit enfant puisque les anges les plus hauts sont avec lui ; les as-tu vécus lors d'une session, d'un pèlerinage, d'une eucharistie, d'une adoration, d'un partage, d'un enseignement... ?

Fais-les vivre chaque jour en toi. Inscris-les dans ton cahier des merveilles que tu ouvriras régulièrement pour te souvenir de tous ces instants. Mets dans ta chambre des photos qui te rappellent l'endroit où tu as vécu cette effusion d'amour. Écoute de la musique sacrée, céleste qui te touche, des chœurs d'enfants, des enseignements qui parlent à ton çœur.

Prends régulièrement des rendez-vous d'Amour avec Dieu.

8

Octobre

Instant présent, instant précieux

Sais-tu que cet instant même que tu consacres à : une tâche ménagère, une plante, ton animal familier, un membre de ta famille, une personne de ton entourage, ton travail, tes courses, la prière... peut être lumineux, tout en or, si tu le vis vraiment ? La vision positive de ce que tu es en train de faire donne à l'instant présent toute sa valeur, toute sa richesse.

Quoi que tu entreprennes, réalise-le avec amour, avec Dieu. Désormais, tu ne feras plus « à bouffer », tu prépareras à manger, non pas d'une façon machinale, répétitive, mais en pensant que tu « nourris le corps de tes enfants », que tu contribues « à l'œuvre de Dieu » en eux pour qu'ils puissent être heureux et donner de l'amour, de la joie et de la paix autour d'eux. Bénis les plats que tu leur confectionnes chaque jour, fais tout avec amour et bénis tes enfants.

Instant présent, instant précieux. Que tu fasses du bricolage, du jardinage, du tricot, du dessin, de la peinture, une promenade, un entraînement sportif, un travail intellectuel... apprends à avoir une autre vision de chacune de ces activités en te rappelant tout ce qu'elles peuvent avoir de fécond. Il n'y a pas de tâche secondaire. Revalorise tout ce que tu fais, sois content de ta journée. Si tu restes chez toi parce que tu es retraité, au chômage, en arrêt-maladie ou, simplement, parce que tu t'occupes de ton foyer, veille à réaliser chaque jour un équilibre entre des activités urgentes ou nécessaires, d'autres qui font du bien autour de toi, d'autres enfin pour toi, pour te faire plaisir : un simple rangement, une lettre, un coup de téléphone, des courses, une démarche administrative, une visite, un mot d'encouragement, un peu de repos, du sport, de la musique, de la prière, du silence...

Instant présent, instant précieux : tu exécutes les mêmes gestes mais avec une autre conscience, une autre profondeur, en Dieu et avec Dieu. Mets ta spiritualité dans toutes tes actions quelles qu'elles soient. N'oublie pas : le chemin c'est de vivre, de façon extraordinaire, des choses que l'on considérait avant, ou que d'autres considéreraient, comme ordinaires.

9

Octobre

L'intimité bienheureuse

Cette paix profonde partagée avec une personne que tu aimes, ce regard d'amour que vous échangez, cet accueil que vous avez l'un de l'autre, ce cœur à cœur avec Dieu : cette intimité bienheureuse !

Heureux sont les couples qui parviennent à atteindre une intimité réussie où l'amour coule, où chacun sait le donner et le recevoir ! Quel ravissement se lit sur leur visage, quelle transparence dans leurs yeux ! On retrouve cette même expression radieuse chez les petits enfants comblés qui sourient aux anges, chez certaines personnes dans l'extase mystique, dans l'adoration...

Y a-t-il plus grand épanouissement que dans l'intimité vraie, où tout se passe dans la tendresse, la douceur, le respect, la délicatesse, où tout rapport de force est absent ? C'est déjà la vision du Ciel !

Apprends à vivre une intimité renouvelée, profonde, joyeuse, bienheureuse, légère, ressourçante, avec tes proches, ton conjoint, tes amis, avec Dieu. Tu la désires ardemment pour que ta vie soit pleinement réussie.

10
Octobre

Des chemins d'harmonie pour le couple

Très longtemps le couple a été constitué de deux personnes vivant en symbiose. L'un ou l'autre utilisait souvent l'expression « ma moitié » pour désigner sa femme ou son mari. Les rôles de chacun étaient définis : la mère s'occupait des enfants, des tâches ménagères... tandis que le père gagnait l'argent du foyer, prenait les décisions administratives, conduisait la voiture... Lorsque l'un des deux mourait, l'autre était perdu dans tous les domaines qu'il n'avait pas pris en charge.

Petit à petit, chacun a appris ce que l'autre savait faire. Ainsi les femmes sont-elles aujourd'hui nombreuses à travailler à l'extérieur, à s'occuper des papiers administratifs, à conduire leur voiture... et beaucoup d'hommes se sont mis à faire les courses, le ménage et à prendre soin des enfants...

Trois étapes traversent la vie d'un couple. La première phase est celle de la symbiose, de l'interdépendance où « 1+1=1 ». Au cours de la deuxième étape, chacun devient davantage lui-même, plus complet. C'est le moment de l'autonomie, de la croissance individuelle : « 1+1=2 ». C'est aussi le moment où l'on risque de se séparer si l'un ne suit pas ou n'accepte pas le développement de l'autre, si les individualités s'affrontent dans un rapport de force. Si, au contraire, le couple survit à ce changement intérieur, à cette crise, il devient plus riche, plus harmonieux. La troisième période est alors celle de la complémentarité où « 1+1=3 » : chacun est entièrement lui-même et les rôles sont répartis d'un commun accord en fonction du temps, des goûts et des compétences de chacun.

Les chemins d'harmonie du couple passent par plus d'amour et plus de liberté (le véritable amour, c'est de désirer que l'autre soit heureux), par un meilleur équilibre entre l'autonomie et l'intimité : se préserver des temps ensemble et accepter de vivre certaines choses séparément. Les chemins d'harmonie du couple passent aussi par le respect des différents plans de la personnalité, corps, âme, esprit ; par la complicité amoureuse, le dialogue, le partage des valeurs... ; par la confiance réciproque où chacun peut s'appuyer sur l'autre.

Mais là où tout se joue vraiment, c'est dans la capacité de chacun de montrer ses failles, ses faiblesses, ses limites, sa vulnérabilité... à l'autre qui les accepte avec tendresse.

Le ciment du couple c'est deux cœurs tendres et vulnérables qui se choisissent et se rechoisissent quotidiennement.

Vers de nouvelles relations hommes/femmes

Il est temps que s'établissent de nouvelles relations entre les hommes et les femmes, sans rapport de force, sans domination, sans fausses croyances que les hommes « sont tous capables de... » et que les femmes « ne pourraient jamais... ». De nouvelles relations faites de reconnaissance des dons propres aux deux sexes, d'attirance respectueuse, de joie d'être ensemble, d'estime mutuelle, de valeurs communes partagées, de complémentarité, d'émerveillement devant l'identité profonde de l'autre...

On sait par exemple qu'un gouvernement constitué uniquement d'hommes risque de manquer de cette part d'intuition, de souplesse, de sensibilité féminine. De la même manière un État dirigé uniquement par des femmes serait privé d'une certaine forme de force, d'équilibre masculin. C'est ainsi qu'il existe aujourd'hui des communautés religieuses mixtes, où hommes et femmes vivent sous le même toit, s'enrichissent mutuellement...

Si tu vis seul, entretiens des liens d'amitié aussi bien avec des hommes que des femmes. Ne t'enferme pas dans une seule vision du monde, une seule façon d'appréhender la vie. Les hommes et les femmes ont besoin les uns des autres. Dieu les a créés ainsi. Ouvre les yeux : te reste-t-il encore des a priori issus de ton éducation, des idées reçues véhiculées par les générations précédentes, des images toutes faites élaborées à partir de cas particuliers que tu aurais pu observer[9]... ?

Découvre les hommes et les femmes tels qu'ils sont, dans leurs différences, dans leur complémentarité, dans leur identité d'enfants de Dieu.

9. Cf. 4 février ; 12 septembre.

12

Octobre

Le couple intérieur

Notre environnement nous montre un peu partout la complémentarité entre un pôle mâle et un pôle femelle : les animaux, les végétaux, les prises électriques, le cerveau humain, le psychisme que le psychanalyste Jung divisait en *animus* pour le côté masculin et *anima* pour le côté féminin[10]... Il existe en chacun de nous des tendances masculines et féminines naturelles qui font partie de notre personnalité et que nous développons plus ou moins.

Et toi, où en es-tu ? Tu as à réaliser ton couple intérieur entre : ta sensibilité et ta rationalité, ton intuition et ta pensée objective, ta créativité et ta rigueur, ta spontanéité et ta réserve, l'expression de tes émotions et ta pudeur, ta pétillance innovante et ton sens de l'organisation... C'est dans l'équilibre entre ces extrêmes que tu vas être toi-même, être bien et te donner les ingrédients pour réussir la vie à deux que tu désires peut-être construire.

Dans le cas contraire, au lieu de devenir progressivement un être complet, prêt à rencontrer les autres tels qu'ils sont, tu risques de leur demander inconsciemment de combler tes manques.

Aujourd'hui, tu sais que tu as plusieurs couples à réaliser et à unir en toi. Réfléchis et réunis ce que, à cause de l'éducation qui a été la tienne, tu avais séparé jusqu'à présent.

---

10. Jung, *Dialectique du Moi et de l'Inconscient*, Rascher, 1933.

13
Octobre

Être heureux de vivre seul

Quel bonheur d'être seul et d'être vraiment soi-même ! Il faut parfois des déchirements, des séparations douloureuses pour parvenir à se construire réellement, à ne plus être dépendant des autres.

L'autonomie trouvée ou retrouvée, être seul et bien ! Avoir découvert le Bien de Dieu en soi qui cherche à faire du bien autour de soi !

Avant, tu avais peut-être peur de la solitude. Elle a pu symboliser dans ton esprit quelque chose de froid, de glacé, de vide, voire le néant.

Maintenant que tu renais, que tu deviens profondément quelqu'un, tu découvres que tu en as un besoin vital pour te ressourcer, te « refaire ». Bien des mères de familles n'ont plus de moment pour s'isoler, ne s'en donnent pas la possibilité, ne savent plus le faire. De nombreux pères passent de la vie professionnelle à la vie familiale sans coupure. Fais-tu partie de ceux-là ? Il faut parfois s'être laissé envahir par trop d'encombrements, d'activités, de responsabilités, pour aspirer au silence, à la solitude habitée par Dieu, par la Création toute entière… Tu as à découvrir la plénitude du silence vécu en Dieu et partagé avec Lui.

C'est dans la solitude que tu es le plus en harmonie avec les autres, en communion avec tous, le plus proche de chacun.

14
Octobre

Pleinement soi-même

Être toi-même, rien que toi-même ! Quel bonheur de ne plus avoir à te chercher, à te comparer aux autres, à te dévaloriser ou te survaloriser… Tu es enfin dans ton axe. Tu as un avant-goût de l'Éternité : elle sera l'épanouissement de tous tes dons, ceux que tu as utilisés comme ceux que tu ne connais pas.

Quel bonheur de découvrir ta plénitude intérieure ! Chaque jour tu avances, pas à pas, vers un approfondissement de ce que tu es. Ton enfant de Lumière découvre progressivement les pans de ta personnalité que tu avais occultés ou ignorés jusque-là. Il va y répandre l'Amour de Dieu. Tes dons vont se développer comme les semences arrosées d'eau qui jaillissent de la terre, sous les rayons bienfaisants du soleil, et donnent de belles fleurs : la Lumière divine va faire éclore tout le potentiel qui est en toi.

Tu atteins petit à petit une forme de plénitude dans tes relations avec les autres, avec la nature, avec l'univers entier, avec toi-même : tu réalises ce que tu es.

15

Octobre

Se sentir bien

Maintenant, tu es réconcilié avec toi-même, tu ne t'en veux plus, tu n'as plus rien à te pardonner car tu as accepté d'être quelqu'un qui apprend, qui est petit, qui ne cherche pas à être parfait, qui est au service de Dieu… Tu te sens bien !

Tu ne te juges plus, tu ne critiques plus ni toi, ni les autres, tu ne te dévalorises plus, tu te fixes des objectifs réalisables : ils tiennent compte de tes limites qu'à présent tu connais… Tu grandis en Dieu, tu es de plus en plus toi-même, dans ton axe… Tu te sens bien !

Lorsque quelque chose ne va pas, tu n'es plus dans un combat interne de reproches, de culpabilités, de soumission ou de rébellion : tu cherches des solutions, tu mets en place des changements… Tu te sens bien !

Tu deviens un ami sûr, un bon « papa », une bonne « maman » pour toi, tu es pleinement toi-même… Tu es avec Dieu, tu sens déjà cette préfiguration du Ciel, ce bonheur ineffable, cette ouverture sur l'univers… Tu te sens bien !

16

Octobre

Une faille féconde

Aucune expérience, sans exception, n'est inutile. Joie, décisions, souffrances suivies de dénis, de rejets, de refus, de dépressions, de chantages, d'accommodements divers…

Dès l'instant où tu entres dans l'acceptation, douloureuse d'abord puis paisible, tout contribue à ta transformation intérieure. Rien n'est perdu de ce que tu remets en Dieu. Laisse remplir, par la Paix de Dieu, toutes tes imperfections, tes failles, tes blessures…

Un porteur d'eau indien se déplaçait avec deux grandes cruches suspendues aux deux extrémités d'une pièce de bois qui épousait la forme de ses épaules. L'une n'avait aucun défaut, tandis que l'autre était fêlée. Chaque jour il s'en servait pour livrer l'eau à son maître. Pendant le trajet, la cruche fêlée perdait la moitié de son contenu. Au bout de deux ans, pleine de culpabilité, elle fit remarquer à son propriétaire qu'à cause d'elle il ne pouvait pas remplir sa mission correctement. Compatissant, le porteur d'eau demanda à la cruche de regarder le long du chemin, du côté où il la portait. Elle vit que des fleurs magnifiques y avaient poussé. L'homme expliqua qu'il savait que la cruche perdait la moitié de son eau. Alors, il avait eu l'idée de planter des graines le long du sentier. Chaque jour elles étaient arrosées par l'eau qui sortait de la cruche fêlée et le maître, en plus de l'eau, recevait ainsi des fleurs qui décoraient sa table. Il en était ravi.

D'une façon ou d'une autre, nous sommes tous « cruches » car nous avons à être remplis de l'Amour divin pour le répandre autour de nous. Certains sont « cruches » sans le savoir et ont l'illusion d'être parfaits. D'autres se reprochent sans fin d'être « cruches », se dévalorisent, sans voir toute l'utilité et le parti que Dieu peut tirer de leurs imperfections. Il en est, enfin, qui se réjouissent de leur fécondité de « cruches » et remplissent simplement et joyeusement leur fonction…

De toutes nos failles Dieu peut faire un bien. Confie-les Lui humblement, Il les transfigurera. Il peut transformer toute imperfection en perfection en y mettant sa Sainteté. Il n'y a aucune erreur qu'Il ne puisse retourner, aucune souffrance offerte qu'Il ne puisse sanctifier et rendre utile.

17
Octobre

Des faiblesses transfigurées

Tu as pris conscience de tes limites, de tes failles, de tes manques... Maintenant tu les acceptes sans chercher de coupable, sans t'autocritiquer, sans t'autodétruire...

Remplis les aspects de toi les plus vulnérables de la Lumière de Dieu et laisse-La les traverser, les transformer, leur donner l'éclat divin. C'est dans les blessures de ta vie que Jésus va mettre ses fenêtres, ses ouvertures divines. De la même façon que son corps glorieux porte des stigmates qui sont la transfiguration de tout ce qu'il a choisi de vivre par Amour, tu livres à la Tendresse divine tout ce que tu as vécu, et cela sans exception : il y a les stigmates liés à la séparation, à la mort, aux changements douloureux, aux expériences amoureuses difficiles... Ce sont les endroits où tu as été le plus durement touché, le plus élimé, qui deviennent les plus transparents, les plus porteurs, les plus féconds.

Aujourd'hui, tu te réjouis car Dieu est grand là où ton ego s'est amenuisé. Ouvre tes faiblesses à sa Perfection, il va y déposer l'or de sa Sainteté.

18

Octobre

Solitaire et solidaire

Petit, tu ne te sentais pas compris, tu t'isolais dans la cour de l'école, tu n'avais pas de camarades, tu n'avais pas le droit ou le désir d'inviter des amis chez toi, tu étais enfant unique ou tu te comportais comme si personne ne te comprenait… ; tu étais solitaire et tu passais des heures dans ta chambre, tu te cachais avec ta blessure.

Voilà maintenant qu'un retournement s'est fait en toi. Une lettre a changé ta vie : de solitaire, tu es devenu solidaire.

Tu connaissais la mauvaise solitude, celle où tu te repliais, celle où tu t'enfermais sur toi : dans l'enfermement il y a « enfer » et « ment (ir) ».

Tu découvres qu'il existe une bonne solitude, celle où tu es vraiment relié dans la solidarité. Puise dans ta solitude de solitaire l'énergie pour aller vers autrui, pour être solidaire, remplir ta mission, rencontrer, encourager, exhorter, aider les autres à trouver leur vocation et à la réaliser…

De solitaire, tu deviens solidaire.

19

Octobre

Ces animaux si fidèles

Nous devons tant aux animaux qui partagent notre vie ! Combien de personnes seules sont soutenues par la présence d'un compagnon fidèle : chien, chat, oiseau… qu'elles affectionnent, qui met de l'animation chez elles, qui les accueille joyeusement !

Ces animaux sont si importants pour nous : ils réagissent à nos souffrances, ils nous donnent de la tendresse et leur amour est constant, inaltérable. Ainsi ce chien qui tomba brusquement malade lorsque le petit garçon de la maison, qu'il aimait tant, fut pris d'une très forte fièvre prolongée devant laquelle les médecins ne pouvaient pas se prononcer. L'enfant guérit quelques jours plus tard. Le chien, lui, mourut. Certes, rien ne prouve, rationnellement, qu'il existe une relation directe entre la maladie du garçonnet et celle, subite, du chien. Mais ceux qui connaissent les animaux savent qu'ils sont dotés d'autres sens que les nôtres leur permettant de sentir, parfois de loin, ce qui arrive à leurs maîtres, voire de se sacrifier pour eux.

Reverrons-nous ces animaux dans l'au-delà ? Les réponses théologiques varient à ce sujet. Mais dans notre cœur profond, nous savons que ceux que nous avons personnalisés, à qui nous avons donné un nom, qui ont été nos compagnons fidèles, nous les retrouverons dans l'Éternité : ils seront là, ils sont déjà avec nous, car Dieu ne sépare jamais ceux qui s'aiment. Après la mort de leur animal, blessé, handicapé, certains maîtres ont eu la vision de leur compagnon libre, heureux, gambadant joyeusement sur un autre plan de vie.

Au fond de ton cœur, tu sais que tu retrouveras tous ceux que tu as aimés, entre autres, les animaux qui ont partagé ton existence et dont tu étais le plus proche.

20
Octobre

Trouver sa famille spirituelle

Ta vraie famille n'est pas toujours celle dans laquelle tu es né. C'est la raison pour laquelle tu as peut-être eu l'impression d'être un « vilain petit canard », un « crapaud »... indiquant que tu ne te sentais pas de la même lignée, que tu te sentais différent et que cette différence n'était pas reconnue.

Il est important d'honorer sa famille d'origine. Mais il est vital, si elle empêche ton envol, ton essor, d'avoir la fermeté de t'en éloigner, au moins momentanément, pour reprendre, plus tard, des relations avec elle sur de nouvelles bases : toi t'étant trouvé, sachant te positionner et te définir, ne te laissant plus culpabiliser, dominer, manipuler.

Écoute les autres, leurs réactions, leurs attentes, mais reste fidèle à ton axe. Tu as à trouver la rigueur nécessaire, ni cassante, ni blessante, pour ne pas revenir en arrière, ne pas retomber dans tes travers anciens, tes conditionnements, pour poursuivre ta route et devenir vraiment toi-même.

Ta famille spirituelle est constituée de personnes qui te comprennent parce qu'elles ont vécu des situations analogues aux tiennes, parce qu'elles partagent tes valeurs, tes sentiments, ta recherche, ton Amour pour Dieu... Cet élan conjugué va être à l'origine de communautés, de groupes de prière... Certes, tu n'as pas de lien de sang avec les membres de ta famille spirituelle, mais celui qui vous unit est encore beaucoup plus fort, beaucoup plus fidèle : il est en Dieu. Avec eux tu te sens bien, tu te sens chez toi.

Ta famille spirituelle peut aussi être composée de personnes avec qui tu as des affinités, avec qui tu es en complémentarité, tu partages une amitié authentique... Où qu'elles habitent, tu te sens relié à elles, tu sais que tu peux les appeler, extérieurement ou intérieurement, à n'importe quel moment, comme elles le font, elles aussi, de leur côté.

Ta famille spirituelle, ce peut être enfin tous ceux qui, sur terre, ont la même fonction, la même mission que toi, sont de bonne volonté et agissent avec amour : fais-tu partie des éveilleurs, des accoucheurs, des soignants, de ceux qui jouent un rôle de ponts entre les groupes, les communautés ; fais-tu partie des enseignants, des formateurs, des protecteurs, des soutiens, des piliers qui rappellent certaines valeurs fondamentales, des lions qui les défendent, des passeurs qui aident à franchir les moments difficiles de la vie (changements familiaux, sentimentaux, professionnels ; ruptures, maladies, décès…) ? Ou encore te reconnais-tu dans les communicants, les fabricants, les techniciens, les transporteurs, les transformateurs, les réparateurs, les artisans, les chercheurs… ?

Aujourd'hui, tu as conscience de chercher ou d'avoir trouvé ta vraie famille spirituelle.

21

Octobre

Respecter la nature

Qui n'a pas connu ces moments de ravissement devant la beauté d'un coucher de soleil, d'arbres en fleurs au printemps, de feuilles d'automne couleur sépia, d'un écureuil fauve, d'un arc-en-ciel... devant le spectacle grandiose de la montagne, de la mer, du désert... ou devant un paysage embrumé, pluvieux, enneigé... ! Émerveillement devant la Création !

La nature offre sa beauté, mais l'homme souvent la transforme, la défigure, la meurtrit. Ton enfant de Lumière la respecte profondément : il se désaltère dans les eaux fraîches et chantantes, il laisse le vent lui caresser le visage, il se réchauffe au soleil, il se ressource.

Que tu habites en ville ou à la campagne, reste en contact avec la nature. Toi citadin, va le plus souvent possible retrouver les arbres d'un parc, d'une forêt proche de chez toi, mets des fleurs sur ton balcon... Toi qui vis à la campagne, n'utilise ta voiture que lorsque c'est nécessaire, marche pieds nus dans l'herbe tendre de ton jardin, promène-toi le long des chemins : ils ne sont jamais pareils d'une année à l'autre. Observe les changements, hume les senteurs de la terre humide et chaude en été, écarte les bras pour t'offrir à la brise, laisse la pluie mouiller tes cheveux et remercie Dieu pour toute cette générosité.

Le respect de tout ce qui vit est profondément inscrit dans le cœur de ton enfant de Lumière. C'est donc avec délicatesse, amour et reconnaissance qu'il se ressource dans la nature.

22 Octobre

Une garde à ta bouche, une garde à tes oreilles

Heureux est l'homme qui sait se taire ! Heureux celui qui sait ne pas retenir et ne pas entretenir ce qu'il entend de médisant, de négatif, que cela le concerne ou non…, qui sait se garder à l'écart des jeux psychologiques dans lesquels les autres veulent le faire entrer… Heureux celui qui met une garde à ses oreilles : rien n'oblige à écouter des « commérages ». Évincer poliment mais fermement est le meilleur moyen de s'en préserver. Si « la parole est d'argent, le silence est d'or ». Heureux celui qui choisit les mots qu'il prononce en fonction de leur répercussion, de leur impact sur les autres, en fonction de leur justesse, et utilise des paroles de vie qui font du bien…

Voilà la voie de sanctification : savoir écouter et se taire ; oser parler, mais le faire positivement, sans utiliser de formules blessantes ou toxiques… ; accueillir, respecter, consoler, exhorter, encourager, revivifier…

Où en es-tu sur ce chemin ? Quel objectif te donnes-tu maintenant ?

23
Octobre

Ne laisse pas grossir un problème

Lorsqu'un problème se pose, résous-le aussitôt que possible, sur-le-champ ou après réflexion de quelques heures, de quelques jours si nécessaire..., mais ne le laisse pas grossir !

La plupart des conflits viennent d'une remarque, une attitude, un geste mal pris... et, au lieu d'en parler avec la personne concernée, on rumine « dans son coin », on enfle le différend puis un jour on « explose », ne parvenant plus à contenir ce qui a pris des proportions exagérées.

Ne laisse pas grossir un problème. Lorsque quelque chose ne va pas, considère-le comme une incitation à chercher une solution, à prendre des résolutions.

Dans le passé, certains commerçants donnaient à leurs clients un carnet « de fidélité » sur lequel ces derniers devaient coller des timbres qu'on leur délivrait à chaque achat et en fonction du montant de la dépense. Lorsque que le carnet était complet, les clients le rendaient aux commerçants qui, en échange, offraient un cadeau. Certaines personnes collent des points négatifs et refoulent leurs émotions, à chaque vexation, chaque incompréhension, chaque amorce de conflits[11] . Quand leur « collection » est complète, elles ne se contrôlent plus, se permettent une forte colère ou rompent la relation. Une attitude plus efficace aurait été de traiter le problème et de détacher les points négatifs au fur et à mesure plutôt que d'en arriver à une telle dramatisation. À l'inverse, d'autres accumulent des points positifs, mais n'adressent pas de paroles de réconfort ou d'encouragement. Lorsque la « collection » est complète et qu'enfin elles vont se donner le droit à une valorisation, il est souvent trop tard pour combler la distance qui s'est créée petit à petit avec leur entourage.

Apprends à valoriser, à féliciter, à exprimer ce que tu aimes chez autrui. Apprends aussi à dire positivement ce qui ne va pas, sans trop tarder et de façon *adulte*. Tu éviteras ainsi bien des conflits inutiles !

---

11. *L'Analyse Transactionnelle* appelle cela une « collection de timbres ».

24
Octobre

Tu t'engages vraiment

Tu as peut-être eu du mal à t'engager parce que tu ne savais pas qui tu étais vraiment, parce que tu hésitais, que tu avais du mal à choisir et, en choisissant, à renoncer à telle ou telle option... Tu n'as peut-être pas pu t'impliquer pleinement dans la vie même, dans le monde du travail, dans une relation sentimentale, dans ton corps... (Parmi les femmes qui ont accouché par césarienne, certaines ont pris conscience que si leur bébé n'avait pas pu passer par les voies naturelles, c'est qu'elles-mêmes n'avaient pas su s'engager dans la vie.)

Maintenant que ton enfant de Lumière est né, entreprends des actions avec Dieu, des actions dans lesquelles tu te sens toi-même, qui te correspondent vraiment. Tu as pu par le passé te désister, revenir en arrière, parce que tu manquais d'éléments pour te décider, parce que tu t'apercevais que tu t'étais fourvoyé... Aujourd'hui, choisis un engagement professionnel, associatif, caritatif, amical, sentimental... en conformité avec ce que tu es, avec ton être profond, avec ton axe intérieur.

25
Octobre

Tu réalises

Tu es maintenant quelqu'un qui réalise, qui agit, qui entreprend... Longtemps, tu as vécu en discordance avec ce que tu es vraiment, dans « les nuages », tu étais « déconnecté » de la réalité... Aujourd'hui, tu trouves enfin ta place, tu accomplis...

Tu as pris conscience des erreurs du passé, des influences que tu as subies et auxquelles tu as obéi, des fausses routes que tu as suivies, des croisements de chemins où tu as opté pour la mauvaise direction... Dans *Le Pont de la rivière Kwaï*, le colonel anglais, prisonnier des Japonais, après avoir longuement résisté, met finalement toute sa fierté dans l'édification d'un magnifique pont, au-dessus de la rivière Kwaï. Aveuglé par l'orgueil, il ne s'aperçoit qu'à la fin qu'il a malencontreusement servi l'ennemi et, dans un dernier sursaut, blessé à mort, il fait sauter « son » chef-d'œuvre au moment où le premier train japonais le franchit.

Analyse tous les moments de ta vie où, toi aussi, tu as fait un pont à l'ennemi. Deviens cette fois un vrai réalisateur, non pas d'abord pour la renommée, mais pour avoir la joie d'accomplir la vocation, le service, le ministère, qui sont les tiens.

26
Octobre

La vraie Vie est devant toi

La Vie réjouissante, abondante, solidaire, en communion, éternelle, en Dieu… la vraie Vie est devant toi !

À quoi sert de revenir sans cesse sur le passé, de ressasser… Ta Vie véritable commence aujourd'hui, à l'instant!

Au moment de la mort, comme tout au long de ton existence, une fraction de seconde suffit à la prise de conscience et au retournement intérieur. Le curé d'Ars disait que, pour celui qui se suicide, entre le moment où il enjambe le parapet du pont pour se jeter dans la rivière et celui où il tombe dans l'eau, il y a un laps de temps suffisant à la conversion. Une seconde, pas plus, suffit pour avoir le déclic!

Chaque jour répète-toi cette phrase : « La vraie Vie, celle que je désire, la Vie en Dieu commence aujourd'hui, maintenant et j'en profite pleinement ». Contrairement à ce que tu dis, à ce que tu penses peut-être, il n'est pas trop tard pour : réaliser certaines de tes aspirations ; en avoir de nouvelles ; t'épanouir au service des autres en tenant compte de ce que tu es… Bien sûr, il y a des désirs que tu ne pourras plus satisfaire mais, au lieu de le regretter, d'en éprouver de l'amertume, vois ce que tu peux améliorer, maintenant que tu as acquis de l'expérience, de la sagesse, que tu as plus de recul, moins de charges, moins de responsabilités… La retraite, par exemple, peut être une période privilégiée pour entrer dans la vraie Vie, plus libre, plus joyeuse, plus innovante.

À toi d'en profiter pleinement et d'en faire bénéficier les autres.

27
Octobre

C’est aujourd’hui que tout se décide !

Ta vie est faite d’un ensemble d’expériences, de leçons, de prises de conscience… À tout moment tu peux inverser le cours de ton existence, modifier ta façon de penser, accepter de renaître. À tout moment, tu peux te jeter dans les bras de Dieu, lui crier SOS. À tout moment tu peux te convertir, avoir une contrition forte, ouvrir toutes grandes les portes de ton cœur à son Amour…

C’est aujourd’hui que tout se décide ; ce n’est pas hier, ce n’est pas demain ; c’est MAINTENANT !

Si par exemple tu regrettes d’avoir mal exprimé ton amour à quelqu’un qui est entré dans la vie éternelle, tu peux lui dire MAINTENANT ta tendresse, lui parler, prier pour lui, le bénir, mais aussi entendre ce qu’il a à te dire, recevoir son amour et sa bénédiction, dès lors qu’il est dans la Lumière…

Il n’est jamais trop tard pour entrer dans l’éternel Présent de Dieu, pour décider et changer de vie…

28
Octobre

Et si tu mourais ce soir ?

L'idéal serait de vivre chaque jour comme si on allait mourir le soir, non pas pour entretenir un sentiment de tristesse qui alourdirait l'existence, mais pour se préparer à ce moment si important, celui de son entrée dans l'éternité.

Si tu devais mourir ce soir, qu'est-ce qui n'est pas en ordre dans ta vie ? As-tu adressé des paroles d'amour à tes proches ? As-tu demandé « pardon » à ceux que tu as blessés, ou as-tu essayé de réparer les erreurs du passé ? Tes papiers sont-ils à jour, faciles à trouver pour ton entourage ? As-tu transmis les fruits de ton expérience à tes enfants, aux membres de ta communauté ? As-tu reçu ce que tu avais à recevoir, donné ce que tu avais à donner, écrit ce que tu avais à exprimer, réalisé ce que tu avais à réaliser… ?

Chaque jour tu avances en te demandant à quoi tu accorderais la priorité si tu allais mourir le soir même, tout en remplissant le mieux possible tes tâches quotidiennes. C'est ainsi que, peu à peu, tu iras l'esprit libre, tu veilleras à accomplir tout ce que tu as à faire, tant pour toi que pour les autres.

Chaque jour, tu mets tes affaires en ordre sur tous les plans : matériel, affectif, intellectuel, moral, spirituel.

29

Octobre

Avant et après la mort

Il y a « l'avant-mort » et « l'après-mort » comme il y a l'avant-sommeil et l'après, l'avant un événement et l'après, l'avant-changement et l'après… La vie nous prépare peu à peu à la mort. Aveuglés par notre peur, nous oublions trop souvent qu'il s'agit en fait d'une renaissance. Mort et naissance constituent les deux faces d'une même médaille.

Comment aborder sereinement ce moment crucial ?

Tu auras d'autant plus l'intuition de « l'après-mort » que tu auras appris, tout au long de ton existence, à te transformer, à accepter les séparations, les changements, les ruptures de rythme, de lieu, d'état physique, psychologique, spirituel ; l'éloignement parfois nécessaire d'avec des personnes qui comptent ou qui ont compté pour toi. Plus tu auras appris à assumer les changements ou les « petites morts », plus tu seras prêt au moment du passage de vie à la Vie, plus tu pourras « partir » facilement… Les personnes, qui « s'accrochent » à leur corps physique ont une mort plus pénible que les autres. C'est pourquoi, le plus tôt possible, apprends à te détacher de ce qui te tient trop à cœur : lieux, objets, possessions… Suis la voie des mystiques. Ils nous invitent à renoncer à tout ce à quoi nous sommes attachés pour pouvoir tout lâcher au moment de la mort et nous élancer dans les bras de Dieu, dans la Lumière, dans le vrai Bonheur ! Cela ne nous empêchera pas de retrouver tous ceux que nous aimons, mais d'autant plus et d'autant mieux que nous aurons d'abord lâché prise.

30
Octobre

La mort ne te fait plus peur

Tu as traversé toutes sortes de passages dans ton existence : tu as connu diverses ruptures, tu as vu qu'après le sommeil vient le réveil, tu as constaté qu'après une épreuve dont tu pensais ne jamais te relever, tu es reparti, tu as rebondi... Grâce à toutes ces expériences, tu n'as plus peur de la mort.

On t'a peut-être élevé avec l'idée que la mort était une fin. Tu découvres qu'elle n'est qu'un passage. Certes, une partie de toi redoute ce moment parce que tu as peur de souffrir. Mais une autre partie de toi aspire à quelque chose de mystérieusement grand, reposant, vivifiant, libérateur... Tu sens que tu vas vers la réalisation de tes désirs les plus profonds. Alors tu peux dire : « Non, je n'ai plus peur de la mort ! »

Comment pourrais-tu être effrayé à l'idée de retrouver ceux que tu aimes, de te sentir délivré des entraves du monde naturel, physique... Tu as envie de légèreté, d'émerveillement, de beauté, de bonté, de vérité... Tout cela tu vas le vivre en entrant dans l'éternité. Tu retrouveras l'ordre divin parfait, aimant, vibrant de Vie que tu avais quitté, au moins en partie, lors de ta vie terrestre : plus de pensées négatives, plus de mental qui rumine, qui ressasse, plus de mauvaise hygiène de vie, plus de corps vieillissant, malade, handicapé, perclus de rhumatismes, plus de dégradations, plus de cataclysmes, plus de guerres.

Toutes les courroies que tu as contribué à fermer sur toi et qui t'empêchent de vivre pleinement vont s'ouvrir quand tu arriveras dans les bras de Dieu et que tu rencontreras l'Amour ineffable.

31

Octobre

Non, tu ne te suicideras jamais !

Certains thérapeutes font prendre à leurs patients la décision ferme de ne jamais se suicider. Fais tienne cette détermination aujourd'hui, alors que tu es pleinement conscient de tes paroles, tes actes, tes pensées ; alors que tu en es encore capable en toute lucidité. N'attends pas pour le faire d'être drogué, sur-médicamenté, alcoolisé ou en dépression ou d'avoir perdu le contrôle de certaines de tes facultés. « Non ! je ne me suiciderai JAMAIS ! »

Quel bien précieux que la vie ! Certes, tu ne la trouveras sans doute jamais parfaite, mais tu peux apprendre à la vivre de mieux en mieux… et elle continuera après la mort.

Le suicide crée de grandes souffrances aux proches, de vifs sentiments de culpabilité… Il détruit l'œuvre de Dieu. Se donner la mort c'est vraisemblablement aller au-devant de regrets difficiles à surmonter. Toute personne qui va au Ciel est accueillie dans la Lumière de Dieu, dans son Amour. Mais quelle douleur pour elle de voir la peine que sa mort brutale procure à ceux qu'elle aimait, de se rendre compte des conséquences de ce geste sur ceux qui restent et sur les générations suivantes. Bien sûr, la Miséricorde de Dieu est infinie et ses bras sont grand ouverts, mais la lourdeur que porte, au cours de son « enciellement », celui qui s'est donné la mort, est immense. Prions pour tous ceux qui se sont suicidés. Prions pour leur libération et pour qu'ils se pardonnent vraiment. Leur mission sera d'aider les autres, avec la permission de Dieu, à ne pas passer à l'acte comme eux. Ce sera leur chemin de réparation avant d'entrer définitivement dans la Lumière !

Regarde la douleur et la culpabilité des familles devant le suicide d'un de leurs membres et tu réaliseras que, quel que soit ton mal de vivre, jamais tu ne pourras infliger une telle désolation à ton entourage, à ton compagnon, ta compagne, tes enfants, tes amis… Ne te laisse pas envahir par des idées comme : « Personne ne m'aime… ; je vais les délivrer d'un fardeau… ; qui me regrettera ?… ; si ça continue, je me jetterai par la fenêtre… ; je vais en finir… ». Repousse-les de toutes tes forces et dis-toi : « Non ! je ne me suiciderai JAMAIS ».

Novembre

La Vie continue après la mort

1er
Novembre

Dieu ne sépare pas ceux qui s'aiment

Quand l'amour vrai unit deux personnes, quels que soient leur âge et leurs liens de parenté ou d'amitié, une communion, un cœur à cœur s'établit durablement à distance. De très bons amis qui ne se sont pas vus depuis des années se retrouvent avec des sentiments, une joie et une complicité aussi intacts que s'ils s'étaient quittés la veille. De même quand on voyage, quand on quitte son entourage familial pour le travail, une session de formation, une visite lointaine…, oublie-t-on pour autant ceux que l'on aime ? Ne les appelle-t-on pas d'ailleurs des « proches » ? Ainsi faisons-nous l'expérience, sur terre, qu'il existe des liens pouvant traverser le temps et l'espace…

Au fond de chacun de nous réside le désir de rencontrer librement, simplement et de façon comblante, ceux avec qui nous avons des affinités, des goûts communs… Voilà le Ciel : retrouver tous ceux pour qui nous avons eu de l'affection, découvrir ceux qui nous ont accompagnés positivement à un moment donné de notre vie, au Ciel ou sur la terre, ceux qui ont eu un parcours semblable au nôtre, et que nous aurons le sentiment de bien connaître, ceux que nous avons aidés par nos actions, par nos prières… Nos dons, nos talents s'épanouiront et nous amèneront à beaucoup d'autres rencontres encore, par la loi des affinités : « qui se ressemble s'assemble ». A contrario, de trop grandes différences éloigneront sans peine ceux qui, sur terre, sont restés ensemble uniquement par obligation ou résignation.

Quelle joie de retrouver tous nos bien-aimés ! Quel bonheur, pour une mère, de voir venir à elle un beau jeune homme lumineux, une belle jeune fille rayonnante, en qui elle reconnaîtra aussitôt l'un de ses enfants mort en bas âge. Quelle félicité pour des époux pleins de tendresse, qui se sont vraiment aimés, de pouvoir se jeter dans les bras l'un de l'autre ! Quel bonheur pour des amis de se rejoindre…

Ce qui est vrai au moment de la mort et après la mort, l'est en fait dès maintenant : à un certain niveau de profondeur, tu peux déjà rencontrer ceux que tu aimes et qui se sont « enciellés ». N'aie pas peur d'ouvrir ton cœur à leur présence.

2
Novembre

Les étapes du deuil

Qu'il s'agisse de la mort brutale ou du départ progressif d'un proche, le processus de deuil comprend généralement plusieurs phases que les psychologues ont largement décrites. On commence par refuser la réalité, ce que les thérapeutes nomment le *déni* : « Ce n'est pas possible... ; ce n'est pas juste... ; pourquoi cela m'arrive à moi... ». Puis, on passe à la *colère* et on cherche un coupable : « C'est de la faute de... ; il n'a pas été bien soigné à l'hôpital... ; les médecins ou les infirmières sont des... » Vient ensuite la phase de *marchandage* : « Seigneur, si tu le sauves alors... » (C'est ainsi qu'un homme fit la promesse de devenir pasteur s'il guérissait de sa tuberculose et tint son engagement...). Enfin, à un moment donné, toutes les résistances se relâchent et c'est la *dépression.* Chacun traverse ces étapes successives. Elles sont plus ou moins longues et se succèdent dans un ordre différent, selon les personnes, l'ultime étant la vraie *acceptation* où l'on admet le fait : cette maladie, ce suicide, ce départ, cette séparation..., où on l'intègre de mieux en mieux, et où Dieu peut nous aider à en tirer un bien. Tout événement non accepté continue à nous ronger intérieurement, et nous fait vivre dans le passé...

Où en es-tu de ton propre processus de deuil ? Reconnais que ton insensibilité apparente, tes fuites... tous ces sentiments négatifs, lourds, retardent la véritable acceptation de la situation : « Oui, mon enfant est parti... ; oui, nous nous sommes séparés... ; oui, il s'est donné la mort... ». L'acceptation te permettra de retrouver intérieurement et dans ta vie présente celui ou celle que tu aimes. Après viendra une nouvelle fécondité : toute cette expérience va te permettre d'aider les autres, de devenir un passeur...

3
Novembre

Il y a toujours un après

Aucun événement n'est une fin en soi, même la mort ! Elle est un passage, un commencement. Si tu en prends conscience, tu vivras tout autrement.

Il y a toujours un après, il y a toujours une leçon que tu peux tirer, il y a toujours une façon de rebondir, de repartir… Regarde comme une ville détruite par une guerre se rebâtit progressivement ; les forêts, qui brûlent en quelques heures sous les flammes d'un incendie ravageur, donnent de jeunes pousses qui grandissent et repeuplent peu à peu la surface dévastée ; la nuit est suivie du jour ; dans nos pays tempérés, au froid de l'hiver succèdent des jours doux, ensoleillés…

De la même manière, après toute difficulté, toute séparation, la vie reprend le dessus, nouvelle, forte… C'est parce que tu auras compris cela que tu pourras traverser tes épreuves et aider tes enfants et ton entourage à surmonter les leurs.

4

Novembre

Mieux vivre toute séparation

Une partie de nous aspire à ne jamais quitter ceux que nous portons dans notre cœur. Mais aimer c'est vouloir le bonheur de l'autre, respecter sa liberté au point d'accepter son départ si tel est son désir. Nous admettons mal de voir : les enfants quitter le foyer, des amis se détourner de nous et, encore plus difficilement, la séparation d'avec un conjoint que, souvent, nous n'avons pas su aimer.

Toi aussi, au cours de ton existence, tu as appris l'union et la séparation. Il est important que tu saches cesser des relations qui deviennent nocives, destructrices : rien ne t'oblige à continuer à voir cette amie trop possessive, qui t'empêche d'avoir des contacts avec d'autres personnes que tu aimes ; à t'éterniser dans des soirées que tu trouves superficielles ; à parler des heures au téléphone ; à continuer de la même façon cette vie de couple où règnent la violence physique, verbale et l'angoisse permanente…

Tu as à savoir t'unir, t'engager, demeurer, persévérer, mais aussi te séparer, lorsque c'est nécessaire, avant que les conséquences soient trop lourdes pour toi et pour les autres.

5

Novembre

Dans toute souffrance, un cadeau, une Présence

Il n'y a pas de souffrance dans laquelle Dieu ne soit présent. Souvent nous nous coupons de Lui en nous retranchant, en nous isolant, comme nous le faisions déjà enfant lorsque nous allions nous enfermer dans notre chambre.

Dans tous les moments douloureux, il y avait une Présence qui a cherché à t'aider à t'en sortir, à en tirer le plus grand bien. Elle t'a montré le cadeau qui se trouvait en profondeur : une plus grande ouverture, une meilleure compréhension, une légèreté, l'après, l'entrée dans un autre espace/temps...

La perte d'un être cher t'a déchiré mais, en le retrouvant intérieurement, tu vis déjà avec lui l'entrée dans le monde spirituel... Dans toute souffrance, il y a toujours la Présence de Dieu, celle de ceux qui t'aiment, qui t'aident, et que tu ne connais pas, sur la terre comme au Ciel : sais-tu vraiment la portée d'une prière ?

Dans toute souffrance se trouve aussi un cadeau. Lorsque l'un de tes enfants est malade, tu le soignes, mais tu as aussi envie de lui faire plaisir en lui apportant un illustré ou une « gâterie ». Dieu fait de même avec toi. Il ne voudrait pas que tu connaisses de chagrin. Il veut *« essuyer toute larme de tes yeux*[12] ». Mais Il sait pourtant que certaines épreuves, si tu les comprends bien, te feront avancer. Il t'aidera à les traverser et te fera des cadeaux. Sache les percevoir et les recevoir !

12. Ap 7, 17 et 21, 4.

6

Novembre

Tout est accompli

Voilà une phrase de Jésus que nous aimerions pouvoir dire à notre tour : « *Tout est accompli*[13] ».

À l'échelle humaine, une œuvre n'est jamais complète ; tu es une fleur du bouquet, un musicien de l'orchestre, un maillon de la grande chaîne héréditaire qui se libère, pour aller de plus en plus vers l'Amour vrai, vers le Ciel... Cela prendra du temps, mais cela se fera ! C'est pourquoi tu as une mission importante à effectuer.

As-tu le sentiment d'avoir réalisé ce que tu avais à faire, d'avoir réussi ta vie de chercheur, de découvreur, de relations, de père ou de mère de famille, de travail, de don aux autres... ? Si tu aimes les voyages, tu ne pourras jamais visiter toutes les régions de la terre, même rapidement, mais tu peux te sentir nourri et comblé de ce que tu auras vu et vécu. Si tu te sens une âme de lecteur, tu ne pourras jamais dévorer tous les livres qui t'intéressent, mais tu peux te sentir enrichi par tout ce que t'auront apporté ceux que tu as lus... Il vaut souvent mieux, pour la croissance intérieure, quelques livres que l'on approfondit réellement, que quantité d'autres que l'on survole.

Sois heureux, chaque jour, de constater tes petites avancées. Il te suffirait d'un échantillon de tout ce que tu désires, de tout ce dont tu as vraiment besoin, que tu savourerais pleinement, pour être totalement comblé. Il suffirait d'avoir tenu et persévéré dans un chemin où tu réalises ce que tu es, et le donnes joyeusement aux autres, pour que « tout soit accompli ».

13. Jn 20, 30.

7

Novembre

L'« enciellement »

Pour évoquer la mort, certains parlent d'« enciellement ». Quand la vie terrestre cesse, on quitte son corps physique pour entrer dans son corps spirituel. Cette réalité profonde, cette plénitude, tu l'as peut-être déjà vécue à certains moments de ton existence, quand tu te situais dans ton intériorité lumineuse, préfiguration du Ciel.

L'« enciellement » ! Progressivement, tout deviendra clair. Tu découvriras la Lumière totale, l'Amour ineffable de Dieu... Tu iras de découverte en découverte, de joie en joie sur tous les plans...

Si tu t'adresses à des enfants qui ont le vertige devant l'Infini ou devant la Vie éternelle, tu peux comparer le Ciel à des vacances qui se succèdent, de plus en plus comblantes et exaltantes. Les premières sont merveilleuses, mais elles ne sont rien à côté de celles qui suivent, et ainsi de suite. Cela dénué de toute peur, de tout manque, de tout sentiment négatif.

Au Ciel, tu ne t'ennuieras jamais. Tout sera Vie, vivifiant, vibrant. Au Ciel, tu auras un sentiment d'accroissement, d'élargissement, d'ouverture ! Alors chemine, débarrasse-toi de tout ce qui t'encombre encore et t'alourdit, entre de plus en plus dans l'Amour afin d'être prêt pour cet Infini qui t'attend.

8

Novembre

Un autre espace, un autre temps

L'espace/temps du Ciel n'est pas celui que nous connaissons sur terre. Après la mort, notre façon de nous mouvoir sera différente, et les instants de notre nouvelle vie seront plus une succession d'états que des périodes temporelles.

Lorsque nous perdons un être cher, nous sentons souvent, pendant une durée variable selon les cas, sa présence auprès de nous, comme s'il était encore là. Puis, quand la personne entre dans l'espace/temps céleste, cette sensation disparaît petit à petit pour revenir à certains moments, selon notre disposition intérieure et selon ses propres possibilités. Le décalage qui existe entre la vie terrestre et céleste sera moins grand si nous avons appris à entrer dans cet endroit de nous-même que nous avons appelé l'enfant de Lumière, où nous pouvons dire à Dieu « Papa » et « Maman », car cet état interne est déjà dans un autre espace/temps annonciateur du Ciel.

Tout au long de notre existence, nous avons à apprendre à harmoniser l'espace/temps intérieur de notre enfant de Lumière et celui de la vie incarnée.

9 Novembre

Tout ce que tu n'as pas pu vivre sur terre

Quand nous entrons dans l'éternité, il peut nous rester tout un chemin d'évolution à parcourir pour nous libérer d'habitudes et de fausses croyances, de désirs et de besoins superficiels trop liés à la terre, avant d'arriver aux plus profonds d'entre eux. Au moment de la mort, nous sommes rarement totalement dans l'Amour et la Sagesse. L'accueil qui nous est réservé nous procure d'abord une grande félicité. Puis nous avons à épurer certains désirs, sur un autre plan, dans un autre espace/temps, avant d'être prêts à accéder, comme les saints nous en ont montré la voie, au bonheur total, complet, fondé sur les besoins les plus essentiels. Tout ce que nous n'avons pas pu vivre sur terre et qui aurait été un bien pour nous, ou qui aurait fait du bien autour de nous, sera comblé par Dieu.

Au Ciel, nos rêves se réalisent !

10
Novembre

Réaliser ce que tu désires depuis toujours

Si, depuis toujours, tu as souhaité l'harmonie, l'amour, vivre dans la musique, t'occuper d'enfants..., aider des personnes, comprendre les mystères de la Création... ; tout cela tu le réaliseras au Ciel où tous les désirs, s'ils sont justes, s'accomplissent !

Au Ciel, tu rencontreras aussi des personnes de tous lieux, de tous temps, de toutes cultures... À l'image de la Jérusalem terrestre qui a plusieurs portes, il y a plusieurs façons d'entrer dans la Jérusalem céleste. Tu rencontreras ceux qui ont suivi la même voie que toi, mais tu découvriras aussi, pour un enrichissement réciproque, des gens qui auront fait un autre cheminement. Que de découvertes ! Quel émerveillement !

11

Novembre

De découverte en découverte

Au cours de notre vie, nous nous posons une multitude de questions qui restent en suspens, parce que nous savons que nous n'obtiendrons jamais de réponse. Les plus grands savants, qui sont aussi souvent les personnes les plus humbles, prennent conscience, au fur et à mesure de leurs découvertes, de l'étendue de leur ignorance... Certains saints se voient comme les plus grands pécheurs parce qu'ils mesurent, à la Lumière de Dieu, ce qui les sépare encore de Lui.

Après la mort, dans notre « enciellement », nous irons de découverte en découverte, de compréhension en compréhension..., pas comme Adam et Ève qui cueillirent, à contretemps, le fruit de l'arbre du jardin d'Éden. Mais nous irons vers une connaissance qui sera distillée petit à petit, au gré de notre évolution, de l'ouverture de nos yeux et de notre cœur à la Lumière céleste.

Toutes nos questions recevront une réponse que nous ne pouvions pas trouver par nous-mêmes sur terre, à cause de nos limites, de nos croyances, de notre esprit fermé, du cadre rigide dans lequel nous étions... Déjà lors de la naissance de notre enfant intérieur, certaines interrogations se sont évanouies, n'étant plus nécessaires à notre progression, parce que nous avions, en nous, découvert l'essentiel...

Au Ciel, nous verrons et comprendrons tout sous une autre Lumière.

12

Novembre

La Beauté du Ciel

Il nous arrive plus souvent d'admirer un ciel bleu, dégagé, cristallin, plutôt que des nuages gris, lourds dégageant une atmosphère que, généralement, nous trouvons morose.

Quand tu contemples un ciel limpide, tu retrouves quelque chose de ton aspiration profonde à la pureté, à une immensité lumineuse, à de vastes horizons, à un panorama grandiose... Mais quand ce ciel est brumeux, tu peux admirer aussi de magnifiques couchers de soleil ou des arcs-en-ciel si colorés après la pluie...

Au Ciel, tu verras la Beauté dont tu t'es fait une idée en admirant la nature, tu découvriras des perspectives de plus en plus belles : certains saints, à ce propos, ont eu des visions mystiques de fleurs extraordinaires, de paysages sublimes...

La Beauté du Ciel est faite aussi de rencontres à partir de ce qu'il y a de meilleur en nous : on parle de belle âme, de beau regard, de bon cœur... Tout ce qui jusqu'à présent semblait des défauts va être transfiguré, retourné par l'Amour de Dieu qui remettra en place, avec notre accord, les qualités initiales qu'Il nous avait données.

La Beauté du Ciel, c'est aussi celle que les artistes ont cherché à reproduire par la poésie, la musique, la peinture, la sculpture... D'où leur viendrait cette inspiration si ce n'est du monde spirituel et de leur enfant de Lumière qui vit déjà, en partie, dans le Ciel !

Un jour, tu seras au cœur de cette Beauté céleste !

13
Novembre

La nature transfigurée

Quand la paix intérieure nous habite, nous sentons déjà le Ciel en nous. Nous sommes heureux, nous baignons dans l'Amour de Dieu.

Nous ne voyons pas un paysage de la même manière si nous sommes stressés, aux prises avec des difficultés… ou si nous n'avons pas de soucis, pas d'encombrements psychiques et si, par exemple, nous sommes amoureux. De la même manière, en nous affinant, en allant vers notre être profond, en entrant dans l'« enciellement » après la mort, nous découvrirons une nature de plus en plus belle, parce que nous aurons changé de plan, parce que nos yeux se seront ouverts sur ce qui est Beau, Vrai, Bon… Nous nous en émerveillerons et notre cœur sera dilaté de joie. Nous en avons déjà l'intuition en admirant ces îles sauvages, ces couchers de soleil qui enflamment l'horizon, ces forêts si variées et parfumées, ces mers de glaces polaires ou ces étendues de sable du désert… tous ces lieux saisissants de beauté que l'on qualifie de paradisiaques. Ils sont les signes grandioses sur terre de la nature transfigurée au Ciel.

14
Novembre

Le monde de la Lumière
Le monde de la Musique

Ceux qui, grâce aux progrès de la médecine, sont revenus d'un état de mort clinique, ont parlé d'une Lumière extraordinaire qui n'a pas d'équivalent sur terre, qui n'éblouit pas... Ils évoquent également un Amour ineffable, un Feu qui fait du bien sans brûler... Ces sensations leur laissent une impression vivace et définitive. Sur terre, déjà, nous pouvons apprécier l'importance du soleil et de la lumière dont on se sert, avec les précautions d'usage, à des fins thérapeutiques, pour leurs vertus revitalisantes et pour lutter contre les états dépressifs.

Au moment de notre mort, nous entrons aussi dans le monde de l'Harmonie, de l'Art, de la Musique (on parle parfois de la musique des sphères célestes), dans celui des odeurs extraordinaires, constituées d'arômes de fleurs inconnues sur terre, comme on peut en sentir dans plusieurs lieux où est apparue Marie, dans certains sanctuaires, ou émanant de certaines icônes... Les mélanges subtils que recherchent les parfumeurs, parfois pendant des années, pointent dans cette direction.

Au fond de notre être, nous avons tous l'intuition de ce que sont la musique, les odeurs, la beauté du ciel, la lumière de Dieu.

15

Novembre

Un corps renouvelé

Notre enveloppe de chair, si utile sur terre, libérera au moment de notre mort ce corps spirituel que nous aurons construit intérieurement, tout au long de notre existence : corps spirituel sans handicap, sans maladie, libéré, affiné. C'est ce que Jésus a montré à travers les miracles et les guérisons : les boiteux marchent, les aveugles voient…, la vie, plus rien que la Vie…

Aujourd'hui, occupe-toi au mieux de ton corps ; qu'il soit un instrument efficace pour la mission que tu as à réaliser « ici-bas ». Souviens-toi aussi de ce corps de Lumière qui sera le tien pour l'éternité. Si tu souffres d'un handicap ou d'une maladie, dis-toi que, heureusement, ce n'est que pour un temps. Cela te paraît trop long et tellement difficile à supporter : tu es bien, en cela, à l'image de Dieu qui ne voulait pas *« la souffrance, la maladie, la mort »*[14]. Tout en Jésus, aussi bien dans sa partie humaine que dans sa partie divine, était horrifié par la souffrance physique et psychologique. C'est pourquoi Il a tant guéri et témoigné du Royaume des Cieux. C'est pourquoi Il a montré le corps de Résurrection. Voilà la Bonne Nouvelle : tu quitteras ce corps blessé, meurtri, défiguré, et tu entreras dans ton corps spirituel, plus léger, plus fluide, plus lumineux. La Résurrection finale des corps sera l'apothéose : le corps spirituel retrouvera en plus une enveloppe semblable à celle qu'a eue Jésus lorsqu'Il est *« ressuscité d'entre les morts »* et qui Lui a permis de manger et de boire physiquement, de se déplacer matériellement d'un endroit à l'autre, puis de « monter au Ciel » et de s'asseoir « à la droite du Père ».

14. Genèse 3.

16

Novembre

Plus d'obstacle physique

Certains saints ont été capables de se trouver, au même instant, à la fois à l'endroit où ils vivaient dans leur corps physique, et dans un autre lieu situé très loin de là. Le Padre Pio, par exemple, était dans son couvent au moment où il apparut à des touristes qui venaient le voir, pour les rassurer quand leur car se trouva pris sous un violent orage à plusieurs centaines de kilomètres de là.

Ainsi le corps spirituel est-il capable de se déplacer sous d'autres lois. Nous ne rencontrerons plus, au Ciel, ces obstacles physiques qui nous empêchent d'aller les uns vers les autres, de nous rejoindre. Quelle liberté cela nous procurerait si, en travaillant à l'étranger ou loin de notre domicile, nous pouvions, le soir, retrouver notre famille sans être obligé de prendre l'avion, le train ou la voiture ! Ce serait extraordinaire d'avoir la possibilité de nous rendre immédiatement où nous le voudrions, là où l'on nous appellerait, où l'on aurait besoin de nous ; auprès de qui nous voudrions être, vivre…

Toi qui as peur de mourir, rends-toi compte que ton corps est à la fois une merveille et une prison de par ses lourdeurs, ses limites… Quel bonheur sera le tien lorsque tu connaîtras la légèreté, la mobilité, la souplesse du corps spirituel… !

17
Novembre

Rencontrer tous ceux que tu aimes

La littérature foisonne d'amours impossibles contre lesquels se dressent des oppositions familiales, sociales, culturelles... Au cours de notre histoire, des circonstances comme les guerres, les divergences religieuses, les situations financières inégales, l'intolérance raciale... ont parfois empêché l'union de personnes qui s'aimaient vraiment.

Au Ciel, l'amour ne connaît plus d'obstacles ! Tu rencontreras toutes les personnes que tu as aimées sans exception ; il ne sera plus possible de se faire le moindre mal : union sans jalousie, amour sans possessivité ni domination, joie d'être ensemble... Par ailleurs, chacun aura une mission à accomplir.

À l'exemple de la « petite Thérèse » qui disait : « Je passerai mon Ciel à faire du bien sur la terre », chacun de nous contribuera à accompagner les hommes sur le chemin du Ciel. Certains inspireront, d'autres protégeront, d'autres aideront au moment du passage de la mort ou accueilleront de l'autre côté du voile. Là même où nous nous sommes formés sur terre et où nous étions vraiment dans notre axe, là où ont été nos plus grandes aspirations, là où nous avons péché, où nous avons été blessés ou bien où nous avons blessé nous-mêmes, nous agirons avec Dieu. Tout ce que nous avons connu, vécu, appris sur terre, toute l'expérience acquise, en plus de tout ce que nous apprendrons après la mort, servira notre accomplissement et notre mission.

18

Novembre

Découvrir ceux qui t'ont aidé

Au Ciel, tu reconnaîtras des visages que, pourtant, tu n'as jamais vus ; tu auras le sentiment d'avoir cheminé avec des personnes que, pourtant, tu n'as jamais rencontrées...

Te rends-tu vraiment compte à quel point tu as été épaulé au cours de ton existence ?

Toi aussi, à ton tour, tu auras à cœur d'aider les autres à se libérer, à progresser dans la vie terrestre vers la Tendresse divine... Dieu n'a de cesse que tout le monde soit sauvé. Comment répondre à son Amour si ce n'est, nous aussi, en contribuant à alléger, à adoucir les souffrances... ; à soulager ceux qui sont enfermés dans les prisons, ceux qui sont seuls, ceux qui vivent dans une promiscuité difficilement supportable... ; à réconforter, apaiser, tendre une main à ceux qui meurent sur les champs de bataille...

Au Ciel, chacun de nous sera une présence aimante. Chacun aura sa place et se trouvera, à tout moment, exactement où il doit être pour accomplir sa mission et réaliser ses désirs les plus beaux.

19

Novembre

Tu as tant d'amis !

Nouer des liens d'amitié est un besoin fondamental pour chacun de nous. Il est inscrit dans notre être profond.

Un jeune homme de dix-huit ans n'avait pas d'amis. Atteint d'un cancer, il sombra dans le coma lorsque la maladie fut à un stade avancé. La veille de sa mort, il reprit connaissance quelques heures, et dit à sa mère qui le veillait : « Maman, si tu savais combien j'ai d'amis ! » La mère, déconcertée d'abord, ne saisit pas ce que son fils voulait dire. Elle comprit plus tard que son enfant avait vu tous ceux qui allaient l'accueillir dans l'au-delà, tous ceux qu'il allait rencontrer et ceux qui l'accompagneraient dans son évolution et dans sa mission.

Toi qui te sens seul, si tu savais combien tu as d'amis invisibles ! Demande simplement au Seigneur de sentir leur présence aimante, vivifiante, ressourçante…

20

Novembre

Comprendre les Béatitudes

HEUREUX ! Ce mot revient neuf fois dans les Béatitudes[15] que l'on peut considérer comme une introduction à la vie céleste. HEUREUX veut dire que le Royaume de Dieu est Bonheur. Comment l'atteindre ? Non pas en adoptant une position doloriste comme cela a été trop longtemps le cas avec une éducation faite uniquement de recommandations comme : « Il faut se priver… ; il ne faut pas s'écouter… ; être soi-même, c'est de l'égoïsme… ; il faut souffrir pour réussir… », mais en saisissant l'attitude intérieure qui permet de découvrir le Ciel sur la terre et qui prépare à y rentrer après la mort, à vivre en présence de Dieu.

En Le rencontrant, tu sentiras la différence qui existe entre ce qu'Il EST et ce que tu es. Même s'il y a une disproportion considérable entre son Infini et ta finitude, tu auras à te mettre à son diapason pour accéder à la compréhension de cet Amour total qui respecte la liberté, cet Amour que nous avons tant de mal à concevoir et à vivre dans nos relations sur terre.

Les Béatitudes indiquent ce qu'est le Royaume des cieux, comment être vraiment heureux, vivre sur terre autrement, être dans la vraie consolation, recevoir la miséricorde, être comblé, voir Dieu, être appelé fils de Dieu, être dans l'allégresse.

Jésus, durant sa vie, nous a montré ce qu'était le Ciel : plus de handicap, plus de mort. Il nous a dévoilé ce corps de Lumière que ses proches n'ont pas identifié au premier abord et que les disciples d'Emmaüs auraient pu reconnaître grâce à leur cœur *« tout brûlant d'amour »*[16].

15. Mt 5.
16. Lc 24 ; Jn 20.

21
Novembre

« Heureux les pauvres de cœur : le Royaume des cieux est à eux »

Être pauvre, ce n'est pas d'abord se départir de tout. On peut avoir, posséder, mais le faire avec légèreté, générosité, reconnaissance : être propriétaire sans possessivité, recevoir tout ce qui vient de la vie comme un cadeau, apprécier la chance extraordinaire qui est la sienne de profiter de l'électricité, de l'eau, d'un lit où dormir, d'une pièce où s'isoler, de quoi se nourrir, de médicaments pour se soigner... Être pauvre, c'est avoir la conscience émerveillée de ce dont on dispose, être dans la louange pour ce que l'on a, désirer le partager chaque fois que c'est possible...

Être pauvre, c'est tout faire avec Dieu, se tourner vers Lui pour toute action, tout besoin, savoir qu'Il est Abondance, qu'on peut tout Lui demander dans le moindre détail, tout recevoir de Lui et, si ce que l'on souhaite ne se réalise pas, comprendre que ce n'était pas le moment, que ce n'était pas bon pour soi, pour autrui, ou simplement pas possible, et l'accepter...

Être pauvre vis-à-vis de ses enfants c'est leur donner une éducation qui ne les enferme pas dans un cadre rigide, reconnaître que l'on a pu se tromper, accepter leurs choix, leur liberté...

Être pauvre c'est se comparer à moins au lieu de se comparer à plus, voir toute chose comme si c'était la première fois, s'émerveiller de la moindre pierre, fleur, sur le chemin, regarder avec des yeux neufs qui renvoient tout à Dieu...

Être pauvre c'est savoir que Dieu est présent quand on souffre, qu'Il est comme une Maman, un Papa qui s'occupe de son enfant ; c'est comprendre que l'on a un corps fragile, dont il faut prendre soin, qu'il faut respecter... ; c'est connaître les limites de son intelligence tout en vivant pleinement les possibilités qu'elle procure.

22
Novembre

« Heureux les doux : ils auront la terre en partage »

Les doux, les pacificateurs, ceux dont le cœur est tendre préparent cette terre promise, nouvelle, où régneront l'Amour, l'harmonie, la complémentarité... Ils ont gardé cette bienveillance de l'âme qui empêche de se fermer, de rejeter, d'être dans l'accusation, la recherche de la faute... ; qui permet d'abandonner les durcissements, les fuites, les manipulations... ; qui met du liant, une onction dans les relations... ; qui fait faire les premiers pas ; qui libère cette Douceur infinie que Dieu met dans le cœur de chacun.

Être doux, c'est ne pas vouloir de mal à l'autre, c'est saisir les limites de chacun ainsi que les siennes, c'est essayer de faire du bien sans heurter, sans bousculer, en tenant compte du rythme, de la personnalité d'autrui...

Découvre la tendresse que Dieu t'a donnée. Elle fait tomber tes défenses et te transforme, non pas en quelqu'un de doucereux, mais en quelqu'un de sensible, délicat, conciliant, indulgent, patient, tolérant[17]..., de vraiment doux et heureux de l'être.

17. 1 Cor 13, 4-7.

23
Novembre

« Heureux ceux qui pleurent, ils seront consolés »

Cette béatitude n'évoque pas particulièrement ceux qui versent des larmes d'exaspération, d'apitoiement sur eux-mêmes et qui se cantonnent, dans un scénario de *victime*… Elle renvoie plutôt à ceux qui pleurent parce qu'ils ont mal, qui traversent leur souffrance avec Dieu, ou qui ont un profond regret du gâchis de leur vie. Quel père digne de ce nom, quelle mère aimante n'a pas envie de consoler le chagrin de son enfant ?

Sais-tu pleurer, laisser couler des larmes chaudes sur ton visage, sais-tu t'abandonner à ta peine : celle de la séparation d'avec quelqu'un que tu aimes, celle de la perte d'un être cher… ? As-tu la simplicité de sangloter, la tête penchée sur l'épaule d'une personne qui t'aime vraiment, sur laquelle tu peux t'appuyer, réellement ou spirituellement ; sais-tu te jeter dans les bras de Dieu pour y chercher du réconfort… ?

Heureux celui qui a surmonté la fausse croyance qu'un homme ou un adulte ne doit pas pleurer… ; heureux celui qui a retrouvé un cœur d'enfant, qui ne ravale pas ses larmes : elles irriguent toutes les parties de sa terre aride, sèche… et permettent aux graines du Royaume de fleurir en lui.

Toi qui as vécu la naissance de ton enfant de Lumière, tu sais combien les larmes préparent un état nouveau : tout pousse sur une terre arrosée par une pluie d'orage.

Désormais, tu n'auras plus peur des larmes. Tu n'auras plus honte quand elles te monteront aux yeux lors d'une émotion spirituelle dans une église, devant une action charitable, le visage d'un enfant, le spectacle de la nature…

Heureux celui qui a retrouvé sa sensibilité, sa vulnérabilité !

24
Novembre

« *Heureux ceux qui ont faim et soif de la Justice : ils seront rassasiés* »

Chacun de nous porte, au fond de lui, un vrai désir de justice sociale, humaine, humanitaire… Tu l'as peut-être exprimé d'une manière maladroite, agressive, quand ton côté *rebelle* se rebiffait, combattait des situations qui te paraissaient iniques, en étant parfois injuste à ton tour… Tu t'es peut-être aussi insurgé contre des inégalités en militant, en offrant une partie de ta vie pour une cause qui t'a amené à te dévouer sans compter…

Ce désir de justice sera pleinement comblé dans le Ciel. Point d'idée de mérite, de vengeance que l'on exprimait, dans le passé, sous la forme de formules comme : « Tout se paie un jour… ; j'espère qu'il est en enfer… ». Quelle tristesse ! La vraie justice n'est-elle pas dans le pardon, la compassion ? Le Cœur de Dieu n'est-Il pas ouvert à tous, même aux ouvriers de la toute dernière heure ?

25 Novembre

« Heureux les miséricordieux : il leur sera fait miséricorde »

Au cours de notre passage sur terre nous apprenons progressivement à mieux comprendre les autres, à ne plus juger, à réaliser que chacun peut réagir différemment face à une même situation, dans des conditions identiques, et cela selon son caractère, ses talents, son passé...

Et toi, parviens-tu aujourd'hui à faire vraiment miséricorde, à ne pas alourdir le fardeau de l'autre par des reproches, des critiques, des jugements... ?

Au Ciel, nous avancerons vers la Béatitude totale, à la mesure à laquelle nous aurons fait et ferons miséricorde aux autres[18] comme à nous-mêmes. Nous laisserons la Tendresse de Dieu appeler toute créature à la repentance et à la Joie de l'Amour infini. Nous servirons Dieu dans la totale Compassion.

---

18. Mt 7, 1-2.

26
Novembre

« *Heureux les cœurs purs : car ils verront Dieu* »

Heureux les yeux, les oreilles, l'intelligence, la mémoire, les sensations, les sentiments, les cœurs… purifiés : ils pourront découvrir et sentir Dieu.

Dieu est le cristal absolu. C'est par son union totale avec le Père que Jésus a pu dissoudre en Lui, sur la Croix, le mal de tous les temps pour ainsi sauver personnellement, chaque être humain.

Retrouver un cœur pur, c'est renouer avec une âme d'enfant qui discerne ce que nos yeux d'adultes, souvent déformés par nos croyances, nos blessures, nos vengeances… ne distinguent plus.

Tu désires vraiment avoir un regard plus limpide. Exerce-toi en ne t'arrêtant plus sur ce qui, selon toi, est noir chez l'autre, en ne cherchant plus la paille dans son œil mais en voyant, au-delà de ses comportements que tu peux ne pas aimer, au-delà de ses paroles que tu n'es pas tenu d'apprécier, au-delà de ses blessures…, la pureté de son être profond.

Plus tu iras vers ton identité profonde, ton enfant de Lumière, plus ton regard se purifiera et plus tu verras Dieu partout, en tous, et à tout moment.

27
Novembre

« Heureux les artisans de paix : ils seront appelés Fils de Dieu »

Être enfant de Dieu, enfant de Lumière, c'est vouloir la paix, l'instaurer autour de soi ; désirer que les gens se comprennent, que les peuples se rencontrent, qu'il n'y ait plus de sous-entendus ou de malentendus ; tout faire pour éviter la guerre, les rapports de force, la violence… ; en un mot : être un artisan de paix.

Tous ceux qui ont cherché, au péril de leur vie, qu'ils soient chrétiens, musulmans, hindouistes… à rapprocher les peuples, sont vraiment Fils de Dieu. L'enfant de Dieu en toi aime la concorde, l'harmonie mais l'enfant de chair, celui de ton hérédité, a souvent contribué aux conflits. Tu l'as bien compris aujourd'hui. Tu ne le veux plus !

Tu as pris conscience qu'avoir le cœur pur, les yeux lavés ; être pauvre, doux, sensible, désireux de justice, miséricordieux ; faire œuvre de paix… te permet d'entrer dès maintenant dans une dimension divine qui préfigure le Ciel !

Peux-tu dire de toi que tu es un artisan de Paix ?

28 Novembre

« Heureux ceux qui sont persécutés pour la justice : le Royaume des Cieux est à eux ! »

Sois heureux, non pas d'avoir été persécuté, d'avoir souffert, mais d'avoir agi, avec les risques que cela supposait, pour développer autour de toi, ou dans le monde, l'équité, la compréhension, l'amour... Sois heureux d'avoir été combattu dans ton action pour le Royaume. Sois heureux d'avoir pardonné ! Dieu te dit « MERCI ».

Pense à ceux qui ont vraiment œuvré pour la justice et le rapprochement des peuples : Anouar el Sadate, Martin Luther King, le mahatma Gandhi, le Pape Jean-Paul II...

Le Royaume des Cieux habite ceux qui désirent la vraie Justice. Ainsi on amena au roi Salomon, réputé pour sa sagesse, deux mères qui avaient accouché le même jour. L'un des enfants était mort à la naissance, et chacune prétendait être la maman du bébé qui restait en vie. Pour savoir laquelle disait la vérité, Salomon proposa de couper le nouveau-né en deux afin de le partager « équitablement » entre les deux femmes. L'une d'elles s'écria alors qu'elle préférait donner l'enfant à l'autre plutôt que de le voir écartelé. Salomon reconnut là le cri de la vraie mère.

Aimer et préférer le bonheur d'autrui au lieu de vouloir le posséder et le retenir à tout prix, savoir parfois renoncer et se retirer plutôt que de déchirer ses enfants, voilà ce que nous dit le jugement de Salomon. Cela a de quoi nous faire réfléchir à nos vies...

29 Novembre

« *Heureux êtes-vous lorsqu'on vous insulte..., soyez dans la joie et l'allégresse !* »

Dans la dernière béatitude Matthieu écrit : « *Heureux êtes-vous lorsqu'on vous insulte, que l'on vous persécute et que l'on dit faussement contre vous toute sorte de mal à cause de moi. Soyez dans la joie et l'allégresse, car votre récompense est grande dans les cieux...* » L'évangéliste ne nous conseille pas d'attirer sur nous les persécutions. Jésus Lui-même a fait preuve de beaucoup de prudence et de sagesse en déjouant les pièges qui Lui étaient tendus. Il n'y a aucune marque de dolorisme ou de masochisme dans sa vie. Sa Passion, vécue par Amour et pour Sauver les hommes, n'a duré que quelques heures, même s'Il l'a vécue infiniment et même si, tout au long de son existence, Il a souffert de l'injustice et de l'endurcissement des cœurs.

Alors souviens-toi de ce que Jésus te dit : dans les moments où tu n'es pas compris, ceux où l'on t'adresse des insultes, des reproches qui te paraissent injustifiés..., il y a, en transparence, un cadeau, la joie, l'allégresse. Dieu retourne tout en bien : il n'existe aucune douleur, aucune souffrance... qu'Il ne puisse transformer en bonheur profond, céleste. Si tu es re-né aujourd'hui, c'est parce que tu as fini par accepter une situation, une épreuve, un comportement... qui te semblaient particulièrement injustes, et que d'autres auraient sans doute refusés... Tu as fini par dire « oui » et ce « oui » t'a sauvé !

30
Novembre

Votre Père sait

Votre Père sait ce dont vous avez besoin avant que vous le Lui demandiez[19].

Pouvoir dire à Dieu : « Notre Père… ; Papa… ; Papa chéri… ; Papa de Tendresse…» montre qu'une partie de nous est déjà dans l'Éternité. Saint Jean dit, au chapitre cinq : *« Celui qui place sa confiance dans le Père possède, dès à présent, la vie éternelle »*.

Pourtant, si tu n'y prends garde, tu risques de continuer à préférer ton père ou tes éducateurs qui, très imparfaits, ne t'ont pas toujours prodigué que de bons conseils… Tu as du mal à te tourner vers Celui qui te donne la Vie totale, abondante, surnaturelle, éternelle. Tu as peut-être encore des idoles, des personnes qui ont pris la place de Dieu et en qui tu as mis ta confiance aveugle, alors que ce ne sont que des pauvres hommes parmi les autres. Aujourd'hui tu t'en rends compte, et cela favorise chez toi une repentance positive, et une adhésion plus forte encore à Lui seul.

Tu comprends qu'il y a Quelqu'un qui t'aime depuis toujours et qui, à chaque instant, veille sur toi, t'accompagne, à qui tu peux tout demander, qui ne t'accordera pas toujours tout, car tout n'est pas possible ni désirable, mais Qui va te conseiller, te montrer les conséquences de tes décisions, t'éclairer, te donner un ange qui manifestera sa Présence auprès de toi à maintes occasions…

Tu as à apprendre à vivre une vraie relation filiale avec Dieu, à être ce petit enfant qui agit avec Lui et Lui demande, en toute circonstance, son éclairage, son inspiration.

19. Mt 6, 8.

Décembre

Entrer dans l'éternité

1er
Décembre

La Vie éternelle

Il est question plus de dix fois de la Vie éternelle dans les six premiers chapitres de l'Évangile de Jean. *« Comme Moïse a élevé le serpent dans le désert, il faut que le Fils de l'homme soit élevé afin que quiconque croit ait, en lui, la vie éternelle ». « Celui qui croit au Fils a la vie éternelle ». « Quiconque boit de cette eau-ci aura encore soif ; mais celui qui boira de l'eau que je lui donnerai n'aura plus jamais soif ; au contraire, l'eau que je lui donnerai deviendra en lui une source jaillissante en vie éternelle »*[20]. *« Déjà le moissonneur reçoit son salaire et amasse du fruit pour la Vie éternelle, si bien que celui qui sème et celui qui moissonne se réjouissent ensemble »*[21]. *« Je suis le pain vivant qui descend du Ciel... Celui qui mange ma chair et boit mon sang a la Vie éternelle »*[22]...

La vie pleine, comblante, surabondante, que chacun désire au plus profond de lui-même, nous est ainsi proposée. C'est dans cette Vie-là que nous allons entrer pour l'éternité. Elle sera une vie de transfiguration, de joie, de béatitude !

20. Jn 3.
21. Jn 4.
22. Jn 6.

2

Décembre

Entrer dans le « toujours »

Combien de fois les mots « toujours » et « jamais » reviennent sur nos lèvres ! Nous voudrions être « toujours » aussi heureux… ; que cela ne s'arrête « jamais »… ; ne « jamais » revivre cela… ».

Ces extrêmes que nous ne pouvons pas atteindre sur terre, nous les vivrons au Ciel : plus jamais de souffrance… ; toujours la Joie, la Paix, l'Amour…, la Vie éternelle en Dieu.

Nous sommes faits pour le « toujours ». En entrant en Dieu qui est Toujours, nous allons enfin entrer dans ce « toujours » auquel nous aspirons depuis toujours.

3 Décembre

De nouvelles dimensions

Une mère de famille rêvait souvent, la nuit, d'une plus grande maison que la sienne. Elle voyait une porte s'ouvrir sur de nouvelles pièces ; elle en découvrait ensuite d'autres encore, et elle se sentait enfin respirer… Cette dame, qui passait le plus clair de son temps à s'occuper de son foyer, et qui jugeait sa vie « étriquée », avait besoin de connaître des espaces et des lieux différents, plus amples, plus ouverts.

Dans la vie éternelle, nous découvrirons des dimensions inconnues : de nouvelles longueurs, largeurs, profondeurs, dilatations, de nouveaux accroissements… Déjà sur terre, nous les percevons en apprenant à changer de plan, de longueur d'ondes ; à découvrir des solutions auxquelles nous n'aurions pas pensé… Tout cela nous dévoile une petite part de ce qu'est le Ciel : l'entrée dans des dimensions insoupçonnées, insoupçonnables, qui vont élargir notre cœur, notre intelligence, notre sens de la Beauté et développer notre sagesse … à l'infini. Nous irons vraiment vers cette perfection impossible sur terre, à laquelle nous avons tant aspiré, et qui a généré en nous culpabilisation et jugement.

Au Ciel, nous nous ouvrirons à de nouvelles dimensions, comme sur terre nous avons commencé à le faire en découvrant d'autres pays, langues, races, mœurs, religions…

4

Décembre

La vraie Plénitude

La renaissance que tu as vécue te permet de saisir ce qu'est la plénitude.

La vraie Plénitude, aller de plénitude en plénitude, c'est suivre un mouvement qui va croissant tout en étant, à chaque instant, parfaitement comblant. On peut le comparer à cette source fraîche qui coule et remplit d'abord un petit verre, puis une tasse, un bol, une cuvette, une baignoire, un bassin qui déborde et forme une rivière qui se jette dans un fleuve puis rejoint l'océan…

Tu iras « de plénitude en plénitude » non seulement en accomplissant ta mission dans chacun des domaines où tu vas te réaliser, mais encore en t'ouvrant à d'autres que tu choisiras avec Dieu. Tu apprends sur terre à respecter tes limites, celles d'une personnalité qui a une fonction particulière, qui ne fera pas tout - Dieu seul est le Tout - mais que tu approfondiras au Ciel. Elle te conduira vers une plénitude de plus en plus grande. C'est un peu comme si tu connaissais de mieux en mieux ton village, puis la ville la plus proche, ensuite d'autres villes, ton pays, les autres pays, les continents, ce monde, le système solaire, notre galaxie, les autres galaxies, l'univers tout entier.

Ainsi dans le Ciel iras-tu de plénitude en plénitude en connaissant la Plénitude.

5
Décembre

L'Infini

Certaines personnes, au cours de leur vie sur terre, rentrent déjà consciemment, au moins en partie, dans l'Infini de Dieu.

Si ton corps est limité, si tes émotions passent : « Tout passe, tout casse, tout lasse… ; on ne se baigne jamais deux fois dans la même eau (car la rivière ne cesse de couler)… », il y a malgré tout, en toi, un endroit de permanence absolu. Là, tu as déjà l'intuition de la Beauté de l'Infini. Cette idée te donnait peut-être, auparavant, une sensation de vertige, car tu ne pouvais pas la saisir intellectuellement. Mais maintenant, tu appréhendes l'Infini avec ton cœur profond et tu sais que c'est à Cela que tu aspires. Tu n'en as plus peur. Tu le perçois comme une succession d'emboîtements de plus en plus beaux, comme un accroissement sur base de vraie humilité, comme un émerveillement grandissant, une ouverture totale du cœur…

Tu entres dans l'Infini et tu es pleinement heureux d'y demeurer pour toujours.

6
Décembre

Des myriades d'étoiles

Le soleil éclaire le jour de sa lumière incandescente. Mais la nuit, ce sont des myriades d'étoiles qui constellent le ciel et qui brillent de leurs feux colorés. Nous n'admirons qu'une partie de la voie lactée, mais nous savons qu'il existe des milliards d'étoiles, dans des milliards de galaxies dans l'immensité de l'univers.

Nous qui sur terre sommes si petits, un balbutiement, quelques fractions de secondes dans l'éternité, nous apprenons à grandir, à croître, à accepter nos limites, à respecter celles des autres... Nous apprenons aussi la liberté, l'amour, la sagesse, à développer nos dons...

Ces myriades d'étoiles nous rappellent notre vie au Ciel, où nous irons d'étoile en étoile, de galaxie en galaxie... Si chacune d'elles est un soleil, il existe aussi un Soleil central, le Soleil des soleils, Celui d'où part toute lumière et qui donne la Lumière aux autres. Nous irons vers Lui !

7

Décembre

Un Présent radieux

Nous vivons déjà un présent radieux en nous rendant compte du Soleil intérieur qui nous habite, de la Présence de Dieu, du Ciel vers lequel nous allons, de l'au-delà, de l'éternité ; en vivant complètement l'« ici et maintenant ».

Un présent radieux : c'est ressentir les choses autrement, en avoir une conscience plus aiguë… C'est vivre dans le Cœur de Dieu, dans le Ciel, dans l'éternité. Certains d'entre nous disent que leur existence est un enfer ou un purgatoire. Ce n'est pourtant vrai qu'à un certain niveau de conscience. En nous purifiant, en rentrant dans notre profondeur, nous rencontrons le Ciel qui nous habite. Et plus nous nous y ancrons, plus nous nous y ressourçons, plus notre vie peut se transformer et s'embellir.

Vivre le Présent avec Dieu, par Lui, en Lui, le rendre à Dieu peut le rendre « radieux ».

8
Décembre

Un petit frère universel

Il est dit de certains saints (ou saintes) qu'ils sont des petits frères (ou des petites sœurs) universels. Mère Teresa, reconnue par tous aussi bien en Inde qu'en Europe, n'est-elle pas l'une de celles-là ? François d'Assise, Charles de Foucauld dans son Sahara, n'en font-ils pas partie ?

Nous sommes tous issus du même Père, et pourtant, dans notre ignorance, nous luttons les uns contre les autres au nom de « notre » culture, au nom de croyances, de traditions…

Un jour nous entrerons dans cette éternité, non seulement pour vivre pour toujours dans la Lumière, l'Amour, la Sagesse, mais aussi l'approfondissement, la connaissance, la découverte…, et pour être le petit frère ou la petite sœur de tous. À l'image de ces cartes à jouer qui, tout en ayant une valeur par elles-mêmes, peuvent remplacer d'autres cartes du jeu ou augmenter leur efficacité, nous pourrons être en communion avec tous les êtres humains et rendre de multiples services, tout en conservant notre mission particulière. C'est ce qui nous est promis dans la Vie éternelle.

Et si nous commencions tout de suite à nous ouvrir à la différence, à nous intéresser davantage aux autres cultures, à nous émerveiller de ce que chacune peut apporter… ? Avons-nous la même intimité avec le Père que certains protestants, révérons-nous la Trinité comme les orthodoxes, vivons-nous la communion des saints comme les catholiques, sommes-nous de vrais enfants de Dieu comme tous ceux qui ont choisi la voie de l'enfance… ? Mais aussi avons-nous la dévotion de certains musulmans, la foi enracinée dans le quotidien des juifs, la vigilance, la sérénité et la présence à soi-même des asiatiques… ?

9

Décembre

En communion avec vous

La communion est non seulement l'union à Dieu dans l'Eucharistie, mais encore le lien que nous avons avec tous les hommes.

Chacun de nos actes nous relie à tous les êtres humains. Ainsi, lorsque nous envoyons une lettre, si nous pensons à la fois à la personne à qui nous écrivons, à tous ceux qui écrivent en même temps que nous, à tous ceux qui reçoivent ou attendent du courrier, aux gens qui travaillent à la poste..., nous nous relions à des millions de personnes. Si, quand nous mangeons, nous pensons à tous ceux qui ont faim, à ceux qui mangent en même temps que nous, à ceux qui ont travaillé pour que ces fruits ou ces légumes parviennent jusqu'à notre assiette : les agriculteurs, les commerciaux, les transporteurs, les vendeurs..., nous nous relions encore à des millions de personnes. Ceci est vrai pour tous les actes de la vie quotidienne : quand nous utilisons une chaise, une gomme, un verre, un parfum...

Nous vivrons pleinement cette communion universelle après notre mort. Il serait si beau de pouvoir écrire à la fin d'une lettre, au lieu d'une formule de politesse stéréotypée, cette phrase : « En communion avec vous ». Elle traduit à la fois le respect de ce qu'est la personne en profondeur, et le fait de se sentir à l'unisson avec elle.

10

Décembre

Bénir !

Bénir, encore bénir, telle est la mission que Dieu a donnée aux hommes. Bénir : tous ceux que nous rencontrons au cours d'une journée, les membres de notre famille, les amis, les collègues… ; ceux qui décident, afin qu'ils fassent de bons choix ; les hommes politiques pour qu'ils soient inspirés… ; les commerçants dont nous dépendons pour notre vie quotidienne… ; les ecclésiastiques pour les aider dans leur vie de prêtres, de religieuses, d'évêques… ; le métier que nous exerçons de façon alimentaire ou par vocation… ; les lieux où nous travaillons, où nous vivons, la chambre où nous dormons, la prison où certains séjournent, les hôpitaux où les malades reçoivent des soins… Bénir, encore bénir, toujours bénir ! Projeter l'Amour, la Joie autour de soi…

Tu es béni par Dieu et tu transmets la bénédiction qu'Il te donne. Ce faisant, tu reçois encore plus en retour. Voilà la loi de croissance, de « boomerang » positif que Dieu a voulu donner à l'homme au départ. Plus tu donnes, plus tu reçois tôt ou tard. Tu envoies du soleil sur les murs qui emmagasinent la chaleur et ils te la renvoient. Tu bénis tout ce qui t'entoure et la bénédiction te revient…

Un sage expliquait que nous sommes tous porteurs d'oiseaux blancs et d'oiseaux noirs. Si nous adressons un oiseau noir à quelqu'un, celui-ci peut le recevoir et en souffrir (est-ce bien nécessaire ?) ; mais il peut aussi nous le retourner ou envoyer l'un de ses propres oiseaux noirs. Dans tous les cas, le bénéfice sera négatif. Si au contraire, nous envoyons un oiseau blanc transmetteur de bénédiction, celui qui le reçoit nous enverra peut-être aussi l'un de ses oiseaux blancs qui nous réjouira. S'il ne le fait pas, notre oiseau blanc reviendra vers nous et nous bénira de toute façon.

Oiseaux blancs ou oiseaux noirs, à nous de choisir… « Maux dire », « mots dire » qui partent trop vite, ou bénir, que décidons-nous ?

11
Décembre

Ta mission

Tu as une mission, une vocation, un sacerdoce à accomplir. Souvent, tu ne le sais pas, tu balbuties, tu hésites, tu cherches « à droite, à gauche », tu n'es content ni de ce que tu vis ni de ton travail… Cette insatisfaction devrait être l'occasion de te demander ce pour quoi tu es fait, ce qu'est ton ministère. Tu peux le découvrir à travers ce que tu aimes le plus, ce qui t'attire chez les autres, ce que tu regrettes de ne pas avoir fait… Si tu ne le réalises pas complètement pendant ta vie sur terre, tu le poursuivras dans ta vie éternelle…

L'abbé Pierre a déclaré, il y a quelques années, qu'il se reposerait enfin après sa mort. Il le fera certainement, mais en même temps, ressourcé, régénéré, rajeuni, il continuera d'agir comme la « petite Thérèse », et comme le font tous les saints. La mission qui est et sera la nôtre nous donnera de la joie, un grand bonheur, parce qu'elle fera beaucoup de bien… Aussi pourrons-nous dire enfin : « J'ai pleinement réussi ma vie ! »

12
Décembre

Ta place dans le concert cosmique

Tu as peut-être souffert, ta vie durant, de ne pas avoir eu de place juste. On ne t'en a pas donné, dis-tu, quand tu étais enfant : « Tu n'as rien à faire ici »... Ou, au contraire, petit roi, on te portait trop d'attention. Aujourd'hui, tu as du mal à te situer, à te positionner, tu oscilles encore entre te gommer et envahir.

Il y a pourtant une place précise pour toi dans le concert cosmique, dans l'arc-en-ciel de Dieu, dans la palette de toutes les couleurs, dans la myriade d'étoiles qui constellent le ciel, parmi les pièces du puzzle de l'humanité...

Dieu n'a de cesse de vouloir te donner ta place, de te la faire découvrir. Elle ne te sera jamais retirée. Ose la prendre. Ose t'y installer même si c'est une place de nomade ou de navigateur. Tu sauras que tu l'auras trouvée quand tu te sentiras vraiment en Paix et dans la Joie.

13
Décembre

Amour, liberté, complémentarité

Des associations, des pays adoptent des devises qui expriment leur objectif, leur idéal, voire leur règle de vie. La France, par exemple, a choisi: « Liberté, égalité, fraternité » ; la Belgique : « L'union fait la force »...

S'il y avait une devise au Ciel, pourquoi ne serait-elle pas : « Amour, liberté, complémentarité » ? Si nous ne vivons que l'amour, sans respecter la liberté de l'autre, nous serons tentés de devenir possessifs ou envahissants. À l'inverse, si nous privilégions uniquement la liberté, nous deviendrons individualistes et risquerons « d'oublier » autrui. En réunissant l'amour et la liberté, nous éprouverons un amour vrai, respectueux de chacun, de sa démarche, de son chemin, de ses choix.

Amour, liberté, complémentarité ! Aucun de nous n'est tout. Aucun de nous n'a tout. Nos limites nous permettent d'avoir besoin les uns des autres. Au Ciel, nous découvrirons, émerveillés, la plénitude de l'amour, de la liberté, et de la complémentarité.

14

Décembre

Un cœur d'or

On dit parfois de quelqu'un qu'il a un cœur d'or parce qu'il est généreux, plein de sollicitude, de délicatesse, de compassion..., parce qu'il comprend.

Le Cœur de Dieu est d'Or. Au-delà de toutes nos turpitudes, de tous nos excès, de notre péché, nous rencontrons progressivement l'Or de sa Sainteté. Il nous l'insuffle tout au long de notre vie, dans tout ce que nous faisons, dans tout ce que nous Lui offrons. Notre cœur est invité à devenir d'or au contact du Sien, non pas de cet or dur qui attise les convoitises, mais de cet or vivant, qui respire, qui donne son feu. Dieu prend notre petit cœur dans le Sien, comme le dit une prière pour enfant : « J'ai donné mon petit cœur à Jésus, mon doux Sauveur ».

Un jour nous aurons un cœur d'or, plein de générosité. Par son exemple, il invitera d'autres cœurs à se transformer à leur tour.

Si tu es re-né, un peu de ce cœur d'or est déjà en toi. Avec joie, tu en fais profiter les autres ! L'Or véritable se transmet, comme le feu qui se donne d'une personne à l'autre, chacun conservant sa flamme.

15

Décembre

Le grand Amour

À l'adolescence, au moment où se construisent les idéaux, nous avons tous souhaité vivre le grand amour ! Mais nombreux sont ceux qui ont dû renoncer à leur rêve de l'âme-sœur qui comprendrait tout, et avec qui ils partageraient les mêmes désirs, les mêmes attentes…

Le grand Amour, nous allons pourtant le vivre dans l'ouverture de notre cœur à Dieu, en Le découvrant, en nous laissant combler par Lui. N'en doutons pas. Nous ne savons pas déjà, sur terre, de quoi le lendemain sera fait. Les personnes qui essaient d'annoncer l'avenir, et inquiètent voire obsèdent par leurs paroles poison, devraient bien réfléchir. Elles fondent leurs prédictions sur des déterminismes psychologiques, les scénarios qui nous régissent et qu'elles pressentent, sur des possibles. Mais l'avenir n'est pas écrit, surtout celui que projette notre psychisme négatif !

Tout nous mènera à vivre le grand Amour. Nos souhaits les plus profonds, ceux de notre cœur, ceux que nous avons depuis toujours, se réaliseront dans un Amour unique et universel.

16
Décembre

Un Amour sans limite

Nous vivons souvent des amours décevantes, qui ne traversent pas l'épreuve du temps, et où se mêlent une part d'égoïsme, de dureté, d'agressivité, de blocage, de fuite... Pourtant, nous rêvons tous d'un amour sans limite.

Nous le connaîtrons quand notre cœur, notre intelligence, notre sensibilité seront ouverts à l'Infini. Pour nous préparer à une telle ouverture, pour pouvoir la supporter, nous suivons un chemin qui nous conduit progressivement vers la plénitude du Ciel : déjà, sur terre, nous nous ouvrons en cherchant à mieux comprendre, à intégrer de nouveaux paramètres, à saisir, à travers notre expérience quotidienne, ce qu'est l'amour lumineux, chaud, compatissant, bienveillant, compréhensif...

L'Amour sans limite s'offre à tous. Il recouvre tout. Il touche aussi les animaux, Il imprègne la nature entière, tous les niveaux de la Création.

17
Décembre

La Félicité bienheureuse

Tout au long de ton existence, tu as appris ce qu'est le plaisir. Tu es conscient qu'il ne dure qu'un temps et laisse parfois un goût amer dans la bouche. Tu sais aussi ce qu'est la joie, tu connais peut-être déjà la béatitude.

Il y a en toi un endroit profond où se trouve une Félicité bienheureuse. Elle repose sur une purification de ta façon de voir, entendre, sentir… ; d'utiliser ton intelligence, ton imagination, ta mémoire, ta sensibilité… Il y a en toi un endroit affiné. Tu l'as sans doute découvert lors de ta renaissance.

Tu iras de joie en joie, d'allégement en allégement. Dans ta profondeur tu baigneras de plus en plus dans une Félicité bienheureuse, Celle que tu vivras complètement dans l'éternité.

18
Décembre

La fête des fleurs

La fête des fleurs qui chantent, qui dansent, éblouissantes de leur grâce, de leurs couleurs… ; enivrantes de leurs parfums ! La fête des fleurs, nous la célébrons chaque fois que nous confectionnons un bouquet. La noblesse des roses ou des lys, la simplicité champêtre des marguerites, l'humilité des violettes, la vulnérabilité du coquelicot qui évoqua à François d'Assise la rougeur du sang du Christ…, forment la gerbe chatoyante et joyeuse des qualités humaines réunies et divinisées.

Certains saints comme Thérèse de l'Enfant-Jésus[23], Jean Bosco, Dominique Savio… nous sont montrés ou sont apparus, des fleurs à la main. Elles représentent les vertus qu'ils ont développées sur terre ainsi que leur fonction.

Il y a des fleurs en chacun de nous. À nous de les trouver, de nous en émerveiller et de les assembler en un bouquet harmonieux, unissant le meilleur des composantes qui nous habitent et des qualités que nous portons.

23. « Mes peines, mon bonheur, mes petits sacrifices ! Voilà mes fleurs ! » dans La petite voix d'enfance spirituelle d'après *La Vie et les Écrits de sainte Thérèse de l'Enfant-Jésus*, Mgr Gabriel Martin, Luçon,1950, Office Central de Lisieux.

19
Décembre

La Création réharmonisée

Sur terre, les beautés les plus extraordinaires côtoient les horreurs les plus grandes. Les montagnes et les mers qui recèlent des merveilles deviennent trop souvent les dépotoirs de la civilisation. Injustices, violences, dégradations… nous angoissent et nous heurtent profondément.

Un jour tout cela aura disparu. Il n'y aura plus de férocité dans les rapports entre les êtres. Le lion paîtra avec l'agneau. Plus de crocodiles ou de requins qui ont les « dents longues » et dévorent les autres ; plus de loi de la jungle, plus de forts qui mangent les faibles, mais une Communion, une Harmonisation, une Sanctification !

Au Ciel, toute la Création sera réharmonisée : tout se fera en Dieu et dans l'Amour qui unira tous les êtres.

20

Décembre

Le ravissement, l'enchantement

Ravissement, enchantement, voilà ce qui nous attend au Ciel !

Ce ravissement, cet enchantement, nous les avons approchés, sur terre, devant la beauté d'un spectacle, d'une peinture, d'une sculpture, de la nature… Ne dit-on pas communément que l'on est ravi lorsqu'on est transporté par la délicatesse ou la magnificence d'une œuvre d'art, d'une construction… ; par l'innocence des petits enfants ou la luminosité d'un sourire, d'un regard, d'une âme… ; par un cadeau ou la présence d'une personne que l'on apprécie particulièrement.

Ravissement, enchantement ! Non pas celui d'un magicien qui nous séduirait faussement, mais le Ravissement véritable qui comble en profondeur.

21
Décembre

Les chœurs angéliques

De nombreux niveaux séparent l'ange du séraphin. De la même manière, il y a toute une échelle qui se tend entre notre cœur et Celui de Dieu. Elle comprend des degrés de plus en plus beaux, de plus en plus aimants, de plus en plus proches du Cœur divin.

Nous vivons dès maintenant en résonance avec ces chœurs angéliques. Nous apprenons à reconnaître leur musique, leur vibration, et à accéder à un niveau d'intimité de plus en plus grand avec eux.

Notre vie change après avoir rencontré notre ange gardien, après avoir trouvé son prénom. Nous découvrons également d'autres présences. Nous comprenons qu'il existe un ange pour chacun de nous, pour les familles, les professions, les villes, les nations, les continents… Nous prenons conscience progressivement de toutes ces hiérarchies angéliques qui sont au service de Dieu, en harmonie parfaite avec Lui. Nous nous mettons à l'unisson des chœurs angéliques et nous recevons, à travers eux, tout l'Amour, la Compassion, la Joie et la Paix de Dieu.

22
Décembre

Seigneur du Ciel et de la terre

Jésus est le Seigneur du Ciel et de la terre. Dans le passé, le seigneur désignait une personne noble qui s'entraînait au combat, à la guerre, et qui assurait la protection de ses vassaux, de ses serviteurs par le lien féodal qui les unissait à lui. Cela n'évitait évidemment pas de nombreuses injustices entre le pouvoir de l'un et le servage des autres. Et ainsi le mot a été galvaudé…

Pourtant, il est si beau de pouvoir prononcer en toute confiance : « Seigneur ». Qu'il est doux et réconfortant de dire à Dieu : « Tu es mon Seigneur et mon Dieu… ; Tu es mon seul Maître… ; Tu es mon seul Père… ; Seigneur, que ta Volonté soit faite sur la terre comme au Ciel… ».

Toute l'œuvre de notre vie consiste à ce que notre existence terrestre ressemble de plus en plus à la vie céleste, comme les montagnes ont le reflet de leur image inversée dans les lacs : le bas rejoint le haut et l'extérieur rejoint l'intérieur, la profondeur.

Soyons heureux d'être les serviteurs du Seigneur du Ciel et de la terre, du Seigneur de tout ce que nous sommes, et de ce que nous avons librement choisi. Soyons heureux d'être ses enfants. Soyons heureux d'être ses bien-aimés. Soyons heureux d'être ses amis.

23
Décembre

La ronde des enfants de Lumière

Sur la célèbre toile de Fra Angelico, les « élus », ceux qui sont entrés dans l'Amour, se tiennent par la main, comme des petits enfants, et forment une ronde joyeuse devant le trône de Dieu.

Déjà sur terre nous pouvons faire partie de rondes : dans certaines assemblées, dans des réseaux d'amitié ou d'affinités, dans des communautés... Chacun des membres de la ronde des enfants de Dieu est complémentaire des autres et apporte ce qu'il est, ce qu'il sait : la compréhension humaine pour le psychologue, la profondeur de la prière et de la contemplation pour la religieuse, le savoir-faire pour l'artisan, la connaissance de la terre et du rythme des saisons pour l'agriculteur... Ainsi tous les plans sont-ils représentés : physique, psychologique, spirituel.

Nous reconnaissons notre ronde parce que, tout en occupant des fonctions diverses ou en exerçant des métiers différents, nous aimons le Même en profondeur ; nous avons le même Père, la même Mère.

Il y a chez l'homme le désir d'une complémentarité, d'une symphonie, d'un concerto réussis. Nous faisons partie d'une ronde où coule l'Amour et, dans l'éternité, nous appartiendrons tous, si nous le voulons bien, à la ronde des élus.

24
Décembre

Alléluia, je crie de Joie

Chacun de nous a connu des moments privilégiés, des moments de grâce où il a « crié de joie... ; dansé de joie... ; exulté... ».

Au Ciel, la Joie sera partout, sur tous les plans, à tout moment, avec tous... Nous n'aurons plus à nous soucier que cette Joie soit comprise ou non par autrui puisque nous la vivrons ensemble, en allant à la rencontre les uns des autres, en nous rejoignant par affinités. Cette Joie qui nous fait exulter, nous la donnerons en partage à ceux qui suivent, qui sont un peu plus bas dans la montée, pour qu'ils aient le cœur en fête sur le chemin. Nous-mêmes nous l'aurons reçue de ceux qui sont un peu plus haut que nous, ou déjà au sommet, et qui nous auront aidés dans notre ascension. La Joie, rien que la Joie !

25

Décembre

L'agneau immaculé

N'est-ce pas le désir de l'innocence retrouvée, de l'agneau immaculé qui nous a menés sur le chemin spirituel ? Trop de souffrances à cause d'abus de pouvoir, de manipulations, auxquels nous avons parfois nous-mêmes participé, ont émaillé notre vie sur terre. Alors vint le désir d'une vraie transformation, d'une profonde renaissance. Nous nous sentions vieux, lourds, encombrés, encombrants, culpabilisés, culpabilisants, dominateurs, soumis... Nous n'en pouvions plus. Stop ! Cela suffit ! Nous avons aspiré à la légèreté, à la sensibilité retrouvée, à la vulnérabilité du petit enfant, à la pureté de l'agneau immaculé !

Toute notre existence nous avons construit des barrières, des remparts, des protections... Au mieux avons-nous acquis une expérience et, espérons-le, une certaine sagesse. Maintenant nous voulons vivre l'innocence retrouvée, choisie, nous rapprocher de celle de l'Agneau immaculé, sans tache. Notre expérience et la Sagesse de Dieu nous serviront de garde-fous.

Notre désir de perfection, du « tout-blanc », du diamant étincelant, du cristal tout à fait pur, que nous n'avons pu accomplir sur terre, nous le réaliserons au Ciel, en nous rapprochant de cet Agneau qui nous attire à Lui et dont l'Amour Salvateur, à notre demande, nous nettoiera, nous sanctifiera et nous réjouira totalement.

26

Décembre

Hosanna au plus haut des Cieux !

Le Ciel s'est ouvert à Noël quand Jésus vint au monde. *« Gloire à Dieu au plus haut des Cieux ! »*[24] s'écriait la multitude de messagers célestes qui chantaient la louange de Dieu.

Les anges les plus hauts sont présents lors de toute Création, et au moment de la gestation, de la naissance et des premiers mois d'un enfant. Ils sont encore là pour susciter l'harmonie et la concorde, pour que tombent les murs qui séparent les hommes, pour que les discriminations disparaissent.

« Hosanna au plus haut des Cieux ! » criaient ceux qui précédaient et suivaient Jésus lors de son entrée triomphale à Jérusalem. Aujourd'hui, la ville sainte est déchirée par les conflits entre les fidèles des religions monothéistes. Elle est comme le Christ en Croix. Comme Lui, elle ressuscitera et les religions se rapprocheront. Un jour, nous entrerons dans la Jérusalem céleste, nouvelle, transfigurée[25] . Nous chanterons tous ensemble : « Hosanna ! Gloire à Toi Seigneur ! » Nous verrons Dieu et, parfaitement comblés, nous demeurerons avec Lui pour toujours.

24. Lc 2, 13-14.
25. Ap 21-22.

27
Décembre

Mon ami, approche de Moi

« Mon ami, approche de Moi qui suis venu vers toi ». Voilà ce que dit un célèbre chant d'église.

Au Ciel, les maîtres et les serviteurs auront disparu. Il n'y aura plus que des amis : *« Je ne vous appellerai plus serviteurs... Je vous appellerai amis »*[26].

Dans le passé, on parlait de « bonne », de « serviteur » ou de « servante ». Ces mots, qui auraient pu être si beaux, sont devenus synonymes de servitude, de différence de classe sociale. C'est pour cela que, afin de revaloriser la fonction, on utilise aujourd'hui les termes de « technicienne de surface » ou « employé de maison ». Mais du coup, la notion de service, si profonde lorsqu'elle est respectueusement utilisée, s'est perdue.

Sur terre, nous apprenons à servir (médecins, ecclésiastiques, fonctionnaires... sont des serviteurs) et nous devrions en avoir le cœur rempli de joie. Deux prêtres expliquèrent, lors d'une interview sur leur vocation, qu'ils avaient choisi leur sacerdoce, l'un « par amour », l'autre « pour être heureux »...

Si sur terre nous avons appris à être de bons serviteurs, à être heureux du service que nous remplissons le mieux possible, nous deviendrons vraiment des amis de Dieu. Jésus a été serviteur. Il nous a appris à le devenir. Quand nous irons vers Lui, nous nous jetterons à ses pieds en ayant conscience de tout ce qu'Il nous a donné, de tout ce que nous Lui devons. Il nous relèvera et nous dira : « Viens mon enfant. Viens mon ami ».

26. Jn 15, 15

28

Décembre

Me voici !

En réponse à l'appel de Dieu, Abraham, Moïse, Samuel, Isaïe, ont dit : *« Me voici »*, formule proche des paroles de Marie à l'ange Gabriel[27]. Qu'allons-nous dire à Dieu en arrivant auprès de Lui sinon : *« Me voici »*. Ferons-nous comme cette dame qui amena au Ciel ses deux énormes valises qui l'empêchaient de passer la porte étroite[28], ou déclarerons-nous simplement : « *Me voici...* »

Qui que nous soyons, nous savons que nous allons nous jeter, confiants, dans les bras du Père en lui murmurant : « Me voici ». Nous pouvons aussi dès maintenant prononcer, avec tout notre cœur, ces paroles : « Seigneur, je suis là, je veux vivre avec toi… ; je veux vivre par Toi et en Toi… ; ME VOICI !… »

27. Gn 22, 1 ; Ex 3, 4 ; 1 Sam 3, 4 ; Is 6, 8 ; Lc 1, 38.
28. 19 juin.

29

Décembre

Les noces de Feu

L'idéal que tu t'es fait du mariage a peut-être été brisé par une vie de couple qui ne s'est pas du tout passée comme tu l'aurais voulu… Peut-être en es-tu sorti meurtri, blessé. Peut-être y as-tu renoncé… Tu as pu aussi faire d'autres choix en optant pour le célibat, le célibat consacré ou l'état religieux…

Le premier miracle de Jésus a eu lieu aux noces de Cana pour nous rappeler qu'un jour, nous connaîtrons les noces les plus belles, les noces de Feu, de Plénitude totale. Des noces avec Dieu que nous aurons choisi librement, parce que nous aurons appris à Le connaître et à L'aimer au cours de notre vie sur terre, ou à qui nous aurons dit « Oui » au moment du passage de la mort et de l'entrée dans la Lumière.

Toi qui es allé en pèlerinage à Cana, toi qui as souffert d'être seul au milieu de couples, toi qui es célibataire, divorcé, veuf, rappelle-toi que tu vas vivre des noces extraordinaires. Outre la rencontre et les retrouvailles avec tous ceux et celles que tu aimes, tu te diriges vers les noces de l'Agneau, vers les noces de Feu.

30

Décembre

Tu m'as comblé au-delà de toute espérance

En arrivant au Ciel, si nous avons compris notre vie, si nous sommes re-nés, nous dirons à Dieu cette phrase de Thérèse de l'Enfant-Jésus : « Tu m'as comblé au-delà de toute espérance ».

Lorsque le « vilain petit canard » découvre qu'il est un cygne, il déclare que jamais auparavant il n'aurait imaginé vivre un tel bonheur... Nous qui passons notre vie à nous plaindre d'être malheureux, de manquer d'amour, nous qui ne nous souvenons que des moments difficiles, de nos « ratages », un jour nous dirons au Père : « Tu m'as comblé au-delà de toute espérance ».

Ceux qui ont appris à rebondir, à repartir, à rejaillir..., ceux qui ont rebâti leur vie, savent qu'il arrive un moment où l'on ne regrette plus le passé, on ne rumine plus, on n'a plus de rancœur..., parce qu'on a compris que tout est cadeau, que tout est Grâce et que l'on est rentré dans le Présent radieux de Dieu.

31
Décembre

À Dieu

Dans notre culture, les adieux sont souvent émouvants, tristes parce qu'on les associe à une notion de séparation définitive. Pourtant nos amis suisses l'utilisent chaque jour dans un autre sens et, de toute façon, l'adieu n'est « qu'un au revoir mes frères ». Il signifie, au contraire, que l'on sera ensemble pour toujours : nous sommes à Dieu, nous allons vers Lui, nous vivrons avec Lui. En Lui nous nous retrouverons et nous serons réunis pour l'éternité. Quel ravissement connaîtrons-nous alors ! Peut-être l'avons-nous déjà trouvé, en partie, dans notre intériorité lumineuse ?

Toi avec qui j'ai cheminé pendant tous ces jours, toi qui as lu ce livre, qui as lu *Choisis la Vie*, sois béni mon frère, sois bénie ma sœur, prie pour moi, prie pour nous… Merci pour ton amitié. Je t'assure de la mienne et je te dis : « À Dieu ».

Table des Matières

Mars : Comment t'es-tu construit ?

2° Trimestre : Renaître en enfant de lumière

Avril : Tu peux naître de nouveau

Mai : Des moyens simples pour découvrir ton enfant de Lumière

Juin : Faire grandir en toi l'enfant de Lumière

3 ° TRIMESTRE : PRENDRE CONFIANCE EN SOI ET SE RESSOURCER

Juillet : Penser positivement

4° Trimestre : S'ouvrir à la vie éternelle

Octobre : Se transformer et se laisser transformer

Novembre : La Vie continue apres la mort

Décembre : Entrer dans l'éternité

Impression réalisée sur CAMERON par

BUSSIÈRE CAMEDAN IMPRIMERIES

GROUPE CPI

à Saint-Amand-Montrond (Cher)
pour le compte des Éditions des Béatitudes
en octobre 2004

N° d'impression : 043975/1.
Dépôt légal : octobre 2004.

Imprimé en France